신 l 개 l 념
스포츠지도론

정일규·문병희 공저

dcb
대경북스

저|자|소|개

정 일 규

고려대학교 대학원 이학박사
미국 Auburn University(Alabama) Visiting professor
미국 Texas Woman's University Research Scholar
미국 Master Fitness Specialist(Cooper Institute, Dallas)
한국사회체육학회 회장
현 한남대학교 생명나노과학대학 생활체육학과 교수

문 병 희

순천향대학교 사회체육학과 졸업
한국체육대학교 사회체육대학원 석사(산업경영 전공)
경희대학교 사회체육대학원 체육학박사
순천향대학교 강사

신개념 스포츠지도론

초판발행	2018년 3월 12일
초판2쇄	2024년 3월 5일
발 행 인	김영대
발 행 처	대경북스
ISBN	978-89-5676-621-8

등록번호 제 1-1003호
서울시 강동구 천중로42길 45(길동 379-15) 2F
전화: (02) 485-1988, 485-2586~87 · 팩스: (02) 485-1488
e-mail: dkbooks@chol.com · http://www.dkbooks.co.kr

머리말

우리의 삶에 밀접하게 다가온 4차 산업혁명의 시대를 맞이한 오늘날은 산업 및 생활양식, 구조, 관념 등 인간을 감싸고 있는 틀(frame)이 지난 어느 때보다 빠르게 변화하고 있다.

그리고 생활패턴의 다양화, 주 5일 근무제로 대변되는 생활환경의 변화 등에 의해 생활체육에 대한 관심이 급증되고 있으며, 이에 부응하여 체육활동 참가자가 급속도로 증가함으로써 지도자들의 역할도 증가되고 있다. 그런데 생활체육에 대한 이해와 지도방법은 참가자들의 욕구를 충족시켜주지 못하고 있는 실정이다.

한편 스포츠를 통한 경쟁은 각 나라 간에 과학과 기술 및 경제발전의 선순위를 입증하는 지표로 사용되기도 한다. 그리고 수십 년간 우리나라 스포츠정책의 근간이었던 엘리트체육정책은 대한민국을 스포츠강국으로 만든 중추적 역할을 하였다. 하지만 국가주의의 색채와 결합된 엘리트체육정책은 성적 지상주의, 개인 가치의 함몰, 부분적 집중 육성에 따른 체육 인프라의 저변확대 제약 등과 같은 부작용도 간과할 수가 없으며 지속적인 지적사항이 되어왔다. 엘리트체육정책의 이러한 부작용을 극복하기 위하여 생활체육이라는 새로운 물결이 제시되었으며, 그 중요성은 증가일로에 있다.

특히 2018년 평창동계올림픽에서 은메달을 획득한 컬링 국가대표팀은 취미형 체육활동에서 출발하여 대한민국 체육사에 금자탑을 쌓은 쾌거를 이룩하였다. 이러한 결과물을 통하여 생활체육에 대한 관심과 활동참여가 증폭될 것이다.

저자들은 생활체육의 참여를 유도하고 생활체육지도자들의 올바른 지도를 통해 개인의 자아실현과 행복추구라는 스포츠 본연의 가치를 향유하는 데 일조하기 위하여 본 저서를 집필하였다.

본 서는 크게 생활체육지도의 이론적 기초와 생활체육지도의 실제 내용으로 분류하였으며, 자세한 구성은 다음과 같다.

생활체육지도의 이론적 기초인 제1장은 생활체육지도의 배경, 제2장은 생활체육지도자론, 제3장 생활체육 지도대상, 제4장 생활체육 지도방법, 제5장 생활체육 지도계획의 수립으로 구성하였다. 그리고 생활체육지도의 실제에서는 제1장 구기경기, 제2장 수상 스포츠, 제3장 항공 스포츠, 제4장 모험 스포츠를 다루었다.

학계 동료 선후배 교수님들과 생활체육지도에 관심 있는 분들께서는 본 서의 미진한 부분에 대하여 기탄없는 피드백을 제시하여 주신다면 보다 내실 있는 교재가 되도록 수정·보완할 것을 약속 드린다.

끝으로 본 서가 출판될 수 있도록 협조와 격려를 아끼지 않으신 대경북스 김영대 전무님과 편집부 직원분들에게 심심한 감사의 인사를 표한다.

2018년 2월

저 자 씀

차 례

제1부 생활체육지도의 이론적 기초

제1장 생활체육지도의 배경

제2장 생활체육 지도자론

제4장 생활체육 지도방법

제2부 생활체육지도의 실제

제1장 구기경기

제2장 수상 스포츠

제1부

생활체육지도의 이론적 기초

제1장

생활체육지도의 배경

생활체육지도란 스포츠를 매개로 하여 참여자가 지도내용과 방법을 효과적으로 터득하여 지도이념과 목적에 도달할 수 있도록 도와주고 가르치는 행위이다. 생활체육활동을 올바른 방향으로 지도하기 위해서는 지도자의 생활체육에 대한 철학적 배경, 즉 생활체육지도의 목적과 목표 · 생활체육의 역할을 이해하고, 이에 적합한 지도이념을 갖는 것이 우선적인 조건이다.

생활체육 지도원리의 현대적 경향은 활동의 주체는 지도자가 아니라 참여자라는 것이다. 따라서 참여자의 참여동기 · 흥미 · 개성 · 능력 · 활동자세 등을 존중하고, 참여자 자신의 자기활동 · 자기표현을 지도의 중요한 요건으로 인식하여야 한다.

01
생활체육의 지도이념

생활체육의 올바른 지도이념은 생활체육의 특성을 바로 이해하고, 그것이 가진 여러 가치를 개인이나 사회를 통해 구현할 수 있도록 하는 것이다. 스포츠를 지도할 때 확고한 철학을 갖는다는 것은 그 지도의 성과를 올바르게 도출하기 위한 중요한 조건이 된다.

지도란 말에는 어떠한 지식이나 기술을 전수하는 것 이상의 교육적 의미가 내포되어 있다. 그러므로 생활체육지도에서 전제되는 것은 지도에 임하는 지도자의 철학과 자세, 현대사회에서 스스로 담당해야할 사회적 역할과 사명에 대한 확고한 인식이다. 이러한 인식이 바탕에 깔려 있어야 생활체육 지도자는 단지 어느 스포츠종목의 기술을 전수하는 기술자 또는 스포츠라는 상품의 판매자라는 입장에서 벗어나 지도에 따른 보람과 자긍심을 갖게 될 것이다.

생활체육은 단순한 신체활동의 차원을 넘어 개인적·사회적 건강, 그리고 신체적·정신적 건강을 통한 행복의 추구라는 인간생활의 핵심적 요소를 제공해주는 매우 바람직한 삶의 방법이 되고 있다. 특히 후기 산업사회의 특징이 사회 전반에 걸쳐 뚜렷하게 나타나고 있는 오늘날, 생활체육이 지니고 있는 내재적 가치의 중요성은 더욱 뚜렷하게 부각되고 있다. 생활체육은 비교적 짧은 산업화과정에서 파생된 사회 전반의 급속한 변화와 여러 가지 부정적인 상황, 즉 지역사회의 고유성과 공동체적 연결성의 상실, 인구집중, 생활공간의 협소로 인한 이기적 가치관 및 인간소외현상의 확산, 공해 및 자연파괴, 성인병 증가 등과 같은 현상을 해소시킬 수 있는 훌륭한 대응책이 될 것이다.

따라서 생활체육 지도철학은 현대사회가 처한 인간성의 상실, 가정과 지역사회의 해체 등을 극복하고 따뜻한 인간미가 넘치는 더불어사는 공동체사회를 만드는 데

헌신하겠다는 정신이 바탕이 되어 일어나는 주체적 활동이라고 할 수 있다. 생활체육 지도자가 갖는 이러한 지도이념은 스포츠가 갖는 본래적 가치를 극대화시킬 수 있는 가장 중요한 요소이다. 그런데 단지 운동기술의 전달이라는 협의의 지도관만을 갖게 된다면, 그 지도의 목표는 기술향상에만 머무르게 될 것이다. 이렇게 되면 대립감정의 표출, 이기주의의 심화, 자기과시적 풍조의 확산, 상업주의의 만연 등 바람직하지 못한 스포츠의 역기능이 개입될 소지가 많아질 것이다.

생활체육지도는 단순히 자유시간에 행해지는 레저활동의 의미를 넘어서서 다음과 같은 사회교육적 목적달성이라는 맥락에서 이루어져야할 것이다.

- 자기의 주체성 실현
- 타인과의 인간관계 개선
- 경제적인 효율성 향상
- 민주시민으로서의 책임 완수

1) 생활체육의 목적

현대의 기술발달은 우리의 생활에 편리함과 풍요를 제공하고 있지만, 반대로 여러 가지 개인적·사회적 병리현상 즉 운동부족, 인간소외문제, 환경오염, 생활환경의 협소, 성인병 증가 등을 초래하게 되었다. 이러한 사회적 환경의 급속한 변화는 스포츠에게서 종전의 가치를 초월한 새로운 개념의 가치를 요구하고 있다. 즉 건강에 대한 위기감·인간소외 등과 함께 여가시간이 증대된 현대 산업사회에서는 모든 사람의 건강과 체력증진을 목표로 하는 '건강성', 동료사귀기나 교제(social intercourse)를 목적으로 하는 '사교성', 긴장상태가 이어지는 일상생활을 떠나 즐기기 위한 '유희성' 등과 같은 새로운 가치를 스포츠에게 부여하고 있다.

생활체육의 목적은 바로 모든 사람이 생활체육활동을 즐길 수 있도록 확산시키고, 그 활동에 따르는 개인적·사회적 가치를 구현하고자 하는 데 있다. 즉 사회적 측면에서 생활체육의 목적은 국민의 자발적인 참여를 유도하고, 사회구성원의 건강

증진 또는 여가선용을 통한 삶의 질 향상에 있는데, 이는 궁극적으로 국민의 복지향상과 결부된다.

사회적 측면에서 생활체육의 목적을 도식화화면 다음과 같다.

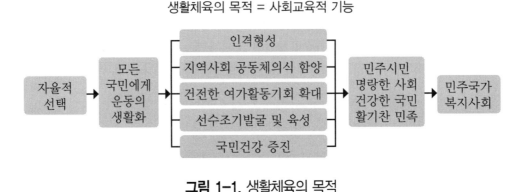

그림 1-1. 생활체육의 목적

2) 생활체육의 목표

목적은 보다 구체적인 당면과제의 달성을 위해 구현되는 것이다. 앞으로 우리가 구현하고자 하는 생활체육의 모습은 과거 엘리트스포츠 위주의 체육풍토에서 벗어나 누구나 즐길 수 있는 활동이어야 한다. 따라서 우리가 지향해야 할 목표는 복지사회 실현을 위한 생활체육이 되도록 하는 데 있다.

이러한 목표를 달성하기 위하여 생활체육이 나가야할 길은 다음과 같다.

(1) 체육내용의 다양화

우리가 지향하는 복지생활체육은 미래사회에 각광받는 인간과학의 한 분야로서, 인간의 건강과 행복을 추구하는 가운데 활동 주체인 인간의 인간다운 생활능력과 인격함양에 큰 비중을 두고, 인간능력의 한계를 스스로 극복해 나갈 수 있는 경험을 제공함으로써 개인의 인간적 특징의 변화를 도모할 수 있어야 한다. 그러므로 체육은 개인이 가진 다양한 특징과 가치가 골고루 인정받으면서 체·덕·지 전반에 걸친 균형있는 인간성 형성을 촉진하는 내용으로 구성되어야 할 것이다.

(2) 체육활동의 생활화

우리가 나아가야할 체육의 형태는 생활화된 체육활동이다. 다시 말해서 국민생활의 안정을 바탕으로 여가를 통한 체육활동이 보편화되어야 할 것이다. 따라서 체육활동은 성·연령·신체조건·지역·사회계층 등에 구애됨이 없이 국민 누구나가 복지화된 환경 속에서 합리적인 활동으로 보장받는 가운데 상생활에서 규칙성을 띠고 자발적인 참여가 이루어지는 상태이어야 할 것이다.

(3) 체육방법의 합리화

우리가 목표로 하는 체육방법의 합리화란 운동효과를 극대화하기 위하여 활동의 양과 질이 계량화되는 가운데 자신의 필요와 욕구를 충족시킬 수 있는 방법을 탐구하는 자세가 갖추어지고, 지도자는 참여자의 조건에 맞는 효율적인 방법을 제공하는 것이다.

또한 각종 프로그램은 참여자의 발육발달 단계, 체력수준, 신체조건 등을 고려하여 합리적이고 다양하게 설계되는 등 체위 연구·개발의 전 과정에 걸쳐서 과학적인 방법이 동원되어야 할 것이다.

(4) 체육환경의 복지화

체육의 성과에 지대한 영향을 미치는 체육시설의 확충을 통한 체육환경의 복지화가 이루어져야 한다. 앞으로 지속적인 경제성장과 체육에 대한 이해를 토대로 체육에 대한 투자가 확대되고, 부족하고 낙후된 학교 및 생활체육시설을 다양하고 쾌적하게 확충·개선함으로써 급증하는 체육수요에 효율적으로 대비하여야 한다.

3) 생활체육에 대한 관점의 변화

생활체육이 현재와 미래의 풍요로운 생활을 가꾸어나가는 데 필수적인 요소로 되어가고 있음은 재론의 여지가 없다. 생활체육은 교육의 한 수단에서 개인 및 사회의 건강과 복지를 위한 중요한 요소로 자리잡게 되었다. 따라서 생활체육 지도자는 스포츠의 시대적 흐름에 대해 새로운 시각을 갖고 현대사회에서 생활체육이 나아갈 방향 및 과제를 이해하여야 적합한 지도의 방향과 이념을 설정할 수 있을 것이다.

(1) 대상의 확대

먼저 생활체육을 실시하는 사람이나 관심을 갖고 있는 사람의 활동에 따라 대상을 분류하여야 그에 대응하는 지도방향을 설정할 수 있을 것이다. 이같은 시각에서 보면 지도의 대상은 다음과 같이 나눌 수 있다.

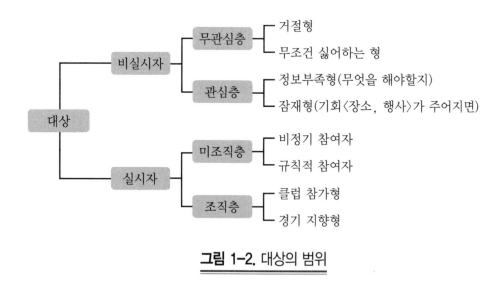

그림 1-2. 대상의 범위

평소에 운동을 하지 않는 비실시자층을 대상에 포함시킨 이유는 현대사회에서는 개인뿐만 아니라 사회 전체의 건강을 추구하는 적극적 의미의 복지지향적 역할을 생활체육이 갖고 있기 때문이다. 즉 운동부족으로 인한 현대사회의 중요한 병폐가 생활습관병의 증대와 그로 인한 의료비의 증가이므로, 이들 비실시자야말로 적극적인 생활체육의 대상이 되어야 한다.

특히 무관심층에 대해서는 누구든지 이해할 수 있고 납득할 수 있는 것부터 참여하도록 호소하여, 각자의 반응에 따라 동기를 부여하고 그들의 생활습관을 조금씩 바꾸어가도록 유도하는 여유있는 대처가 바람직하다. 또한 이들에 대해서는 생활형태·과거의 스포츠경험 등에 기초하여 기회나 정보를 제공할 필요가 있다.

비공식적으로 생활체육을 실시하는 미조직층에게는 가능하면 규칙적으로 실시하도록 유도하고, 그룹을 소개하는 것이 바람직하다. 조직층에 대해서는 클럽의 운영방법이나 기술수준에 따른 지도가 필요하다. 다시 말해서 이처럼 대상을 넓게 잡고 각자의 기술수준에 따른 지도가 필요하며, 나아가 대상에 알맞은 대응이 있어야할 것이다.

대상에 대해 또 한 가지 고려해야 할 점은 소위 핸디캡을 지닌 사람들에 대한 대응책이다. 여기서 말하는 핸디캡이란 신체장애라는 신체적 핸디캡뿐만 아니라 시간적·경제적 핸디캡도 포함된다. 스포츠를 실시할 때에는 어떠한 종류의 핸디캡을 가진 계층에 대해서도 개별적인 대응책이 필요하다는 관점을 가져야할 것이다.

(2) 욕구의 다양화

생활체육에 대한 관심이 고조되고 대상이 확대됨에 따라 활동에 대한 욕구 역시 매우 다양해졌다. 예를 들면 체력단련도 건강회복을 위한 체력단련, 건강의 유지·증진을 위한 체력단련, 레저를 즐기기 위한 체력단련, 경기력 향상을 위한 체력단련 등과 같이 사람들의 목적이나 욕구에 따라 나눌 수 있다.

이와 마찬가지로 스포츠 전반에서도 연관되는 태도에 따라 욕구 역시 분화됨을 알 수 있다. 그림 1-3은 인간의 욕구를 5단계로 나누어 분류한 것이다.

노인, 여성, 신체장애자 등 스포츠를 하는 계층이 다양해짐에 따라 단순히 시합에서의 승리뿐만 아니라 여러 가지 욕구와 목표가 생기게 된다. 이에 따라 생활체육의

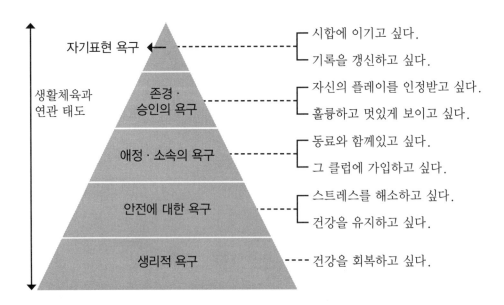

의 내용을 텍스트로 표현:

자기표현 욕구	시합에 이기고 싶다. / 기록을 갱신하고 싶다.
존경 · 승인의 욕구	자신의 플레이를 인정받고 싶다. / 훌륭하고 멋있게 보이고 싶다.
애정 · 소속의 욕구	동료와 함께있고 싶다. / 그 클럽에 가입하고 싶다.
안전에 대한 욕구	스트레스를 해소하고 싶다. / 건강을 유지하고 싶다.
생리적 욕구	건강을 회복하고 싶다.

생활체육과 연관 태도

그림 1-3. 스포츠 욕구의 단계

역할에 거는 기대 역시 높아지게 되며, 참여하는 데 따르는 즐거움의 질도 심화되게 된다. 따라서 생활체육활동과 접할 수 있는 계기를 제공해주고 보다 질 높은 즐거움이나 자기표현의 체험으로 발전시킬 수 있는 방법을 가르쳐주는 것이 생활체육 지도자의 커다란 역할이라고 하겠다.

(3) 생활체육 활동방법의 개발

생활체육에 대한 욕구가 분화될수록 즐기는 방법과 활동방법도 다양해진다. 스포츠란 인류가 정성들여 가꾸어온 문화의 소산이라는 입장에서 볼 때 그것을 즐기는 방법 · 규칙 · 용구 · 장소 등을 개선시켜나간다면 보다 새로운 스포츠가 개발될 가능성은 무한하다. 'Sport for All'이라는 측면에서 간단하고 손쉽게 즐길 수 있는 스포츠의 도입이 활발해지고 있음은 매우 고무적인 현상이라 할 수 있다.

그 예로 인디아카 · 크리켓 등이 도입되고, 호기심과 모험심을 충족시켜주는 행글라이더 · 서핑 · 스케이트보드 등도 활발하게 보급되고 있다. 특별한 기존의 경기나 스포츠뿐만 아니라, 그 내용과 방법을 달리한다면 일상생활 중에서 언제든, 어디서든, 누구든 즐길 수 있는 활동의 형태는 무한하게 존재한다. 그러한 활동을 개발하고 보급시키는 것이 생활체육에 대한 일반의 인식과 참여욕구를 제고시키는 기폭제가 될 것이다.

4) 생활체육의 역할

생활체육이란 사회구성원이 각자의 업무에 종사하지 않는 여가시간에 각 개인의 자발적인 참가에 의해서 운동수요를 충족시키려는 사회적 노력의 총체로 정의할 수 있다. 생활체육은 사회적·문화적·경제적 측면에서 매우 다양한 형태의 파급효과를 갖고 있으며, 그에 따라 생활체육에 거는 사회적 기대와 역할도 크게 증대되고 있다. 생활체육이 갖는 사회적 역할의 확고한 인식은 활동지도의 방향성을 제시하고, 나아가 지도자가 자부심과 사명의식을 갖고 지도에 임하는 바탕이 된다.

(1) 인간성회복

현대사회의 특징적 요소인 합리성의 중시는 인간의 가치마저 물질의 가격처럼 형성 내지 평가되기에 이르렀다. 이 때문에 자기분열과 소외를 실감하고, 인간의 소질이나 능력을 상품처럼 평가하게 됨으로써 인간의 존엄성에 대한 의식이 없어지게 되고, 인간 상호간에 존중하는 태도가 소멸되며, 일체의 권위가 상대화되어버리고 만다.

그러나 체육적 요소는 인간활동의 주요한 한 측면에서 여가생활 욕구에 만족을 가져다주는 수단과 기회를 제공하는 데 그 특징이 있다. 그러므로 생활체육활동을 통하여 자연으로부터 제외되기 쉬운 인간성회복을 꾀할 수 있게 되었다. 그 이유는 바로 생활체육에는 스포츠활동으로 획득할 수 있는 유연성, 명랑성, 사교성, 창조성, 공동성, 사회성, 도덕성 등이 그대로 발휘되는 건강하고 유쾌한 명랑사회, 즉 복지사회의 건강한 민주시민을 기르는 역할을 하는 요인이 내재되어 있기 때문이다.

따라서 생활체육활동을 통하여 파괴되어가는 인간성을 회복하고, 전인적 인간완성을 지향할 수 있을 것이다.

(2) 평생교육

평생교육은 인간의 전생애에 걸친 생활의 교육철학이고, 여가를 선용하는 활동을 포함한 다양한 상황을 포괄하는 것으로 이해할 수 있다.

우리나라에서는 평생교육에 관한 사회교육법이 1982년 12월 31일 제정되었고, 동법 시행령은 1983년 9월 10일 대통령령으로 공포되었으며, 동법 시행규칙이 1985년에 제정됨으로써 그 법적 기반이 이루어졌다.

이와 같은 평생교육은 교육에 있어서는 여가교육이 될 것이고, 체육에 있어서는 평생에 걸친 여가활동의 하나인 운동 · 스포츠생활의 교육이 중요한 목표가 될 것이다. 따라서 최근 평생교육론과 관련하여 논의되고 있는 평생체육은 시대적 요청에서 이해되어야 할 것이다.

앞으로 생활체육이 평생교육으로서의 역할을 다하기 위해서는 성별 · 연령별 특성, 신체적 특성, 지역 및 직업의 특성 등을 고려한 합리적인 운동프로그램이 개발되어야 할 것이다.

(3) 국민 건강증진

교통 및 생산기술의 자동화 · 도시화 · 인구집중화 등으로 생활양식의 급격한 변화를 겪고 있는 현대에서는 신체활동의 중요성은 점차 커지고 있다. 즉 생활양식의 변화에 따른 거대한 좌업생활자군의 형성은 인간의 기본적인 활동능력은 물론 생태학적인 종의 퇴보마저 초래할 것이라는 우려가 대두되고 있다. 또한 성인병의 증가와 연소화되는 원인에는 운동부족이 커다란 위치를 차지하고 있음을 간과해서는 안 된다.

한편 생활체육활동의 보다 합리적인 분석을 통하여 운동의 정량화 · 종목의 선별화가 우선되어야 한다. 최근에는 심신의 병리적 상태를 치료하는 데 신체운동을 활용하는 방법이 활발하게 모색되고 있다. 즉 만성적 우울증이나 약물중독상태, 정형외과적 상해로부터의 재활, 각종 심혈관계통질환이나 대사성질환 등의 예방과 치료에 스포츠 또는 운동이 이용되고 있다. 따라서 생활체육 참여의 확대는 국민소득증대에 따른 생활패턴의 변화에 부응하고, 이를 바람직한 방향으로 유도함으로써 궁극적으로는 국민건강 증진에 기여하게 될 것이다.

(4) 지역사회 개발

현대사회의 특징인 사회기구의 거대화 · 합리화로 인해서 인간관계가 비인격화되고, 개인이 비개인화되고 있다. 상호간의 친밀성이나 연대의식이 점점 결핍되어 고독하고 불안한 정서적 불균형을 느끼게 된다.

이와 같은 생활환경을 탈피하기 위해서는 지역생활체육이 필요하게 되는데, 그 역할기능은 다음과 같다.

- ⑴ 지역사회 주민들의 신체적 · 정신적 건강유지와 증진에 도움을 준다.
- ⑴ 지역사회 주민들에게 삶에 대한 의욕과 흥미를 유발시키는 기회를 제공한다.
- ⑴ 지역사회 주민들의 건전한 사회적 성품을 조성하는 기회를 제공한다.
- ⑴ 지역사회 주민 상호간의 친화력을 높이고 집단목표의 달성을 위한 공감대를 형성시켜 생산성을 높인다.

(5) 청소년 선도

청소년은 장차 국가와 사회에서 주도적 역할과 위치를 담당하게 될 중요한 재원이라는 점을 감안할 때 청소년 문제는 매우 중요하다고 할 수 있다. 그러나 오늘날 청소년은 가정의 교육적 기능 약화, 학교교육의 권위 저하, 사회의 비교육적 요인의 증대 등으로 가정의 문제를 벗어난 사회적 · 국가적 문제로 대두되고 있다.

건전한 청소년교육은 전인적인 활동에 의해서 가능하다고 볼 때, 건전한 스포츠 활동여건 조성을 통한 청소년 비행의 예방 및 선도는 생활체육이 담당해야 할 하나의 중요한 역할기능이 아닐 수 없다.

현대사회의 바람직하지 못한 구조적인 현상 속에서 생활체육이 청소년들에게 미칠 수 있는 역할기능은 다음과 같다.

- 지 · 덕 · 체의 조화적 발달을 도모하여 전인적 인격형성
- 퍼스낼리티(personality) 형성에 도움을 줌으로써 건전한 사회적 성품의 조성
- 생리적 · 사회적 · 자기실현의 욕구 등 욕구충족 및 공격적 태도의 해소
- 창조적 여가이용 능력의 발달
- 공동체 의식의 형성

(6) 여가선용

현대사회에서의 여가란 결코 남아 돌아가는 시간이 아니라, 보다 적극적인 의미에서 인간이 인간다운 삶을 영위하기 위해 짜낸 시간이라고 할 수 있다.

여가를 통해 인간적인 삶을 향유하고 현대적 생활질환을 치유하여야 한다는 의미에서 현대사회에서 생활체육이 담당해야할 구체적인 역할기능은 다음과 같다.

- 신체의 건강유지적 측면
- 정신건강적 측면
- 사회발달적 측면
- 재생산능력적 측면

02

생활체육의 지도원리

생활체육지도란 스포츠 또는 신체적 활동을 매개로 하여 참여자가 지도의 내용과 방법을 효과적으로 터득하여 지도의 이념과 목적에 도달할 수 있도록 도와주고 가르치는 행위라고 할 수 있다. 지도원리의 현대적 경향은 활동의 주체는 지도자가 아니라 참여자라는 것이다. 따라서 생활체육활동의 주체를 참여자 자신에게 둠으로써 참여동기 · 흥미 · 요구 · 개성 · 능력 · 활동자세 등을 존중하고, 참여자의 자기활동 · 자기표현을 지도의 중요한 요건으로 인식하여야 보다 생동감 있고 창의적인 지도의 효과를 얻을 수 있다.

생활체육의 지도원리는 다음과 같다.

1) 목적의 원리

활동의 지도에서는 먼저 명확한 목적을 수립되어야 그에 따른 구체적 계획을 수립할 수 있다. 이것을 지도자와 참여자 모두 자각하고 있어야 참여의욕이 고취되고, 그 목표를 달성하기 위한 활동태세를 미리 준비할 수 있게 된다.

목적과 목표를 참여자가 명확하게 인식하여야 지도의 요령과 방법이 효율적으로 전달될 수 있고, 거기에 참여자의 의견이 반영되면 보다 창의성있는 지도방법이 모색될 수 있다. 이러한 의견조정에 의해 지도자의 지도목표와 참여자의 참여목표가 일치할 때 가장 효과적인 기술습득이 이루어지게 된다. 그러므로 지도자는 스포츠 종목별 연간 기본계획, 월간 · 주간의 도달목표, 당일 연습활동 등에 관한 구체적 목표를 명백히 하여 그 연습이 보다 효율적으로 이루어지게 하여야 한다.

이러한 목표의 도달은 어디까지나 지도자의 입장에서보다는 참여자들에게 도달해야할 목표를 명백히 인식시키는 것이 선행되어야 한다.

2) 자발성의 원리

활동의 지도는 참여자의 자발적이고 자주적인 활동욕구를 만족시킴으로써 성과를 기대해야 한다. 즉 생활체육활동은 타인으로부터 강요됨없이 자신의 즐거움에서부터 시작된다. 생활체육에 참가하는 사람들은 자유롭게 선택하고 무엇에든 구속되어서는 안 된다. 생활체육 지도자는 참여를 강요하거나 의무화해서는 안 되며, 사회적인 압력을 가해서도 안 된다.

생활체육지도의 성공여부는 참여자 각자의 흥미를 알고, 그 흥미를 어떻게 유발시키고 유지해나가느냐에 달려 있다. 참여자의 흥미를 무시한 지도는 능률적으로 효과를 올리기 어려울 것이다. 흥미는 자발적 활동의 기반이 되어야 한다. 따라서 지도자는 참여자에게 내재된 진실한 흥미를 발견하여 활동지도에 잘 이용하지 않으면 안 된다.

참여자들의 흥미는 연령 · 성별 · 가정 · 지역사회 등의 현실에 따라 다를 수 있다. 그러므로 지도자는 이러한 흥미를 조정하여 일관된 지도원리에 부합되도록 유도하는 기술을 가지고 있어야 한다. 참여자들의 활용의욕을 고취시키기 위해서는 그 활동에 대한 동기화가 필요하다. 일반적으로 동기화는 행동에 추진력을 부여하고, 일정한 것을 선택하도록 하고, 행동의 방향을 제시해주는 역할을 한다.

활동지도에서 동기화의 방법은 다음과 같다.

⑴ 참여자의 준비태도에 맞는 연습방법을 제공한다.

⑴ 연습활동의 구체적 목표나 방향을 잘 알게 한다.

⑴ 지도방법에 대해 참여자가 잘 이해하도록 한다.

⑴ 연습활동이나 시합을 객관적으로 평가하여 알려준다.

⑴ 경쟁적인 장, 협동적인 장을 만들어준다.

⑴ 칭찬이나 질책, 상과 벌을 적절하게 구사한다.

ⅶ) 집단의 분위기, 구성원의 성격적 특성을 고려하여 경쟁을 통한 동기를 부여한다.

ⅷ) 지도환경을 정비한다.

3) 개성화의 원리

모든 사람은 저마다의 개성이 있고, 개인차가 있다. 이러한 점을 무시하고 획일적인 지도를 한다면 그 효과는 반감되고 말 것이다. 집단이 가진 능력은 그것을 이루는 구성원 각자의 능력과 개성에 맞게 역할을 수행할 때 배가될 수 있다. 그러므로 활동의 지도는 그러한 개성을 최대한 신장시키기 위한 방법으로 지도하여야 하며, 그러기 위해서는 참여자의 신체적·성격적 능력을 자세히 파악해야 한다.

개인차에는 신체발달의 개인차, 운동능력의 개인차, 성격의 개인차 등이 있다. 신체발달면에는 신장·몸무게·가슴둘레 등의 양적인 면과 근육·심폐순환계통 등 질적인 면이 있다. 또 운동능력면에서는 달리기·뛰기·던지기·매달리기 등의 기초적 운동능력과 각종 운동이나 스포츠에 필요한 기능적 운동능력이 있다.

4) 사회화의 원리

이것은 생활체육활동을 할 때 공동연습, 소그룹 활동 등을 통해 지도효율을 높이려는 원리이다. 혼자서 연습하는 것보다는 집단 내에서 서로 자극하면서 연습을 하면 그 효과가 잘 오르는 경우가 있다. 또 공통되는 문제를 상호 협력하여 해결하려고 하는 집단적인 연습은 활동참여 욕구를 배가시키는데, 이때 자연스럽게 지역사회 내에서 연대감과 인간교류를 형성하는 계기가 된다. 이론적으로 모든 기술의 습득은 개인적으로 행하여짐이 원칙이지만, 실제로 스포츠활동은 집단적으로 행하는 경우가 많고, 또 이것이 효과적인 측면도 있다. 따라서 참여자는 집단활동을 통하여 서로 비판하며 협력하고 격려함으로써 능률을 올릴 수 있는 것이다.

사회화의 원리는 개성화의 원리와 상반되는 것같이 생각되기 쉬우나, 결코 그렇지 않다. 즉 개인과 사회는 상호 의존적인 관계에 있음이 엄연한 현실이며, 개인차 그것 자체가 사회적 관계에서 비교되고 인정되는 만큼, 개성을 신장시키기 위해서는 집단적으로 학습시킬 필요가 있고, 또 그것이 효과적인 경우도 있다. 이러한 관점에서 두 원리는 아무런 모순없이 동시적으로 적용되는 것이다.

5) 창조의 원리

창조란 새로운 것을 개척하는 일이지만, 본질적으로는 재구성의 심리적 과정으로 볼 수 있다. 스포츠에서 새로운 운동기능을 체득하여 새로운 경지를 개척하려는 정신이나 성공의 기쁨을 얻는 일은 활동을 본질적인 것으로 하게 하는 관건이 된다. 이와 같이 창조의 기쁨을 구하려는 태도나 심정을 이용하여 활동을 전개하는 것은 지도능률을 올릴 수 있는 매우 효과적인 방법이다.

지금까지 운동을 지도할 때에는 연습방법이나 요령을 참여자에게 먼저 설명이나 시범을 통하여 자세히 알려주고, 다음에 명령적으로 실시시키는 방법이 많이 사용되고 있다. 그러나 이와 같은 방법보다는 먼저 참여자로 하여금 실시하게 하여 '왜 되지 않는가', '어떻게 하면 되는가'를 생각하게 하며, 성공하기 위한 방법을 스스로 창의 · 연구하도록 유도하고, 필요에 따라서 지도해주는 것이 중요하다. 이렇게 하는 것이 바로 창조의 원리를 적용한 지도라고 할 수 있다.

6) 반복연습의 원리

지도자가 연습목표를 세울 때에는 참여자들의 능력을 고려하고, 그 능력의 범위 내에서 알맞은 연습이 이루어지도록 해야 한다. 참여자들의 능력을 무시한 지도는 효율적인 성과를 기대할 수 없다.

연습에 의한 기술습득의 수단은 동작의 반복연습을 필수적인 조건으로 한다. 그러나 너무 오랜 시간 일정한 방법으로 동일한 기술연습을 되풀이하도록 하면 참여자가 싫증을 느끼게 되고, 또 연습시간을 단축하면 그 효과는 크게 감퇴될 것이다. 그러므로 연습목표를 세운 다음에는 그 연습에 필요한 기술동작과 관련된 근육의 단련 등에 필요한 적정운동량을 결정하고, 면밀한 기술분석을 통해 각 개인에게 맞는 연습의 요령과 합리적 지도방법을 수립해야 한다. 실제 연습과정에서는 같은 동작을 강요하지만, 외양으로는 전혀 다른 연습으로 착각할 수 있도록 연습형태를 변화있게 창안하여야 소기의 목적을 달성할 수 있다.

기술습득의 기회를 보다 많이 갖게 하기 위해서는 활동인원을 소집단으로 편성하여 동시에 연습이 전개될 수 있게 하는 것도 필요하다. 소집단에 의한 활동은 운동연습의 기회를 풍부하게 할 뿐만 아니라 집단편성을 필요에 따라 변화시킴으로써 지루함을 잊게 하고, 나아가 집단구성원 간의 인간관계를 바람직하게 형성할 수 있는 매우 효과적인 방법이라 하겠다.

7) 계통성의 원리

모든 스포츠기술은 계통성을 가지고 있으므로, 어떤 기술을 지도할 때에는 계통에 따라 점진적인 습득이 이루어지도록 해야 한다. 이 계통성을 무시하고 지도하면 참여자에게 혼란을 가중시키고, 기술의 퇴보나 효율의 저하를 가져올 수 있다. 즉 지도내용이 너무 쉬우면 참여자의 흥미가 감소되고, 너무 어려우면 주의가 산만하게 되어 그 활동에 대한 의욕과 용기가 좌절되기 쉽다. 그러므로 스포츠 지도는 쉬운 것부터, 아는 것에서 모르는 것으로, 구체적인 것에서 추상적인 것으로 연속적인 지도내용이 계통에 따라 실시되어야 한다.

한편 성장기 아동이나 청소년들의 경우에는 그들의 신체적·심리적 발달에 따라 운동기능이 학습되어야 한다. 스포츠기술 지도에서 시기의 문제가 바로 이것과 관련된 것이다. 모든 기술에는 그것을 익히기에 가장 적당한 시기가 있는데, 그 시기를 너무 앞당겨서 한다면 오히려 기술습득이 저해되고 신체적 장애를 초래할 위험이 뒤따르게 된다.

8) 요점전달의 원리

운동기능은 연습에 의해서 향상되지만, 그것은 또 바람직하지 못한 동작을 습득시켜 기능향상을 방해할 수도 있다. 따라서 연습기회를 많이 갖는 데에만 그치지 말고, 정확한 동작을 습득시킬 수 있도록 항상 연구가 뒤따라야 할 것이다.

동기화된 참여자는 연습과정에서 자기동작의 적절성 여부를 끊임없이 평가하게 된다. 그러나 자기가 기대한 만큼 좋은 결과가 되지 못하면 거기에는 무엇인가 중요한 것이 빠졌다거나 오판하였기 때문이다. 운동기능은 복잡한 활동이기 때문에 그 기능의 요점을 정확하게 이해시켜 그릇된 해석을 바로잡아준 다음 연습하는 것이 필요하다. 기술의 요점을 알리는 방법으로는 설명에 의한 방법, 시청각교재를 활용하는 방법, 시범에 의한 방법 등이 있다.

그러나 어느 한 가지 방법만을 사용하는 것은 바람직하지 못하다. 설명만으로는 너무 추상적이 되기 쉽고, 시범을 보이는 것은 지도자의 폼이 바람직하지 않을 때 나쁜 폼이 형성되기 쉽다. 시청각교재를 이용하는 것이 스포츠 지도의 추세가 되고 있으나, 이 역시 보여주는 데 그칠 수 있어 효과가 적다. 따라서 기술의 특성에 맞게 이 세 가지 방법을 병행하는 것이 가장 효과적인 지도방법이다.

9) 평가의 원리

생활체육지도에서 평가는 참여자에 대한 정보의 제공, 피드백의 형성이라는 서비스적 성격을 더욱 크게 띠어야 한다. 이는 결과의 제시만을 의미하는 것이 아니라 지도의 과정에서 참여자의 부단한 각성과 동기유발을 목적으로 하고, 다음 단계를 지도하기 위한 분석의 자료로서 활용되는 것이다.

평가에서는 어디까지나 객관적인 측정자료를 바탕으로 하여 지도자의 주관적 판단이 가미되어야 한다. 그 결과에 대한 칭찬이나 질책은 되도록 자제하고, 필요하다면 타인과 비교가 아니라 참여자의 과거기록과 비교되도록 해야 한다. 즉 평가를 통해서 자신의 진보정도를 알고 자발적으로 연습하려는 의욕을 고취시키며, 정체되거나 퇴보되었다면 그것에 대해 실망하지 않고 그 원인을 냉정히 분석하는 자세를 갖도록 지도해야 할 것이다.

제2장

생활체육 지도자론

어느 집단에서든 지도자의 자질과 능력은 그 집단의 성격과 구성원의 태도에 커다란 영향을 미칠 뿐만 아니라, 그 집단이 이루고자 하는 목표 달성의 향방에도 큰 영향을 미친다. 특히 생활체육 지도자는 신체활동을 매개로 하여 참여자와 관계를 맺기 때문에 그 영향은 더욱 클 수밖에 없다. 생활체육은 활동의 장이 갖고 있는 특수성에 비추어 인성이나 지도 능력, 태도 등과 관련된 자질요건의 특수성이 인정된다고 하겠다.

오늘날 생활체육 지도자에게 요구되는 지식, 기능 및 교육적 배경은 날로 고도화 · 다양화되어가는 것이 명백하지만, 이러한 능력들도 거기에 적절한 태도 · 관심 · 개성 등이 부합되지 않으면 그 성과를 기대하기 어렵다.

01
생활체육 지도자의 기능과 역할

생활체육 지도자의 기능과 역할은 생활체육이 갖는 기능과 역할을 극대화시켜 효율적인 활동을 위한 기본조건을 제공하는 데 있다.

1) 생활체육 지도자의 기능

생활체육 지도자의 기능은 참여자들이 생활체육활동을 활발하게 하도록 직·간접으로 영향을 미치는 모든 활동이라고 할 수 있다.

생활체육진흥은 지역주민의 일상생활 속에서 자주적인 체육·스포츠활동을 생활화시키는 것이 중심과제이다. 지역주민의 다양한 체육·스포츠욕구를 충족시키고 생활체육의 내용을 개발·확대해나가기 위해서는 아주 세밀한 각종 방침을 추진해가야 할 것이다. 특히 체육·스포츠활동의 시설과 용구의 정비 및 충실화, 체육 프로그램 계획, 각종 클럽의 조직·운영 등을 위해서는 지도자의 기능이 매우 중요하다. 그리고 지역주민들이 즐겁고 충실한 일상적 스포츠활동을 하도록 유도하기 위해서는 참여자의 특성에 맞는 적절한 지도와 조언도 필요하다.

생활체육 지도자의 기능은 생활체육활동이 성립될 수 있는 제반 조건을 만들기 위한 활동지원자로서의 기능과 스포츠활동을 직접적으로 지도하는 스포츠 지도적 기능으로 대별할 수 있다.

(1) 활동지원자로서의 기능

생활체육 지도자의 기능 중에서 활동지원자로서의 기능은 체육시설 이용의 효율화, 체육활동의 기획·입안, 다양한 프로그램의 개발·보급, 체육동호인조직 육성 등으로 나눌 수 있다.

그런데 생활체육 지도자의 궁극적인 기능은 개인 혹은 집단의 자주적 활동을 육성하고 조성하는 데 있다. 즉 체육·스포츠활동의 기회나 편의를 확대하여 평등하게 하며, 스포츠집단조직이나 활동을 활발하게 하여 질적 향상에 도움을 주어야 한다. 또 여러 가지 스포츠를 하는 데 필요한 시설·비품을 정비하며, 새롭고 높은 수준의 기술을 습득케 하여 활동을 통한 만족과 새로운 흥미를 가질 수 있게 지도해야 한다.

생활체육활동이 조직적·계획적으로 전개되려면 그 내용이 다양해야 한다. 스포츠기술의 지도만으로는 효과적이고 원활한 운영을 기대할 수 없다. 그러므로 생활체육지도자는 체육·스포츠의 조직화, 활동계획의 기획과 운영, 시설의 관리·운영, 홍보활동의 강화 등과 같은 광범위한 분야에서 관련된 역할을 수행해야 한다. 따라서 생활체육 지도자에게는 단순한 실기지도 차원의 스포츠 지도적 기능보다도 활동지원자로서의 기능이 보다 확대될 것으로 전망된다.

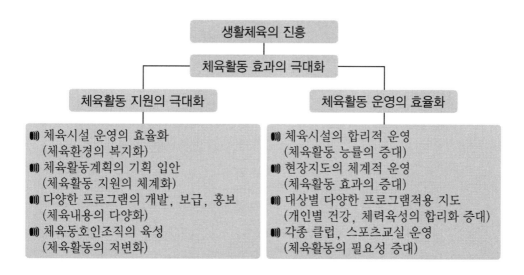

그림 2-1. 생활체육 지도자의 기능

(2) 스포츠 지도적 기능

스포츠 지도적 기능은 체육활동 운영의 효율화 측면에서 이해되어야 한다. 체육활동의 효율화 측면에서는 대체로 체육시설의 합리적 관리·운영, 현장지도의 체계적 운영, 대상별로 다양한 프로그램 적용, 각종 클럽·스포츠교실 운영 등의 기능인데, 이는 실기 지도자의 범주에 있다.

오늘날 생활체육은 주로 여가선용, 개인의 건강, 체력향상 등을 위한 수단으로 활용되고 있다. 그 내용은 스포츠·레크리에이션·놀이·게임 등 즐거움을 줄 수 있는 신체활동이 주가 된다. 따라서 생활체육활동은 강제성을 띠어서는 안 되며, 누구나가 스스로 자유롭게 참여함으로써 즐거움을 찾고 건강을 유지하며 보람된 삶을 찾도록 하는 데 지도의 초점이 맞추어져야 하므로 스포츠 지도적 기능이 강조되지 않을 수 없다.

2) 생활체육 지도자의 역할

생활체육 지도자는 체육문화를 선도 내지 보급하는 주체로서 체육에 대한 국민의 인식을 긍정적인 방향으로 유도하여 국민들이 적극적으로 생활체육활동에 참여할 수 있도록 하는 역할을 담당하는 사람이다. 즉 '보다 많은 사람들이 생활체육활동에 참여할 수 있도록 노력하는 사람'이라고 할 수 있다.

그러므로 생활체육 지도자는 운동기능만 전수하는 단순한 역할이 아니라, 생활체육에 관련된 전문기능 및 지식의 전달, 체력진단 및 운동처방, 생활체육시설의 운영관리, 조직적·체계적 생활체육활동 전개, 사회봉사활동 등의 역할을 담당할 수 있어야 한다.

이러한 관점에서 생활체육 지도자의 역할은 크게 지도이념으로 본 거시적 측면의 역할과 실제적인 지도과정으로 본 미시적 측면의 역할로 나누어 생각해 볼 수 있다.

(1) 지도이념으로 본 역할

생활체육은 건전한 체육활동을 통한 모든 국민의 정신적·신체적 건강의 추구를 기본이념으로 한다. 따라서 생활체육은 경제발전 및 사회발전에 의하여 삶의 가치 구현에 대한 증대된 국민의 욕구를 충족시켜줄 수 있는 기본조건이 될 뿐만 아니라, 이를 통하여 보다 풍요로운 삶을 향유할 수 있는 바탕을 마련하여준다. 또한 생활체육은 도시화된 사회에 살고 있는 현대인에게 보다 다양한 생활기회 및 양식을 제공함으로써 삶의 가치를 구현할 수 있는 수단이 되기도 한다.

지도이념으로 본 생활체육 지도자의 역할은 다음과 같다.

⑴ 생활체육의 목표를 추구해가는 과정에서 유아기에서 노년기에 이르기까지 모든 국민이 스포츠를 생활화할 수 있도록 동기유발을 시킨다.

⑴ 올바른 지도를 통해 신체활동의 즐거움을 경험하게 한다.

⑴ 인간으로서의 삶의 의미를 높일 수 있도록 한다.

이러한 지도이념으로 본 생활체육 지도자의 역할은 그림에서 나타나듯이 체육활동을 통한 자아실현, 건전한 체육문화 정착, 사회문화역량 함양 등으로 규정할 수 있다(그림 2-2).

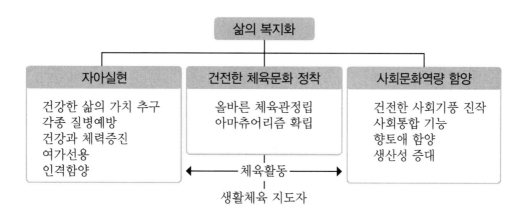

그림 2-2. 지도이념을 본 생활체육 지도자의 역할

(2) 지도과정으로 본 역할

지도과정으로 본 생활체육 지도자의 역할은 다음과 같다.

 ⑴ 참여자들이 지도내용을 쉽게 이해하도록 활동과제를 제시해주는 도안자
 ⑵ 참여자들이 지도내용을 올바르게 이해하여 실행하는가를 평가하는 평가자
 ⑶ 참여자들이 스포츠활동을 하고 싶도록 동기유발을 시키는 동기유발자

생활체육 지도자의 가장 기본적인 역할은 참여자를 위한 활동환경을 조성이다. 생활체육 지도자는 활동상황에 따라 '무엇을', '언제' 해야할 것인가를 결정해야 한다. 활동상황에서 지도자는 도안자로서 무엇을 가르쳐야 하고, 어떻게 활동환경을 조성하고, 지도과정을 실행하기 위해 언제·어떻게 가르쳐야 할 것인가를 결정해야 한다.

생활체육 지도자의 평가자로서의 역할은 참여자들의 연습이 최종목표에 도달했을 때 실시하게 된다. 평가는 참여자들이 무엇을 정확하게 알고 있는지, 또 잘못 알고 있는지를 측정하여 다음의 지도에 도움을 얻기 위해 실시된다. 평가 결과 점수에 의한 등급이 지도효과로 나타나게 된다. 그런데 이 점수를 가지고 참여자의 전체적인 면을 판단하는 것은 재고해 볼 필요가 있다.

동기유발자로서의 생활체육 지도자는 참여자들이 적극적으로 활동에 참여할 수 있도록 활동환경을 조성하여 참여자들로 하여금 동기유발이 이루어지게 하는 것이다. 생활체육 지도자의 중요한 역할은 참여자의 주의가 오래 계속되도록 옆에서 도와주는 데 있다. 참여자들을 적절하게 동기유발시키기 위해서는 활동참여에 따른 가시적 성과가 나타나도록 도와주며, 그 결과에 대한 객관적·주관적 평가를 통해 만족감을 갖도록 유도해야 할 것이다.

02
생활체육 지도자의 자질

어느 집단이든 지도자의 자질과 능력은 그 집단의 성격과 구성원의 태도뿐만 아니라, 그 집단이 이루고자 하는 목표달성의 향방에도 커다란 영향을 미치게 된다. 특히 생활체육 지도자는 신체활동을 매개로 참여자와 관련성을 갖기 때문에 그 영향은 더욱 클 수밖에 없다.

그러므로 모든 일반적 지도자로서의 품성과 자질요건이 생활체육 지도자에게도 적용되지만, 생활체육 지도자로서 지녀야 할 자격요건의 특수성 역시 고려되어야 한다. 왜냐하면 생활체육은 활동의 장이 갖고 있는 특수성(스포츠의 특성)뿐만 아니라 참여하는 동기와 목표가 다르기 때문이다. 그리고 생활체육 지도자로서의 자질요건의 설정은 절대적이고 불변의 것이라기보다는 그 시대와 사회의 요구에 부합되도록 변화 · 개선되어야 할 성질이라고 볼 수 있다.

오늘날 생활체육 지도자에게 요구되는 지식 · 기능 · 교육적 배경 등은 날로 고도화되어가는 것이 명백하지만, 이러한 자질요건들도 만약 거기에 적절한 태도, 관심 또는 개성이 부합되지 않으면 좋은 성과를 올릴 수 없다. 인격적 통합성과 건전한 교육의 배경과 성장 및 발달의 잠재력을 가지고 있지 않는 지도자는 사람을 다루는 일이 제일차 목적인 생활체육 지도자로서는 자격미달이라고 할 수 없다.

1) 개성과 관련된 자질요건

생활체육 지도자의 성격적 특질을 대체적으로 대변할 수 있는 말은 민주적 성격이라고 할 수 있다. 즉 생활체육 지도자의 민주적 성격은 체육의 본질이 완전한 자기표현에 관계되기 때문에 목표나 요청으로 보아 너무나 당연한 자질요건이 아닐 수 없다. 생활체육 지도자는 생활체육활동에 참여하는 사람들의 관심과 의욕이 신장·확대되도록 이끌어주고 보살펴 주는 것이지, 결코 명령하거나 강제하는 것은 아니다. 이것은 진실한 의미에서 민주적인 자질이 무엇보다 필요하다는 뜻이다. 바람직한 생활체육 지도자는 자유롭고 책임있는 민주시민의 육성을 위해서 필요한 가치와 성격을 조장해가는 데 특별한 관심과 열의를 가지고 있는 사람이어야 한다. 왜냐하면 생활체육활동에는 민주적 분위기의 확보가 무엇보다도 중요하기 때문이다.

또한 생활체육 지도자와 참여자 간의 관계는 권위적·강제적 지도이념에 입각한 수직적 관계가 아니고, 인격평등주의에 입각한 수평적 관계이다. 따라서 집단의 효율적 운영, 바람직한 결과 도출, 관계의 지속성 유지 등의 측면에서 생활체육 지도자의 민주적 성격은 매우 중요한 요소이다.

생활체육 지도자의 구체적인 성격적 특성은 다음과 같다.

- ⑴ 솔직담백하고 친절하며 명랑한 성격
- ⑵ 사람들과 어울리기를 좋아하고, 모든 사람들이 좋아하는 인간적 매력성
- ⑶ 정확한 판단력과 위기에 대처하는 결단력
- ⑷ 희생적이고 솔선수범하고 책임을 회피하지 않는 성격
- ⑸ 자신의 생각을 명확히 나타낼 줄 아는 표현력
- ⑹ 건설적이고 창조적인 사고와 광범위한 지적 호기심
- ⑺ 자신의 실수를 인정할 줄 알고, 다른 사람의 잘못을 너그럽게 용서하는 포용력
- ⑻ 남을 즐겁게 할 수 있는 유머감각
- ⑼ 독단과 아집이 없고 광범위한 지식과 교양미 있는 성격

2) 능력과 관련된 자질요건

스포츠의 장은 인간의 행동·생활양식 등과 같은 다양한 측면이 관련되어 있으며, 그것이 유기적으로 결합하여 스포츠를 매개로 상호작용하고 있다. 생활체육 지도자는 이러한 여러 측면들을 적절히 연결해주고 긍정적 방향으로 작용하도록 유도하는

능력을 가져야 한다. 그러한 능력은 일시에 갖추어지는 것이 아니라, 지도자 자신이 새로운 것을 부단히 받아들이려는 자기계발의 열의에 의해서 획득되는 것이다.

(1) 건강과 체력

생활체육 지도자에게 건강과 체력이 중요한 이유는 다음과 같다.

ⓜ 자신의 역할을 충실히 수행하는 데 필수적이기 때문이다.

ⓜ 참여자들에게 모델 역할을 하여 지도의 방향과 방법에 대한 기본적인 신뢰감을 형성시킬 수 있는 하나의 요인이 되기기 때문이다.

참여자들에 비해 건강하지 못하고 체력이 뒤떨어진다면, 신체활동을 본질적 특성으로 하는 스포츠를 지도하는 데 무리가 따를 뿐만 아니라 참여자들에게 충분한 신뢰감을 형성하기가 어렵고 리더십을 발휘하는 데 장애가 된다.

생활체육 지도자는 자신의 건강과 체력을 과신하여 과도한 흡연·음주 등과 같은 무절제한 생활을 자제하지 못한다면 참여자들의 참여동기를 저해하고, 유소년들에는 나쁜 영향을 미치기 쉽다. 그러므로 생활체육 지도자는 언제나 생활을 자제하고 건강에 해독을 미치는 환경을과 멀리하여 참여자들에게 모범이 될 수 있는 태도를 견지해야 한다.

(2) 스포츠에 대한 지식과 기술

지도자에게 필요한 기술은 '활동기술'과 '지도기술'이다. 활동기술이 중시되는 이유는 활동기술이 지도자의 행위이자 인간의 표현이라는 본질적인 의미에서 출발하기 때문이다. 즉 지도자의 인격형성은 기술의 수련을 통해서 이루어진다는 것이다.

지도자의 기술은 행위뿐만 아니라 인간성도 반영하기 때문에 참여자에게 많은 영향을 준다. 특히 나이 어린 참여자인 경우에는 지도자의 태도나 행동양식이 그대로 모방된다는 점을 알아야 한다. 따라서 훌륭한 운동기술의 소유자가 곧 좋은 지도자의 전부라고는 할 수 없으나, 훌륭한 기술은 좋은 지도자가 되는 중요한 요건이라고 할 수 있다.

훌륭한 지도기술을 갖기 위한 전제조건은 바로 그 지도내용에 대한 전문적인 지식을 갖추는 것이다. 즉 생활체육 지도자는 인간의 신체에 대한 지식과 신체활동에 의한 여러 가지 운동기능과 운동학습이 어떻게 이루어지는지를 알아야 한다.

오늘날 스포츠에 관련된 연구는 실로 눈부실 정도로 발전되었다. 스포츠생리학, 해부학, 스포츠심리학, 바이오메카닉스(biomechanics), 스포츠사회학, 스포츠통계학, 스포츠철학·역사 등과 같이 지식의 분화가 가속화되고 있다. 이와 같은 영역에 모두 능통해질 수는 없겠지만, 그 개요와 주된 연구상황, 그리고 그것을 통합하여 생활체육 지도현장에 적용하려는 노력은 경주되어야 할 것이다.

그렇게 함으로써 생활체육 지도자는 전문적인 프로그램 준비를 통해 적절한 학습기회를 제공하고 효과적인 학습조직의 방법과 학습과제의 분석능력을 갖추게 되는 것이다. 예를 들어 스포츠심리학의 학습을 통해 운동기능이 공간과 시간의 환경, 운동간격, 예전의 운동상태, 피드백의 원인과 결과 등에 관계 있음을 알 수 있게 되며, 그러한 것을 분석할 수 있는 능력을 통해서 참여자들에게 알맞은 운동의 선택과 운동의 순서를 계통적으로 실시할 수 있게 된다.

또 스포츠생리학을 학습함으로써 자극과 반응을 통한 적절한 적응방법을 형성하여 연습의 양과 빈도 등을 결정할 수 있다. 나아가 각종 환경여건에서 일어나는 생리적 적응현상과 효과를 참여자들에게 주지시킴으로써 활동참여의 동기를 더욱 자극하며, 활동 시 일어나는 응급사고에 대처할 수 있는 지식을 갖추게 된다.

이 외에도 지도현장에서 실제로 가르칠 종목에 필요한 지식은 물론이고 인접해 있는 유사종목과 기구에 대해서도 잘 알고 있어야 한다. 어떤 종목을 가르칠 경우 게임의 방법·역사, 기본적인 기능과 기술, 전략, 장비, 안전, 경기예절과 규칙 등 경기의 전반적인 것은 물론이고, 국내경기와 국제경기, 앞으로의 전망 등에 대해서도 가르쳐야 한다. 그리고 참여자의 정신적 상태와 신체적인 성숙에 따른 운동기능의 발달상태, 행동으로 나타나는 사회적·정서적인 상태, 건강상태 등에 대해서 알고 있어야 지도성과를 크게 얻을 수 있다.

(3) 지도방법

지도방법에는 강의 · 토의 · 문답 · 연습 · 시범 · 관찰 · 보조 등이 있는데, 이들 중 강의 · 시범 · 관찰법은 생활체육 지도자의 지도기술 가운데 꼭 알고 실천해야 할 과제이다. 이를테면 강의법은 참여자들에게 연습할 내용을 설명하기 위하여 다양한 해설기술을 사용하게 되는데, 이때 설명→시범→분석→토의의 과정을 거쳐 성과를 얻게 된다. 따라서 참여자들에게 해설의 효과를 주려면 전체관계를 명백히 하고, 참여자 각자가 지적 활동을 하게 하며, 납득할 수 있는 내용으로 꾸준히 관찰을 뒷받침하게 하는 일이 무엇보다 중요시되고 있다.

시범법은 가르치려는 동작의 시범을 통하여 참여자들의 이해를 촉진시키는 방법이다. 시범을 효과적으로 하려면 관찰의 효과를 노려야 한다. 이때 필수요건은 관찰할 것이 무엇인지 미리 알려주고, 모든 참여자들이 잘 볼 수 있는 위치를 택하여 여러 각도에서 시범을 보여주어야 한다. 시범을 보일 때에는 옳지 않는 동작을 먼저 보여준 다음 옳은 동작을 보여주는 것이 효과적이다.

한편 관찰법은 영화 · 슬라이드 · 사진 · 그림 · 챠트 · 전문잡지 · 연구물 등 시청각 교재를 활용하는데, 이때 시범에서 나타난 오류 · 불명확한 폼 · 기술 등을 정확하게 분석함으로써 효과적인 지도를 꾀할 수 있다. 이때에는 어디까지나 보조자료를 활용하여야 정확한 활동양상을 보여줄 수 있고 또 설명을 할 수 있게 된다. 이 경우 문제의 소재에 대하여 직접적으로 관찰하고 경험함으로써 구체적이고 정확한 이해기능을 형성할 수 있다는 점에서 지도자는 이것의 합리적 배려로서 성과를 얻도록 노력해야 한다.

다음에 간단히 세 가지 기본적인 지도방법을 제시한다.

① 지도내용에 대한 연구

⑴ 명확하고 간결하게 설명하고 시범을 보인다.

⑵ 자신있는 목소리와 의미있는 제스처를 사용한다.

⑶ 열성을 다하여 가르치고 참여자의 동기유발에 주력하며, 때때로 자극적인 장면을 제시하여 흥미유발과 연습의 지속성을 고려한다.

ⅷ) 연습과 흥미의 균형을 유지한다.

② 완전한 지도계획의 수립

ⅷ) 전체목표와 개인목표가 합리적으로 도달되도록 한다.

ⅷ) 가르치고 검사하고 평가하여 점수화한다.

ⅷ) 지도내용을 체계적으로 상세하게 준비한다.

ⅷ) 참여자가 지도과정을 알도록 한다.

ⅷ) 융통성있게 지도과정을 전개한다.

③ 합리적 지도의 전개

ⅷ) 지도내용의 제시는 쉬운 것에서부터 어려운 것으로 단계적인 전개를 한다.

ⅷ) 단원에서 단원으로 이동할 때 참여자들의 반응과 동기를 알아본다.

ⅷ) 참여자들의 질문에 대하여는 분명한 반응, 질문과 정보의 요청, 피드백의 교정, 적극적이고 분명한 표현 등을 한다.

(4) 지속적 변화대응력

발전이란 변화대응력의 향상을 의미한다. 이것은 변동되는 사회적 요구에 적절히 응답하여 목표를 세우고, 그것을 구체화해나가는 과정에서 실현된다고 볼 수 있다. 사실 환경변화에 적절하고 민감한 반응을 보이는 것은 지도자에게 요구되는 결정적 요인임과 동시에 사회 전체의 경직성에 대한 좋은 자극이 된다. 이러한 지속적인 변화대응력의 근원은 그것을 발휘하는 지도력에 달려 있는 것이다.

생활체육 지도자의 변화대응력은 여러 가지 측면에서 급변하는 현대사회에서 올바른 생활체육지도를 위해서 현실의 요청에 효율적으로 대응할 수 있는 능력이나 의욕이 없이는 소기의 목표달성이 곤란한 것이다. 급격하게 변화해가는 사회 속에서 나날이 달라져가는 인간의 가치관념이나 생활양식에 따라 거기에 적응하려는 노력없이 항상 동일한 프로그램이나 방법을 가지고 스포츠활동 참여를 권장·추진한다면 거기에 의욕적으로 참여할 사람은 많지 않을 뿐만 아니라 생활체육 지도자로서의 자질요건이 부족하다고 하겠다.

(5) 동원능력과 상징조작능력

사회 전체가 효율적으로 발전하기 위해서는 거기에 필요한 자원과 인력을 효과적으로 동원하고, 필요하고도 적절한 여러 가지 상징들을 제대로 조작할 수 있는 지도자가 있어야 한다.

생활체육 지도자의 동원능력과 상징조작능력은 현대사회에서 정말 필요한 요건임과 동시에 우리의 현실을 감안할 때 없어서는 안 될 자질이다. 단체생활의 적응훈련이 부족한 우리나라 사람들을 생활체육활동에 참여시키려면 활동에 참여하도록 동기유발시켜 일정한 장소로 동원할 수 있는 능력이 필요하다. 우선 사람이 모여야 그다음에 좋든 나쁘든 어떤 일을 해낼 수 있는 것이다. 따라서 사람들을 효과적으로 동원할 수 있는 능력이야말로 바람직한 생활체육 지도자의 필수적 자질이다.

한편 여러 가지 상징조작능력도 현대사회에서 대단히 광범위한 필요와 적용의 분야이다. 특히 생활체육활동을 통해서 자기표현을 원만하게 이루려고 할 때에는 자기표현의 수단으로서 상징조작이 필요하다. 이 때문에 생활체육 지도자는 이 방면의 능력을 길러두지 않으면 안 된다.

(6) 정보분석능력

오늘날 한국사회나 세계사회의 동향에 대한 정보와 지식을 필요로 하는 사람들의 요구나 기대에 대한 정보를 정확하고 신속하게 파악하지 못하면 효율적으로 스포츠를 지도할 수 없다. 따라서 생활체육 지도자는 정보를 수집하여 분석하는 능력을 갖추어야 한다.

특히 현대사회는 정보화사회이어서 일상생활에 필요한 모든 정보의 수요가 증가일로에 있다. 따라서 생활체육 지도자에게 이러한 능력이 부족하면 그 집단의 새롭고 창의적인 활동전개를 지연시키며, 다양하게 표출되는 참여자들의 욕구를 충족시키지 못하게 될 것이다.

3) 태도와 관련된 자질요건

(1) 봉사적인 태도

훌륭한 지도자는 자신이 하는 일에 보람을 느끼고 그 가치에 대해 신념을 지녀야 한다. 자신의 일이 사회에 미치는 의의와 참여자에게 미치는 영향을 느끼지 못하거나 문화의 보존·발전, 다른 사람의 행복추구 등에 공헌한다는 의의를 느끼지 못한다면 참다운 봉사정신을 가질 수 없으며, 나아가 지도자로서 참다운 목표달성도 어렵게 될 것이다.

지도자가 충분한 연구나 애정도 없이 생활체육지도를 단순한 임무로만 생각하고 스포츠지도에 임한다면 참여자는 거기에서 과연 무엇을 배울 수가 있겠는가. 약간의 기술적 진보가 있었다 하더라도 거기에서 솟아나오는 기쁨은 맛보지 못한 것이다. 나아가 다음의 활동에 대한 기대가 주어지지 않는다면 정말 가치있는 지도라고 할 수 없다. 만약 그 활동에서 친구나 상대와 서로 친해지거나, 감동한 것이 있었다면 가치있는 활동이라고 해도 될 것이다.

이러한 것은 지도자의 자신있는 지도로서 이루어지는 것이다. 결코 무성의한 지도 태도나 애매한 지식, 학습자의 안이성에 영합함으로써 이루어지는 것은 아니다. 이것은 지도자의 신념이 학습자의 지도자에 대한 신뢰감으로 이어지는 것을 뜻한다.

한편 지도의 성과면에서도 봉사적인 지도자는 진보의 정도가 더딘 참여자를 위해 여러 가지 운동형태를 제시할 것이고, 참여자로 하여금 꼭 달성하겠다는 의지를 갖도록 동기유발시킬 것이다. 이와 같은 행위는 봉사정신이 있는 지도자만이 가능하며, 이러한 봉사정신은 참여자들을 위하여 폭넓고 다양한 프로그램을 제시하게 한다.

(2) 자기 쇄신을 위해 노력하는 자세

생활체육 지도자는 참여자들에게 보다 질 높은 학습기회를 부여하기 위하여 자기

쇄신을 위해 부단한 노력을 기울여야 한다. 즉 자신의 경험확대를 위하여 부끄럼없이 자신이 미진한 부분을 개선함과 동시에 관련지식과 지도법을 개선하기 위해 부단히 노력하여야 훌륭한 생활체육 지도자가 될 수 있다.

만약 생활체육 지도자가 쇄신의욕이 없고 현상유지에 급급하거나 무사안일의 소극성 속에서 맴돌고 있는 유형의 인간이라면 개개인의 삶을 통해서 창조의 희열을 느끼게 할 수 없다.

(3) 대인관계

동기유발의 근원은 기본적으로 인간관계의 능력에 있다. 스포츠의 전문성을 갖추는 과정에서 학습과제의 지도경험을 통하여 스포츠의 예술성과 과학성을 강조하면서도 인간관계를 무시한 채 운동기술 습득에만 전념하는 경우가 종종 발생한다.

그린버그(Herbert Greenberg, 1969)는 지도에 대하여 "용이한 교육은 효과적인 교육으로 학생들이 목표달성을 위하여 동적이고 계속적인 연구·노력을 하는 데 있으며, 교육에서는 교육적인 기술·장비·교육공학 등이 중요하지만 학생이 배우겠다는 동기유발과정에서는 교사의 인간성이 중요한 역할을 한다"고 정의하였다.

지도자로서 인간관계를 양호하게 이룩한다는 것은 참여자와 상호관계의 유지를 말한다. 지도자의 가치판단과 참여자의 가치판단 사이의 적절성은 다음과 같은 인간관계의 형성과정에서 이루어진다.

- 지도자와 참여자 상호간의 신뢰성
- 정확하고 분명하게 이해되는 평가
- 교훈적인 조언과 협동적인 행동을 통한 상부상조
- 문제와 갈등의 건설적인 해결

이와 같은 내용은 지도자와 참여자 상호간의 신뢰와 협동에서 이루어진다. 생활체육 지도자는 도안자, 안내자 또는 평가자로서 참여자와는 항상 좋은 유대관계를 유지해야 한다.

03

생활체육 지도자의 지도력

생활체육을 지도함으로써 사회에 봉사한다는 이념에 바탕을 둔 리더십을 가져야 생활체육 지도자로서 능동성과 창의성을 갖고 자발적인 참여를 확대·선도해 나갈 수 있을 것이다.

생활체육의 지도는 참가하고 있는 사람들만을 대상으로 하는 것이 아니라, 스포츠를 하고 싶어도 할 수 없는 사람들의 장애요소를 하나하나씩 제거해가려는 지도자의 자세를 필요로 한다. 이와 같은 관점에서 생활체육 실시과정에 따른 어려운 요인들을 하나씩 해소하고 실천해간다면 국민의 다양한 요구에 대응하는 지도가 가능하게 될 것이다. 따라서 생활체육조직에서 'Sport for All'의 목표를 효율적으로 달성하기 위해서는 지도자의 리서십이 절대적으로 필요하다.

지도자야말로 주어진 하나의 사회 내에서 방대한 창의력으로 그 사회에 영향력을 미치는 존재이며, 그의 리더십은 아이디어나 행동의 통합·실천으로 나타날 것이다. 그러므로 사회를 위하여 기존의 조건과는 다른 상황을 창조해낼 수 있는 능력을 가진 지도자야말로 앞으로의 사회가 요구하는 생활체육 지도자상이라고 할 수 있을 것이다.

따라서 생활체육 지도자에게는 휴머니즘의 기반 위에서 경험·기능·기획성, 교양과 존경, 집단육성과 조성, 열성적인 봉사자세 등을 갖춘 다음과 같은 지도력이 기대되고 있다.

① 시설과 지도력

⑾ 체육시설의 효율적 이용

⑾ 시설의 능률적인 관리와 운영

⑾ 시설의 보수와 확충

ⅲ) 시설의 개방과 지도 · 관리

ⅲ) 기타 시설의 계획과 지도 · 관리

② 조직과 지도력

ⅲ) 지도력의 발로는 조직을 통하여 이룩된다.

ⅲ) 조직력과 지도력은 공통된다.

ⅲ) 지역사회에서도 사회단체, 클럽, 체육공원, 기타 시설 등을 중심으로 하는 조직을 구성한다.

ⅲ) 직장의 취미별 · 부서별 조직에 유의한다.

ⅲ) 조직활동지도, 조직체육지도, 조직활동지도 등에서 목표를 명확히 하고, 역할 분담에 유의한다.

③ 기획관리와 지도력

ⅲ) 직장 및 상사에 대한 이해

ⅲ) 생활체육 및 사회교육의 제도화

ⅲ) 예산확보와 재정관리

ⅲ) 생활체육 진흥을 위한 기획 · 관리

④ 체육행정과 지도력

ⅲ) 정부의 체육정책, 국민체육진흥법에 의한 체육시설기준 · 체육조직 · 지도자 배치 등의 이해

ⅲ) 체육행정부서의 조직편제 이해

ⅲ) 체육심의회 운영과 지도자 양성(비공인)

ⅲ) 체육과 관련된 정부부처 간의 협조체제 이해

ⅲ) 행정조직 및 업무, 프로그램행정, 시설행정, 재정행정 등의 이해

⑤ **프로그램의 지도기술과 지도력**

⑴) 이론적 지식과 지도기술

⑴) 스포츠의 실기 기능

⑴) 프로그램의 계획과 조직

⑴) 프로그램의 균형과 개발

⑴) 민속경기와 놀이의 개발

⑥ **연구와 지도력**

⑴) 개인적 특성과 자질 향상

⑴) 지도자의 역할과 기능 향상

⑴) 지도방법의 연구

⑴) 지도자연수회 참가

04

생활체육 지도자의 활동영역

생활체육 지도자는 생활체육 활동내용과 방법에 관한 기술이나 기능의 전달뿐만 아니라 생활체육의 발전을 위하여 관련된 여러 분야에서 주도적 · 발전적인 연구와 노력을 경주하는 사람이다.

이러한 생활체육 지도자의 활동범주를 대별하면 다음과 같다.

1) 행정지도자

생활체육 행정지도자는 정부와 정부지원 조직 및 단체에서 생활체육정책을 입안 · 수립 · 추진해나가는 지도자를 말한다. 여기에 해당되는 조직은 문화체육관광부, 대한체육회, 종목별 경기단체, 지방자치단체의 생활체육관련부서 등이 있다.

생활체육 발전을 위한 행정지도자들의 중요성은 독일의 골든플랜의 성공에서 알수 있듯이 생활체육과 관련된 막대하고 중대한 사업들을 강력하게 추진하고 지원할 수 있다는 데 있다.

2) 경영관리지도자

생활체육 경영관리지도자는 공공생활체육시설(시 · 도의 국민생활체육관, 구청단위로 건설되고 있는 구민생활관, 시민체육공원 등), 비영리생활체육시설(한국생활체육센터, YMCA, YWCA 등), 상업체육시설(기업이나 직장에서 근로자의 후생복지 및 건강을 목적으로 설치하는 시설) 등에서 법적인 업무, 시설관리, 프로그램 기획, 예산 등을 담당하는 지도자를 말한다.

3) 실기지도자

정부지원 조직 및 단체, 공공생활체육시설, 상업체육시설, 직장체육시설 등에서 실제 생활체육활동에 참가하는 사람들에게 직접 해당 종목의 기술을 지도하고 관리하는 지도자를 말한다.

이러한 실기지도자는 스포츠활동에 참여하는 사람들의 동기와 목적이 다양하기 때문에 모두의 기대에 부응하는 지도를 위해서 단지 기술지도에 멈추지 말고 한 사람 한 사람의 스포츠 요구에 대응할 수 있는 폭넓은 내용을 갖는 것이 중요하다. 또, 실기지도자는 참여자와 대면하여 지도하기 때문에 인간적인 사랑과 신뢰를 발휘할 수 있는 지도력이 필요하다.

4) 기 타

학교와 각종 연구소에서 생활체육의 이론적·학문적 발전을 위한 연구활동에 종사하거나, 언론매체를 통한 생활체육의 보급과 발전을 위하여 일하는 생활체육 지도자의 활동영역이 있다. 특히 대중을 상대로 정확하고 신속하며 유익한 정보를 전달하는 매스컴의 속성상 생활체육의 발전에 영향을 가장 크게 미치는 영역으로 평가할 수 있다.

이러한 생활체육 지도자의 활동영역을 토대로 한 생활체육 지도자의 구체적인 활동범위는 표 2-1과 같다.

표 2-1. 생활체육 지도자의 활동범위

구 분	종 류	활동범위
생활체육 행정지도자	문화체육관광부 및 각 시·도의 생활체육과, 대한체육회 및 경기단체, 올림픽기념 국민생활관 등	생활체육 분야의 법적인 업무, 시설, 관리, 프로그램계획, 예산, 인사관리 등
생활체육 전문지도자	생활체육전문 프로그램 지도자 생활체육 학자 및 지도원	생활체육 지도자를 육성하고 새로운 프로그램을 개발·보급·육성
스포츠 지도자	각종 스포츠 지도자, 코치	동호인클럽 스포츠 지도 경기방법 및 기술 향상 새로운 고도기술 개발 연구
레저, 스포츠 및 레크리에이션 지도자	수상전문지도자(윈드써핑, 스쿠버, 요트 등), 스키·골프·댄스지도자, 캠프지도자	레저·스포츠 및 레크리에이션 활동의 기술을 지도하며 건전한 여가활동을 유도
유·청소년체육 지도자	스포츠소년단 지도자, 유소년 활동 지도자, YMCA, YWCA 체육지도자	스포츠 소년단의 조직·육성·지도, YMCA, YWCA 등의 활동을 통해 스포츠·레저활동 보급지도
직장체육 지도자	직장체육 및 레크리에이션 지도자, 경기지도자	일반 직장인에게 스포츠 및 여가활동을 장려 보급시키고, 기업체 간의 경기를 진행
사설강습소 지도자	영리목적 체육센터의 지도자(기업의 헬스센터, 스포츠센터) 스포츠 지도자(태권도, 유도, 합기도, 헬스크럽, 에어로빅 댄스 등)	교정운동 및 레크리에이션을 이용한 신체치료 및 신체부자유자의 재활운동 실시 및 지도
스포츠·레저시설 매니저	체육관 및 운동장 관리자 공원 및 휴양소 관리자	각종 스포츠 및 레저시설을 운영·관리하고 국민들이 효율적으로 이용할 수 있도록 함
체력테스트 및 관리지도자	스포츠센터 및 체력테스트 판정원 체력테스트 관리 및 지도자	체력테스트, 지도, 판정 및 관리
노인체육 지도자	노인건강 관리사 여가활동 지도자	노인을 대상으로 클럽을 조직하고 운동 프로그램 제시 및 여가활동 지도
언론매체	신문사 체육부기자, TV방송 등의 체육부 PD·기자, 체육관련 잡지사의 경영인·편집인·기자	체육에 관련된 기사작성과 프로그램 제작 및 보급

05

지도자의 성격유형

생활체육 활동현장에서 지도자의 언행은 지도의 방법론과 불가분의 관계를 맺고 있다. 지도자의 인성과 행동특성은 참여자들에게 커다란 영향을 줄 뿐만 아니라 지도내용에 대한 참여자들의 감각적·주관적 만족도에도 영향을 준다. 따라서 지도자의 유형은 곧바로 지도의 성과에 직접적으로 연관되어 있다고 할 수 있다.

지도의 목표를 설정하고 그 목표에 적합한 지도방법을 적용하고 결과를 평가할 때 지도자의 사고나 행동에서 비롯되는 지도 스타일이 나타나게 된다. 지도자로서 가르치는 스타일은 개인적인 자기 자신의 표현이며, 자기가 간직하고 있는 지도철학의 발현으로 볼 수 있다.

1) 지도자의 성격유형과 지도방법

(1) 지도자의 성격유형

지도자의 성격이 지도스타일에 그대로 반영되는 경우가 많은데, 버처(Bucher, 1978)는 지도자의 성격유형을 다음과 같이 나누고 있다.

① 강압형

이 유형의 지도자는 계획·행동·사고의 방법이 매우 엄격하다. 강압형 지도자는 독단적이고 고집이 세고 완고하다. 참여자들의 의사에 귀를 기울이지 않고, 참여자들의 반응을 살피지 않은 채 이야기하고 지시한다. 사소한 일에도 신경을 쓰고 참여자들이 자기의 의도대로 따라 오기를 강요하며, 전체가 똑같은 통일된 행동을 하도록 고집한다.

참여자와의 관계가 상호작용에 의해서 이루어지기보다는 통제적이고 명령적이다. 참여자들의 개인차이를 생각하지 않으며, 그들의 흥미나 능력을 무시하므로 지도의 분위기는 매우 엄격하다. 따라서 참여자들의 자유스러운 대화가 없어 참여자들의 개인적인 감정이나 요구를 받아들이지 않는다.

② 회의형

회의형 지도자는 약간의 편집증에 걸린 듯한 인상을 준다. 참여자들이 자신에 대하여 어떠한 음모를 꾸미지 않나 생각한다. 여러 가지 일에 대하여 항상 의심을 하고 있다. 동료들이나 다른 사람들의 사생활을 지나칠 정도로 알려고 하고, 참여자들을 가르치는 보람에 즐거움을 느끼지 못하고 항상 잘 웃지도 않고 다른 사람들을 자기 자신과 같이 믿고 받아들이는 데 인색하다.

회의형 지도자는 다른 사람들한테 신임을 얻지 못하고, 힘이나 권력을 가진 사람한테 반항적이며, 가르친다는 행동보다 개인의 습관이나 성격에 관심이 많다.

③ 허풍형

허풍형 지도자는 항상 새롭고 보다 화려한 사건에 관심이 많다. 조그만 사건이라도 화려하게 과장시킨 표현을 한다. 다른 사람들의 감정·취미 등에 쉽게 동화되기도 한다.

이 스타일의 지도자는 가르친다는 것보다 일어나고 있는 사건들에 관심이 많아 들리는 소문, 동료 지도자들의 사생활 등에 항상 관심을 기울인다. 허풍형 지도자는 항상 많은 문제를 일으키게 되어 말썽이 일어나는 경우가 종종 있다.

④ 충동형

충동형 지도자는 계획성이 부족하고 모든 일을 신중히 생각하지 않으며 즉흥적인 행동을 할 때가 많다. 판단력이 부족하여 앞뒤를 가리지 않고 일을 결정하게 되므로 신임을 받지 못한다. 영구적인 목적이나 어떠한 가치판단에 의한다기보다 현재 생활의 직접적인 관계에 의해서 이루어지고, 최초의 인상이 행동의 근본을 이룬다.

⑤ 사고형

사고형 지도자는 모든 사건을 분석하고 신중하게 생각하여 개념화시켜 참여자들에게 접근한다. 문제의 토론이 매우 자유스러운 분위기에서 일어나고, 조정자의 역할을 한다기보다 안내자로서 봉사한다. 지도자와 참여자와의 사이가 매우 화기애애하여 참여자들이 높은 수준으로 동기유발되어 있다.

사고형 지도자는 참여자들을 통제하지 않고 항상 민주적인 환경에서 과제를 제시하므로 참여자들은 항상 흥미롭고 활기찬 분위기에서 활동에 임하게 된다.

(2) 지도자의 인성특성

헤일(Heil) 등은 지도자의 인성특성을 조사하여 다음의 6가지 유형으로 분류하였다.

- ⑴ **자발형**……자기주장적이고 요란스럽고 충동적이며, 매우 선택적이다. 또 유머를 좋아하고 틀에 박힌 일을 싫어한다. 인간관계보다는 지식이나 아이디어에서 더 만족을 얻으며, 위치에 대한 의욕이 적고 독립적이다.
- ⑵ **정돈형**……극기 혹은 자기통제력이 강하며 충동적인 행동을 피하고 권위에 대하여 순종한다. 무슨 일이든지 질서정연하게 이루어져야 안정감을 얻을 수 있고, 지나칠 정도로 계획을 세우고 타인을 지휘하는 것을 좋아한다.
- ⑶ **공포형**……환경에 위협을 주는 상황으로 지각하며, 의존적이고 양심적이며 규칙이나 전례를 엄격히 지켜나감으로써 자신을 보호하려고 한다.
- ⑷ **노력형**……자기존경의 필요가 강하며, 적극적인 인정을 필요로 한다. 활동에 따른 성적을 높이기 위해서 노력하며, 인정적인 관계보다 일 자체에 더 관심을 가지고 중요시한다.
- ⑸ **순종형**……원만한 인간관계의 유지에 많은 관심을 두며, 불찬성이나 비난을 피하기 위해서 힘쓴다.

ⅷ) 대항형······충동이 많고, 으례 거절당할 것을 각오한다. 권위에 대해서 반항적이다.

2) 지도방법의 종류

지도방법은 크게 전통적인 지도자 중심의 지도방법과 참여자 중심의 지도방법이 있다. 이 두 가지 스타일의 지도방법과 장·단점을 설명한다.

(1) 지도자 중심의 지도방법

지도자 중심의 지도에서 활동체제는 대부분 엄격한 통제방식으로 이루어진다. 지도자 중심의 지도에서는 지도과정이 어떻게 조직되고 가르쳐져야 하는가에 대한 결정권한이 대부분 가르치는 지도자나 관리기관에 있다. 즉 관리기관은 그 기관에서 제공하는 모든 프로그램이 원활히 운영될 수 있는 범위 내에서 각 코스의 기간·시간·장소 등을 결정하고, 각 코스에서 가르쳐야 될 지도자를 결정한다.

지도자는 다루어져야할 구체적 주제와 그 주제가 어떤 수준에서 다루어져야 할 것인가를 나름대로 결정한다. 뿐만 아니라 지도내용의 구조 및 계열, 내용제시, 지도방법, 진도 등에 대한 결정도 지도자가 내린다. 참여자들은 일반적으로 이같은 결정에 거의 아무런 영향력을 미치지 못하고, 지도자의 결정과 제한적 요소에 의해 결정된 지도스타일에 맞추어야 한다.

지도자 중심의 지도자는 참여자들 개개인에 대한 관심은 없고 전체 집단으로써 참여자들을 상대하여 집단적으로 활동이 진행되며, 참여자들의 개인적인 사정을 들어주지 않는다. 이들은 관리당국의 경영철학에 일치시키려는 전통주의 철학을 가지고 있으므로 전통적인 지도에 일치시키려 한다. 지도자가 시범을 보이면 참여자들은 그대로 따라서 흉내내게 한다. 평가는 참여자들이 운동기능을 수행할 수 있는 능력이 아니라, 지도자의 행동과 일치시킬 수 있는 능력에 중점을 두고 융통성없이 가르친다.

예를 들어 지도자 중심의 지도자가 드리블, 슛, 자유투를 가르쳤다면 성공적인 활동이 이루어졌다고 평가하게 되고, 활동은 농구경기를 수행하기 위한 일반적인 모형으로 이루어지고 있다. 참여자들이 목표를 성공적으로 달성했느냐가 아니라 지도자의 지도목표를 달성했느냐에 중점을 두고, 프로그램의 평가는 참여자들의 연습효과에 대한 관찰이 아니라 가르침에 대한 분석이다. 이 분석이 참여자들의 학습에 영향을 주게 된다.

지도자 중심의 지도자는 어떤 면에 있어서 완전주의자이고 모든 참여자가 같은 방법에 의해서 운동기능이 이루어지기를 바라고 있다. 평가는 지도자의 기준에 의해서 이루어지고 기대했던 목표에 실패했을 때 지도자는 실망을 느끼게 된다.

지도자 중심의 지도자는 어떤 면에 있어서 완전주의자이고 모든 참여자가 같은 방법에 의해서 운동기능이 이루어지기를 바라고 있다. 평가는 지도자의 기준에 의해서 이루어지고 기대했던 목표에 실패했을 때 지도자는 실망을 느끼게 된다. 지도자 중심의 지도자는 개인적으로 매우 엄격하고 그 엄격함이 지도상황으로 이전된

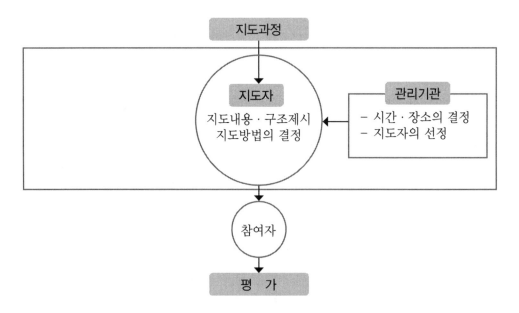

그림 2-3. 지도자 중심의 지도방법

다. 활동은 재미있고 흥미롭다기보다 지루한 감을 주게 되고, 참여자들이 성공하겠다는 내적 동기유발이 아니라 실패에 대한 창피함 등의 외적 동기유발에 의해서 활동이 진행되고 있다. 지도자 중심의 지도방법은 그림 2-3과 같다.

(2) 참여자 중심의 지도방법

참여자 중심의 지도방법은 민주적인 방식에 의해 이루어진다. 지도의 목표와 내용을 참여자들의 요구나 흥미에 적합하게 계획하고, 이를 달성하기 위한 노력도 지도자가 아니라 참여자 중심으로 하게 된다.

참여자 중심의 지도에서 접근형태는 지도시간·장소 등의 선택에 이르기까지 자신의 활동에 참여자 자신이 책임을 지고 있으므로 필연적으로 동기수준이 높아야 한다. 또한 참여자 스스로가 자신의 진도를 결정하므로 관리기관의 보조나 지도자의 개인 스케줄도 상당히 융통성있게 잡혀져 있어야 한다.

참여자 중심의 지도자는 운동기능의 지도에 만족하지 않고 참여자들이 신체활동을 통하여 즐거움과 성공의 기쁨을 느끼도록 한다. 나아가 참여자들이 운동기능의 참피온이 되는 것을 기대하지 않으며, 레크리에이션적인 게임을 할 수 있는 것에 만족하고 있다. 참여자들의 기능수준의 개인차이를 인정하여 모든 참여자들이 똑같이 운동을 수행한다는 것은 불가능하다고 보고, 참여자들의 능력수준에 따라 활동을 전개시키고 개인의 잠재능력 향상을 강조하고 있다.

참여자 중심의 지도자는 융통성이 매우 많다. 상황에 따라 다양한 학습모형을 제시하여 참여자들이 꼭 달성하겠다는 내적인 동기유발이 있도록 하여 활동은 흥분 속에서 이루어지고, 참여자들은 자발적인 활동이 진행되므로 매우 적극적이다.

참여자 중심의 지도자는 초보자들을 싫어하지 않고 환영한다. 이것은 지도자 자신이 참여자에게 공헌할 수 있다고 믿고 참여자에게 최근의 기술이나 방법을 가르침으로써 참여자들이 전문적 기능을 습득하여 개인적인 성장을 이룩할 수 있다는 확신을 가지고 있기 때문이다.

참여자 중심의 지도자는 참여자 개개인에게 관심을 가지고 모든 참여자들의 이름을 기억하도록 노력한다. 또한 그들의 요구나 흥미 · 능력을 정확하게 파악하며, 참여자들의 인간성 발달에 관심이 많아 상담자 역할을 많이 하고 있다.

참여자 중심의 지도자는 참여자들 스스로 많이 생각하도록 하고, 자기 자신의 표현을 자유스럽게 하도록 하며 창조적인 문제를 제시하도록 한다. 스포츠 활동의 인지적 목표뿐만 아니라 정의적 목표에 관심을 갖는다. 참여자들이 신체활동의 가치를 알도록 강조하며, 신체활동을 통하여 즐거움을 느껴 참여자들에 따라 연습할 수 있도록 다양한 연습프로그램을 제시하며 활동상황에 따라 같은 수준의 그룹으로 나누어 학습을 진행시키기도 한다. 평가는 여러 가지 목표에 따라 이루어진다. 지적 검사의 점수, 운동기능, 태도 및 행동의 결과 등을 포함시킨다.

참여자 중심의 지도자는 자기의 전공분야는 물론이고, 다른 분야에도 관심이 많고 동료들과 잘 어울리며 모든 일에 협조적이다. 참여자 중심의 지도방법의 체제는 그림 2-4와 같다.

지도자 중심의 지도자와 참여자 중심의 지도자 모두 가르치는 영역에 충분한 지식이 있어야 한다. 지도유형이란 것은 가르치는 접근방법이 다를 뿐이다.

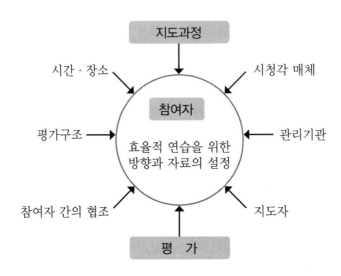

그림 2-4. 참여자 중심의 지도방법

어떤 지도 스타일도 완전한 것은 없다. 모두 장점과 단점이 있다. 교수스타일 역시 언어적으로 잘 묘사되어 있고 보다 쉽게 인지 또는 이해할 수 있도록 이론들이 정리되어 있으므로 모든 지도자들은 이 두 지도 스타일의 요소들을 서로 혼합하여 참여자들을 가르쳐야 한다.

실제로 생활체육 지도자들은 상황에 따라 가르치는 스타일을 변경해야 한다. 단체운동경기나 복식경기의 지도에서는 지도자 중심의 방법이 효과적이다. 많은 참여자들을 동시에 지도할 때 참여자 중심의 방법을 이용한다는 것은 매우 힘들 일이다. 적은 수의 참여자를 지도할 때 또는 개인경기를 지도할 때는 참여자 중심의 지도가 효과적이다.

지도방법은 지도자 자신의 성격적 특성과 관련이 깊지만, 어느 한 가지 지도 스타일만을 고집해서는 안 되며, 참여자의 연령·동기수준·활동전개의 상황 등에 따라 지도 스타일을 적용하여야 한다.

06

설명기술과 화술

모든 지도과정에서 설명기술과 화술이 지도의 성패를 가늠하는 중요한 요소로 인정되고 있다. 특히 스포츠기술의 지도는 신체활동을 위주로 하므로 설명은 지도의 현장과 상당히 밀접한 관련이 있다. 참여자가 즉시 그 설명을 실행하는 경우가 많으며, 도입과 전개 그리고 종결 및 평가와 같은 활동진행의 과정에 따라 설명의 전개방식이 다를 수밖에 없다는 특성을 가지고 있다. 스포츠를 지도할 때 설명은 가급적 간단하고 알기 쉬우면서도 생리학적 · 역학적인 요소를 함께 제시하는 것이 효과적이다.

1) 설명의 기술

(1) 설명의 효과적인 방법
- 정의 또는 일반적인 서술을 쓴다.
- 비교를 하면서 설명한다(예 : 모범동작과 잘못된 동작의 비교).
- 실례나 사실을 제시하든가 지적하면서 설명한다. 시범도 여기에 포함된다(예 : 유명선수의 동작, 극적 경기상황의 예시).
- 증명을 써서 설명한다(예 : 과학적 원리의 적용).
- 통계를 써서 설명한다(예 : 어떤 특정기술의 성공률 등).
- 적절한 시청각자료를 이용하여 설명한다(예 : VTR, 사진 등).
- 반복법과 강조법을 이용하여 설명한다.

(2) 설명의 순서
- 주의깊게 순서에 따라 서술하고, 한번에 한 가지 사실을 이해시킨다.

- 한 가지 사실이 이해된 후에 다음 것에 대해 설명한다.
- 서술하려는 것을 적당히 반복한다.
- 듣는 사람이 잘 알 수 있는 용어를 택해서 서술한다.
- 듣는 사람이 잘 알고 있는 실례를 들어 서술한다.
- 설명하고자 하는 것과 유사한 예를 들면서 서술한다.
- 질문이 있을 때는 이를 허락하고 이에 답한다.
- 분명하게 설명하고 구체적으로 이해시키기 위해서 일람표나 도표, 도해, 회화, 사진 등의 시각교재를 활용한다.
- 분명하게 설명하고 구체적으로 이해시키기 위해서 실연이나 동작을 통해 설명한다.
- 설명한 전체를 분명히 하기 위해 주의깊고 정확한 결론이나 요약을 준비한다.

2) 화술

일반적으로 좋은 화술은 음성, 발음, 말솜씨, 태도, 내용 등의 조건뿐만 아니라 지도자의 열성과 진지함을 참여자가 느낄 수 있어야 한다.

(1) 화술의 요령

- 엄숙하고 자신있는 태도로 말한다. 그 사람이 말하고 있으면 안심하고 들을 수 있고, 자기도 모르는 사이에 말에 집중하게 된다.
- 음성이나 발음에 표정을 조화시켜서 이야기한다.
- 적절한 말을 계속해서 막힘없이 이어나간다.
- 세련된 말을 능숙하게 사용한다.
- 흥미를 일으키기 위해 유머를 가끔 사용하고, 말의 속도를 변화시킨다.
- 내용을 강조하거나 감탄할 수 있는 말을 구사한다.
- 장면에 따라 언제나 화제를 능숙하게 바꾸어간다.

⑴ 여러 가지 사실이나 사건을 건설적으로 신선하게 해석한다.

⑴ 듣는 사람의 반응을 이끌어가며 자유로이 조정해간다.

⑴ 듣는 사람의 반응에 따라서 내용이나 말투를 조절하고, 듣는 사람이 싫증이 나지 않게 한다.

⑴ 듣는 사람이나 주위의 방해요인을 잘 처리할 수 있고, 야유같은 것도 슬쩍 잘 넘겨버린다.

⑴ 신중히 상대의 얼굴을 보고 의미있는 제스처를 하여 흥미를 느끼도록 한다.

(2) 흥미있는 화술의 자료

흥미있게 하는 말에는 화술 그 자체가 흥미로운 경우(말재간)와 말의 내용이 흥미로운 경우가 많다. 전자는 선천적인 언어능력이 있어야 하기 때문에 보통사람으로서는 말의 내용에 흥미를 갖도록 흥미있는 재료를 말 가운데 활용하도록 노력하여야 한다.

흥미를 끌 수 있는 말의 재료는 다음과 같다.

⑴ 새롭고 색다른 것에 흥미가 있다.

⑴ 자극적인 것에 흥미가 있다.

⑴ 자기에게 관계있는 사건에 흥미가 있다.

⑴ 개인적이고 비밀에 속하거나 사생활에 속하는 것들에는 흥미가 있다.

⑴ 유머러스한 것에 흥미가 있다.

(3) 발언의 기본조건

대화나 발언이 잘 이루어지기 위해서는 듣는 사람이 잘 이해할 수 있고 흥미로와야 한다. 즉 듣는 사람에게 의미있는 메시지가 담겨 있어야 하며, 사람의 지적수준에 적합한 말이어야 한다.

발언의 기본조건을 정리하면 다음과 같다.

⑴ 참여자가 쓰는 말로 바꾸어서 말하도록 한다.

- 참여자의 생각에 가깝게 말하도록 한다.
- 참여자의 경험범위에 있는 사건을 주로 해서 말하도록 한다.
- 참여자 자신의 문제에 결부시켜서 말하도록 한다.
- 참여자 자신에게도 생각할 수 있는 기회를 주면서 말하도록 한다.
- 참여자가 알고 싶어서 구하고 있는 것에 따라서 말하도록 한다.
- 참여자의 흥미에 맞추거나 호기심을 일으킬 수 있도록 말한다.
- 복잡한 생각이나 사항은 짧은 생각으로 쉽게 이해하도록 해서 말한다.
- 변명에 지나지 않는 말을 하지 않도록 말한다.
- 짧은 말의 단위로 끊어서 말하도록 한다.
- 한번에 하나의 사항을 나누어서 말하도록 한다.
- 결론만을 찾으려고 하지 말고, 결론에 이르는 길잡이를 진술할 수 있도록 유도한다.
- 참여자와 이해를 한 가지 한 가지 확인해가면서 말하도록 한다.
- 구체적으로 설명하는 방법으로 말하도록 한다.
  - 구체적인 사물이나 숫자와 결부시켜서 말하도록 한다.
  - 실례를 들어서 말하도록 한다.
  - 시청각교구를 사용해서 말하도록 한다.
  - 몸짓이나 실연으로 말하도록 한다.
  - 중요한 점과 그렇지 않은 점을 알아낼 수 있도록 말한다.
- 제일 마지막에는 요약해서 말하도록 한다.
  - 요점을 강조하면서 말하도록 한다.
  - 제일 끝에 요점을 반복시킨다.

07

지도자의 자기진단

훌륭한 지도자가 되기 위해서는 끊임없이 자기 자신을 되돌아보고 반성하는 과정이 필요하다. 자기 스스로 진단할 때 유의할 점은 자기 자신을 합리화하거나, 자만하거나, 자기 자신을 지나치게 비하하는 것이다.

다음에 제시한 자기진단의 형태는 어디까지나 자신의 미흡한 부분을 찾아내어 효과적인 지도에 도움을 주는 방향으로 개선하는 데 목적이 있다.

1) 건강상태

))) 일반적으로 건강한가.

))) 과중한 업무에 대한 스트레스를 느끼고 있지 않은가.

))) 참여자와 함께 전체 활동과정을 행할 수 있는 체력수준을 유지하고 있는가.

))) 능률적인 활동을 저해하는 건강상의 결함이나 습관을 가지고 있는가.

2) 차림과 외모

))) 깨끗하고 잘 다린 몸에 맞는 옷을 입고 있는가.

))) 적절한 시기 또는 간격으로 옷을 갈아 입는가(와이셔츠와 넥타이, 지도현장에서는 트레이닝복을 오래 걸치고 있지 않은가).

))) 자세를 항상 곧고 바르게 유지하고 있는가.

))) 머리가 단정하고 손톱은 잘 다듬고 있는가.

))) 지나치게 화려하거나 요란한 복장을 하고 있지 않은가.

- 신발은 깨끗한가.
- 치아는 깨끗하게 잘 닦았는가.
- (남자의 경우) 면도를 자주 하고 있는가.
- (여자의 경우) 화장을 너무 야단스럽게 하고 있지 않은가.

3) 음성과 화법

- 발성과 음성의 반향이 좋은가.
- 말을 할 때 침이 튀지는 않는가.
- 음성의 높낮이 조절과 강조의 기법에 숙달되어 있는가.
- 우리말에 잘 숙달되어 있는가.
- 은어나 비속어를 사용하지는 않는가.
- 발음이 정확하고 표준말을 사용하고 있는가.
- 집단 앞에서 침착하게 이야기할 수 있는가.

4) 태도 또는 몸가짐

- 누구에게 어떤 일을 부탁할 때 공손하게 하는가.
- 상대방의 이야기를 중간에서 가로막는 일을 하지 않는가.
- 참여자의 질문에 대해 친절하게 답해 주는가.
- 사람을 대할 때 언제나 웃는 낯으로 반겨주는가.
- 지도 시에 어투가 낮춤말의 느낌이 들지는 않는가.

5) 성실도

- 진심으로 다른 사람의 복지에 관심을 가지고 있는가.
- 다른 사람의 문제나 고난에 대해 진정으로 귀를 기울이는가.

- 충고나 조언을 청하는 사람에게 항상 성실하게 이야기해 주는가.
- 내가 속해 있는 집단의 구성원들과 잘 어울리고 있는가.
- 내가 맡은 책임을 남게게 나누어줄 때 세심한 주의를 기울여서 하는가.

6) 정서적 안정성

- 나 자신의 결정을 스스로 내릴 줄 아는가.
- 자신감을 가지고 있는가.
- 대다수의 사람들에게 호감을 주고 있는가.
- 다른 사람들의 개인적 권리를 인정해줄 줄 아는가.

7) 유머감각

- 나에게 오는 어떤 농담을 인간적으로 받아들이는가.
- 다른 사람들과 함께 어울려서 남을 비웃지 않는가.
- 때와 장소를 가려서 유머를 할 수 있는가.
- 나의 유머 · 농담은 장소나 분위기에 맞는가.

8) 민주성

- 늘 공평무사한가.
- 다수집단과 소수집단 양쪽의 욕구를 잘 파악하는가.
- 편견이나 선입견이 없는가.
- 타인을 개인으로서 존경하는가.
- 다른 사람의 의견에 대하여 관용성을 가지고 포용하는가.
- 독선적인 경향이 없는가.
- 다른 사람들과 잘 협동하는가.

제3장

생활체육 지도대상

생활체육활동은 지도자, 활동과제(스포츠종목), 참여자의 3요소로 이루어진다. 오늘날 활동의 주체는 지도자에서 직접 그것을 행하는 참여자로 옮겨가고 있는 추세이다. 따라서 지도자는 참여자의 여러 특성을 이해하고 그것에 적합하도록 지도의 목적과 방향, 지도의 내용과 방법 등을 신중히 선택하는 것이 중요하다.

이 장에서는 지도대상을 청소년·청년·중년·노년으로 나누어 이들의 신체적·지적·정서적·사회적 여러 특성과 각각에 대한 지도요령에 대하여 설명한다.

01
아동기

1) 아동의 성장과 발육

(1) 신체의 발달

아동의 신체발달이란 골격계통, 신경계통, 근육계통, 심폐계통 등의 양적·기능적 발달과 아울러 이들의 변화에 따른 신장과 체중의 증대를 의미한다.

① 골격계통의 발달

골격계통은 뇌·척수·내장기관 등과 같은 조직을 보호하고 신체의 전반적인 뼈대를 구성한다. 아동의 골격은 크기·구성성분 등이 계속적으로 변화하는 상태에 있으며, 골격의 성장은 생장점이 점차 연골로 바뀌게 됨에 따라 완전해진다. 아동의 뼈조직은 부드럽고 유연하며, 상처나 충격에 대한 회복속도가 빠르다. 그러나 너무 심한 타격이나 과도한 중량을 관절에 가하는 것은 피해야 한다.

② 신경계통의 발달

신경계의 중추를 이루는 뇌는 대뇌와 소뇌로 구성되어 있는데, 그중 대뇌는 정보기능을 통제하며, 소뇌는 자세를 통제하고 몸의 균형을 유지하는 기능을 한다. 특히 모든 운동에 관련된 신호가 대뇌의 중추신경을 거쳐서 척추에 전달되면 이는 다시 신체의 각 부위로 전달되어 동작을 일으키게 된다. 따라서 대뇌의 세포가 성숙되어 있는가의 여부도 아동들의 운동능력 발달과 밀접한 관계가 있다.

특히 유아기에는 대뇌보다 소뇌의 발달이 현저하며 운동반응의 잠재력이 크게 증가한다. 그리고 뇌의 기능은 3~4세 경에 매우 빠르게 발달한다. 그 후 8세 경이면

뇌의 크기는 성인수준에 달하게 된다. 6세 경의 뇌중량은 성인의 약 90%에 달하게 되며, 12세 경에 이르면 성인의 95% 정도로 성장한다. 아동 초기의 지적 발달이 중요시되는 이유는 이러한 뇌의 조기발달에 근거를 두고 있다.

따라서 아동이 재주가 있다든가, 운동신경이 좋다는 것은 뇌신경의 기능이 좋다는 것과 일맥상통한다. 즉 운동기능의 발달은 곧 운동신경의 발달을 의미하며, 아동들이 신체를 다양하고, 정확하며, 세밀하게 움직일 수 있다는 것을 의미한다.

③ 근육계통의 발달

근육은 연령의 증가에 따라 길이와 폭이 증대한다. 또한 근육의 발달은 몸통에서 먼 부위보다 몸통에서 가까운 부위에서 더 왕성하게 이루어진다. 근육조직의 성장은 5~6세에 시작되지만, 7세부터 11세나 12세까지 점진적이고 계속적인 성장을 보이며, 12세가 되면 정상적인 아동은 6세 때 근육조직의 2배까지 성장한다.

신체발달의 측면에서 보면 5~12세 사이에는 대체로 남아가 여아보다 빠른 발달을 보인다. 이는 유전적 차이라기보다 사회적 요인에서 비롯되는 것으로 알려져 있다. 그 이유는 남아는 격렬한 신체활동의 참여를 권장받는 반면, 여아는 소극적이며 정적인 신체활동에 참여하기 때문이다.

일반적으로 아동의 근육은 여리고 뼈에 견고하게 부착되어 있지 못하기 때문에 쉽게 피로해지는 반면, 피로에서의 회복도 빠르다. 따라서 아동의 근육활동에서는 잦은 휴식과 변화 있는 활동이 요구된다.

④ 심폐계통의 발달

아동기의 심폐계통 발달은 뼈나 근육의 성장속도와 같은 비율로 이루어진다. 일반적으로 심폐계통의 발달과정은 심박수와 호흡수의 변화로 알 수 있다.

표 3-1은 성장과정에 따른 심박수, 호흡수의 변화를 나타낸 것이다. 심박수와 호흡수의 비율은 5세를 지나면서 점차적으로 낮아지기 시작하여 9세가 되면 심박수는 1분에 90회 정도가 된다. 이때의 호흡수는 대략 1분에 20회 정도이다. 12세가 된

표 3-1. 아동의 분당심박수와 호흡수의 발달

연령	심박수	호흡수
유아	120~130	25~40
5세	90~100	20~25
9세	85~90	17~20
12세	80~90	15~20
성인	70~80	13~18

정상적인 아동의 심박수는 1분에 80~90회이고, 호흡수는 1분에 15~20회이다.

혈압은 대체로 남아와 여아 간의 성차는 없으나, 10~13세에서는 여아가 남아보다 높다. 혈압은 신장과는 거의 상관이 없으나 체중과는 다소 상관이 있다.

⑤ 신장과 체중의 발달

신장과 체중의 발달은 아동의 행동, 성격, 주위의 환경 등에 따라 다르다. 또한 연령에 따라 신체 각 부위의 발달비율도 다르며, 부모의 유전적 영향도 무시할 수 없다.

남아는 6세 경에는 평균신장이 약 116cm 정도이며, 12세 경에는 약 145cm까지 성장한다. 한편 여아는 6세 경의 평균신장은 약 110cm이며, 12세 경에는 약 142cm까지 성장한다. 체중도 아동기에 현저하게 증가한다. 남아는 6세 경에는 평균체중이 약 21kg이던 것이 12세 경에는 36kg 정도가 된다. 마찬가지로 여아는 6세 경에는 평균체중이 약 20kg이던 것이 12세 경에는 39kg 정도로 증가한다. 신장과 체중의 발달은 매년 꾸준히 증가추세를 보이고 있는데, 이는 경제수준의 향상으로 인하여 충분한 영양섭취를 할 수 있게 되었기 때문이다.

(2) 운동기능의 발달

아동기는 유아기와 함께 바람직한 운동기능 습득 및 소질계발의 중요한 시기로 볼 수 있다. 특히 아동기는 운동기능의 발달을 위한 '이상적 시기'인데, 이는 아동의 골격구조가 경골화되기 이전 단계이므로 신체가 유연하며, 호기심·모험심이 강하여 활발한 신체활동에 대한 욕구가 강하기 때문이다. 그리고 비교적 신체활동에 충분한 시간적 여유가 있기 때문에 다양한 형태의 운동에 참여할 수 있으며 운동유형에 따라서는 성인 수준의 탁월한 기능까지도 습득할 수 있다.

아동의 운동기능은 발달속도가 현저하여 달리기, 뛰기, 던지기 등의 운동기능을 습득하기에 가장 적당한 시기라 할 수 있다. 중요한 점은 아동이 한 가지 운동동작을 익히기 위해서는 다양한 상황에서 그 동작의 반복연습이 필요하다.

일반적으로 아동의 운동기능은 공통적인 발달단계를 거친다. 첫 번째 단계는 6세 이전까지의 단계이다. 두 번째 단계는 7세에서 9세까지의 단계로 이 시기에는 기본적인 운동기능의 조화와 협응이 이루어진다. 또한 전문화된 운동기능을 습득하게 되며(예 : 개인경기, 팀스포츠, 무용 등), 점차적으로 보다 정확한 운동기능을 발현할 수 있게 된다.

(3) 사회 및 정서적 발달

아동기는 사회적 관계에 대한 태도 및 습관형성이 이루어지는 중요한 시기이다. 특히 아동기에는 또래와의 놀이를 통하여 분배, 협동, 정직, 감정통제, 단체규칙 준수 등 사회적 태도가 형성된다. 따라서 유아기의 자기중심적 사고방식에서 탈피하여 점차적으로 타인을 존중하게 되고 기본적인 사회적 관계를 이루게 된다.

한편 아동기는 어른의 행동을 많이 모방하고, 어른의 지시에 맹목적으로 순응하며, 어른의 보호를 필요로 하는 시기이다. 따라서 규칙적인 생활습관과 자신의 일을 스스로 처리하는 능력, 청결한 몸가짐 등의 건강습관을 형성하는 중요한 시기이다.

아동기는 자아개념이 형성되기 시작하는 시기이다. 체형·체격에 대한 자아개념은 사춘기에 뚜렷하게 나타나기 시작하지만, 아동기는 놀이 및 운동기능의 수행을 통해서 얻어지는 성취감·만족감 등을 형성하며, 이러한 아동기의 자신감은 성인이 되었을 때의 심리적 건강에 많은 영향을 미친다.

(4) 인지적 발달

아동기는 지능의 발달이 현저하며 상이한 생각이나 견해를 연관시킬 수 있는 지적 능력의 습득을 통하여 논리적으로 추론이 가능한 시기이다.

7세 이전까지 유아기의 사고는 주관적이고 자기중심적이어서 현실을 왜곡된 상태로 바라보며 타인과의 진정한 상호작용이 미흡하다. 이와 같은 미분화된 자아와 환경체제는 아동기로 접어들면서부터 점차적으로 분화되어간다. 또한 이와 같은 과정은 점진적으로 진행되는 것이기 때문에 아동 전기(7~9세)와 아동 후기(10~12세)는 지적 능력에서도 현저한 미분화상태에 놓여 있다.

아동 전기에는 일반적으로 숫자의 개념을 터득하게 되며, 덧셈과 뺄셈의 기본 개념을 이해하게 된다. 또한 시간·주·날에 대해서 이야기하며, 이성에 대해 호기심을 갖는다. 아동 후기는 아동 전기에 이어서 나눗셈에 대하여 이해하고, 달과 해와 날과의 관계를 알게 되며, 계절의 변화를 인지하게 된다.

이상과 같이 인지적 능력이 구체적으로 발달하는 과정이라는 점에서 아동기는 '가르치기 쉬운 시기'로 볼 수 있다. 따라서 모든 학습은 왜, 무엇을 언제, 어떻게 등의 인지개념 발달에 중점을 두고 계획을 세워야 한다.

2) 아동기의 건강

건강이란 잘 조화된 생명활동의 표현으로써 인간의 심신이 최상의 능력을 발휘할 수 있는 상태를 말한다. 즉 건강은 인간을 둘러싸고 있는 모든 환경에 적응하여 개인적·사회적으로 바람직한 삶을 누릴 수 있는 심신상태를 뜻한다.

(1) 건강의 개념

아동의 건강에 대한 인식은 크게 두 가지 측면에서 살펴볼 수 있다. 그 하나는 좁은 의미의 건강, 즉 개인적인 건강이며, 다른 하나는 넓은 의미의 건강, 즉 사회적인 의미의 건강이다.

개인적인 건강이란 아동의 신체조직이나 기관이 형태나 기능에서 온전하여 생활환경에 잘 적응될 수 있음은 물론 건강한 신체에 건전한 정신이 조화적으로 융합된 상태를 의미한다.

사회적인 의미의 건강이란 끊임없이 변화하는 생활환경 속에서 개인적인 건강을 보전하는 일에 그치는 것이 아니라 아동기의 생활환경을 파괴하는 요인을 제거하여 개인과 사회가 조화적으로 협력함으로써 얻어질 수 있는 건강을 의미한다.

(2) 건강의 중요성

아동은 사회적으로 가장 귀중한 보배이다. 어느 가정에서나 아동은 부모의 가장 귀중한 재산이기도 하다.

아동은 대부분의 시간을 학교에서 보내기 때문에 지금까지 가정환경이 그들의 생활범위였다. 따라서 가정에서 건강유지를 위해 보호하던 때에 비하면 매우 광범위한 정신적·신체적 건강지도가 필요하며, 아동이 접촉하고 있는 사회는 건전한 학교환경을 유지하여 아동건강에 기여해야 한다.

아동들의 건강유지 및 증진은 학교 보건사업의 중요한 기본임무이며, 아동들이 신체적·정신적으로 최적 상태의 학습경험만이 유익한 것으로 볼 수 있기 때문에 아동의 건강증진을 도모하는 것은 매우 중요하다. 따라서 모든 부모와 지역사회 모두가 아동들의 성장과 발달을 돕고 건강을 유지해 줄 책임이 있으며, 이를 통해 아동들은 잠재능력을 최대한으로 개발할 수 있을 것이다.

(3) 아동의 건강관리

아동의 건강상태를 검사하는 것은 건강관리에서 가장 우선되어야 하는 기본조건이라 할 수 있다. 건강관리는 건강한 아동에게 지속적으로 건강한 생활을 영위할 수 있도록 한다는 점과 건강하지 못한 아동에게는 건강지도의 출발이라는 점에서 그 중요성을 찾을 수 있다. 건강관리는 의사의 진찰뿐만 아니라 부모, 교사, 기타 주위 사람들로부터 참고가 될 의견이나 정보를 얻을 때 더욱 효과적일 수 있다. 따라서 시력이나 청력 등의 간이검사나 성장발육의 주기적인 측정은 의사나 전문가가 아동의 건강을 평가하는 데 큰 도움을 준다.

성장발육의 주기적인 측정은 신체적 성장과 발육, 정신 및 정서적 성장과 발육의 측정을 통해서 실시한다. 기타 간이검사에는 시력 및 청력의 간단한 검사와 혈액검사 등이 있다.

3) 운동의 필요성

건강한 삶을 살기 위하여 운동은 반드시 필요하다. 특히 아동기에는 신체발달과 운동기능 습득 등 여러 가지 면에서 운동의 필요성이 있다.

(1) 체격발달 및 건강한 신체형성

성장기 아동의 적절하고 지속적인 운동은 뼈나 관절 및 근육조직의 정상적인 성장과 발달을 가져오게 한다. 예를 들면 규칙적인 운동은 뼈의 크기와 강화작용에 직접적인 영향을 미친다. 즉 아동기에는 신체의 각 기관이 빠르게 성장하기 때문에 바람직한 성장·발달을 도모하기 위해서는 적절한 운동자극이 중요하다. 결국 운동은 정상적인 신체발육은 물론 체력을 증진시켜주고, 질병에 대한 저항력을 강하게 하는 데 도움을 준다고 할 수 있다.

(2) 운동기능 및 인지능력의 발달

아동기 인지능력의 발달은 일반적으로 신체적응, 운동기능, 그리고 사회·정서적인 면을 다양하게 발전시키기 위한 여러 가지 신체활동을 통해서 이루어진다. 다양한 신체활동은 아동들에게 생각하고 기억하고 개념화하는 지속적인 인지작용을 요구한다. 따라서 지능발달이 신속한 아동기에 지능 및 인지발달을 자극하는 적절한 운동은 중요한 가치를 지닌다.

(3) 사회적 발달

사회적으로 성숙된 인간이란 공동의 선을 이루려 하며, 동료집단에 대해 존경심을 갖고 스포츠맨십과 같은 바람직한 매너를 지닌 사람을 말한다. 아동은 놀이나 게임을 통해서 바람직한 사회적 태도를 기를 수 있다. 즉 상대를 존중하고 규칙을 지키며 다른 사람과 잘 어울리는 등 사회 속에서 능동적으로 적응해 나가는 방법을 운동을 통하여 자연스럽게 터득하게 된다.

4) 아동의 운동놀이 지도 시 유의점

아동의 운동놀이 지도 시 유의할 점을 요약하면 다음과 같다.

- 아동의 생활에서 놀이의 의의를 잘 이해하여 놀이를 바른 의미에서 지도하고 발전시켜나가는 것이 중요하다.
- 아동의 자주성·창조성을 존중한다. 놀이하는 것은 어린이지 어른은 아니다. 어른들이 생각하고 있는 놀이를 지도해서는 안 된다.
- 놀이를 즐겁고 재미있게 하기 위하여 어린이들끼리 지혜를 생각해 내고 창의성 있는 공부가 될 수 있는 운동놀이를 하게 하는 것이 좋다.
- 아동의 발달단계에 알맞고 개인차를 고려한 지도가 바람직하다.
- 결과보다도 과정을 중시한 지도, 즉 어디까지나 지도의 기본은 '가르치는 것이 아니라 발견하는 것이다'에 있다. 놀이의 방법을 가르치는 것이 아니라, 놀이하는 즐거움, 재미있는 것을 많이 체험시키는 것에 중점을 두어야 한다.
- 건강·안전면에서의 배려가 중요하다. 다칠까 염려하여 어린이 본래의 자유롭게 뛰고 노는 것을 제한하는 일이 있어서는 안 된다.
- 아동들이 있는 가정이나 지역사회의 실정에 잘 맞는 지도가 바람직하다.
- 운동놀이의 생활화를 목표로 한다. 아동들이 운동놀이를 어떻게 생활화하여 발전시켜 나가느냐, 즉 아동들이 일상생활에서 운동놀이를 어떻게 가지게 하느냐가 지도의 중요한 포인트가 된다.

02

청소년기

청소년기는 학자에 따라 견해가 다를 수도 있지만, 대체적으로 중학교에 입학하여 고등학교를 졸업하기까지의 시기로 볼 수 있다. 연령별로는 12~13세에서 18~19세 전후에 이르는 시기이다.

청소년들은 아동기를 거쳐 성인이 되는 과도기에 있으므로 발달단계상 야기되는 여러 가지 독특한 신체적 · 정신적 변화로 인하여 갈등 · 정체감 혼란 등을 일으킬 수 있는 성향 내지 가능성을 가지고 있다.

현대사회의 급격한 변동은 질서와 가치, 생활방식을 근본적으로 바꾸었다. 이러한 구조적 변화의 소용돌이는 새롭게 형성된 상황에 적응해야 할 인간과 사회, 특히 보다 성숙하고 사회화되어야 할 청소년에게 커다란 갈등을 안겨주고 있다. 그러므로 청소년이란 세대는 단순한 한 연령층으로서가 아니라, 현대사회에서 그 의미가 한층 부각된 그리고 현대사회에서 새롭게 탄생된 세대라고 할 수 있다.

이들은 현대사회를 반영해주는 거울이며, 미래사회를 규정짓는 동인이 되는 세대라는 사실에 비추어 이들의 건전한 발달이 갖는 중요성은 재론의 여지가 없다. 이들이 건전하고 건강하게 성장하기 위해서는 스포츠활동은 매우 중요하다. 청소년기는 신체활동이 가장 필요한 시기로서 신체 · 정신의 발달, 사회성의 발달 등 하나의 전인적 인간으로 성숙하는 중요한 시기이다.

이같은 상황에서 청소년기 생활체육활동의 중요성을 열거하면 다음과 같다.

⑴ 신체발육이 가장 왕성하고 신체성장이 완성되는 이 시기에 하는 생활체육활동은 기분을 전환시킴과 동시에 심신의 균형적 발달을 꾀한다. 신체적인 잠재능력을 충분히 신장시켜 체격적으로 원만한 발달을 이루며, 충실한 체력을 양성해준다.

㎖ 지적활동이나 능력발달에만 치중하기 쉬운 이 시기에 생활체육활동을 하면 심신에 새로운 변화를 가져올 수 있어 심신의 균형적 발달을 도모할 수 있다.

㎖ 스포츠집단이나 클럽활동을 통하여 건전한 사회생활에 절대적으로 필요한 질서있는 집단생활과 구성원으로서의 책임감·희생정신을 배우게 된다.

㎖ 견디기 힘든 기후조건이나 어떤 상황에서도 엄격하게 사기를 북돋우며, 그에 지지 않으려고 할 뿐만 아니라 이를 극복하기 위한 최대한의 노력을 기울인다. 이 시기에 하는 이러한 정진·노력의 경험은 살아가면서 어려운 장면을 견디기 위한 기초로서 높이 평가할 수 있다.

㎖ 인간생활에서는 필연적으로 인간관계가 부수되기 마련인데, 신체활동을 통하여 자기의 욕구를 억제하는 방법을 배움으로써 보다 고차적인 인간관계 및 역동적인 인간관계를 형성할 수 있게 된다.

㎖ 청소년기에 습득된 신체활동의 기능·습관·태도 등은 일생을 살아가는 동안 중요한 기반이 된다.

1) 성장의 일반적 특징

청소년기에는 성장단계가 쉽게 구별될 수 있을 만큼 급격한 신체변화를 보인다. 신장과 체중이 증가하고 체형이 변화하며, 2차성징이 나타나서 이제까지의 소년·소녀의 모습에서 벗어나 어른이 되어간다. 이러한 신체변화의 중요성은 이에 수반되는 청소년의 심리적 작용으로 인해 더욱 의미가 있다.

청소년기의 신체적 성장과 발달에는 여러 가지 측면이 있지만, 그중 가장 많이 주목받는 부분은 신장·체중·골격·생식기관의 발달과 호르몬의 변화이다. 이러한 신체적 변화는 모두 성장속도가 같지 않다. 그림 3-1은 네 가지 서로 다른 성장속도 곡선을 나타내고 있다.

㎖ 신장과 체중 등을 포함하는 일반곡선(general curve)은 처음에는 서서히 증가하다가 12세 경에 이르면 급격한 변화를 보인다.

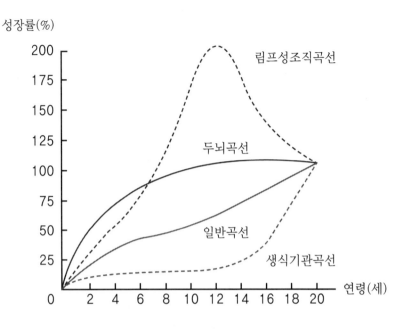

성장률(%)

그림 3-1. 성장속도곡선(Santrock, 1981)

⑴ 생식기관곡선(reproductive curve)은 청소년기 이전까지는 거의 변화가 없다가 청소년기 이르면 그야말로 극적인 성장을 보인다. 이와 같은 급격한 발달을 보이는 이유는 사춘기에 급격히 증가하는 성호르몬 때문이다.

⑴ 두뇌곡선(brain and head curve)은 두뇌·눈·귀 등의 발달을 포함하는데, 이 부위는 신체의 다른 어느 부위보다도 일찍 성장하여 아동기를 거치면서 거의 발달을 완성된다. 이것은 머리 부분이 몸통이나 팔다리보다 일찍 발달한다는 발달원칙의 영향 때문이다.

⑴ 림프성조직곡선(lymphoid curve)은 매우 독특한 양상을 보이는데, 이것은 청소년기 이전에 절정에 도달하여 성인 발달의 거의 2배에 도달했다가 청소년기에 이르면 증가하는 성호르몬의 영향을 받아 이때부터 급격히 감소한다.

2) 신체적 특성

 청소년기가 되면 신장과 체중이 급격히 성장한다. 여자가 남자보다 2~3년 정도 빨라서 보통여자의 경우 11세 경에, 남자의 경우 13세 경에 시작해서 4년 정도 지속되는데, 여기에는 개인차가 있다.

 그림 3-2는 신장증가의 성차를 보여주고 있다. 여자의 경우 9세에서 늦게는 15세에 증가를 시작하는데, 절정은 12세 정도이다. 남자의 경우 10세에서 늦게는 16세에 증가를 시작하는데, 절정은 대개 14세 정도이다. 결론적으로 여자가 2년 정도 일찍 성장한다. 이와 같은 성차를 보이는 이유는 여자가 좀 더 성숙한 골격구조와 신경구조를 가지고 태어나며, 이같은 발달은 아동기를 거치면서 점점 증가하기 때문이다. 남자의 신장증가는 대부분 20세까지 지속되는 반면, 여자는 좀 더 일찍 증가를 끝낸다. 평균적으로 청소년 신장의 98%는 16~18세에 이루어진 것이다.

 그림 3-3은 청소년기의 체중증가를 나타낸 그림인데, 일반적 곡선으로 나타내기

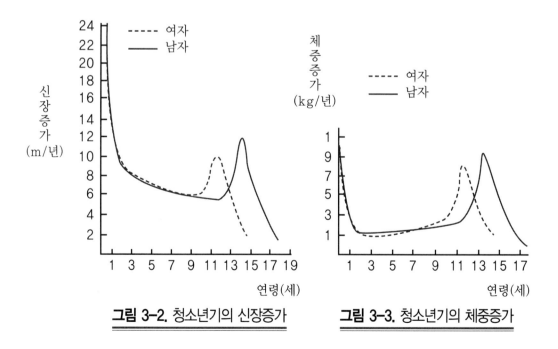

그림 3-2. 청소년기의 신장증가   **그림 3-3.** 청소년기의 체중증가

는 하나 신장과 다른 점은 골격의 성장 외에도 근육·지방, 기타 여러 신체기관의 크기 증가를 반영한다는 점이다. 역시 남녀 간의 성차를 보이는데, 평균적으로 태어나서 7세까지 여아는 남아보다 가벼우나 9세 경에서 약 14세까지 여아가 남아보다 무거워진다. 근육은 남자에게는 체중증가를 가속화시키며, 피부밑지방은 여자의 체중증가를 가속화시킨다. 특히 초경은 체중과 관련있는 것으로 보인다.

신장과 체중의 증가와 더불어 다른 신체변화도 나타난다. 즉 남자는 어깨가 넓어지고 근육이 발달하여 남성다운 체형으로 변모하고, 여자는 골반이 넓어지고 피부밑지방이 축적되어 여성다운 체형으로 변모한다. 한편 머리크기가 신체에서 차지하는 비중은 작아지고, 얼굴모양은 둥근형에서 길쭉한 형으로 변화하며, 코와 입이 크고 넓어져 전체적인 윤곽이 달라진다.

외적인 신체변화와 더불어 신체 내부에서도 변화가 일어나는데, 즉 소화기관·허파·심장 등의 변화가 그것이다. 이들의 변화는 순환·호흡·소화·신진대사에 중요한 영향을 미친다. 예를 들어 혈류량은 청소년기에 증가하는데, 특히 남자에게서 뚜렷하다. 혈압은 유아기부터 꾸준히 증가하며 남자가 여자보다 혈압이 높다. 허파의 크기나 호흡기능의 변화는 11세 경에 나타난다. 남자는 더 많은 활동을 하는 까닭에 여자보다 허파의 발달이 크게 증가한다.

소화기관에서도 역시 변화가 일어나는데, 예를 들면 위가 커지는 것 등이다. 이는 성장한 신체를 유지하기 위해서 더 많은 영양섭취가 요구되기 때문이다. 여기서 덧붙일 것은 신체의 모든 부분이 다 청소년기에 극적인 변화를 겪는 것은 아니라는 것이다. 예를 들면 뇌의 발달은 청소년기 이전에 이미 거의 다 이루어진다. 즉 2세 반 경에 성인 뇌무게의 75%가, 그리고 10세 이전에 95%가 완성된다.

또한 이 시기에는 성적인 성숙이 일어나 제2차적인 성특징이 나타나게 되는데, 이는 청소년들의 심리적·행동적인 면에 밀접한 영향을 미치게 된다. 이때 성호르몬은 1차성징과 2차성징의 근원이 된다. 1차성징은 출생 시의 생식기에 의한 신체의 형태상의 성차특징을 가리키는 것이고, 2차성징은 청소년기에 들어서서 성호르몬의 분비에 의해 나타나는 신체상의 형태적·기능적인 성특징을 의미한다.

청소년기에 나타나는 2차성징을 남녀별로 보면 다음과 같다. 즉 남자는 고환·음낭·음경이 커지고, 음모와 액모가 발생하고, 턱수염이 나서 변성이 되며, 정자생산이 증가하고 몽정이 있게 된다. 여자는 유방이 발달하고, 자궁과 질이 커지고, 음모와 액모가 발생하고, 골반이 확대되며, 초경이 시작된다(Tanner, 1978).

성적성숙의 첫신호는 여자는 초경으로 나타난다. 남자는 비교할 만한 분명한 성적성숙의 표시는 없으나, 대략 사정을 할 수 있는 능력이 그 지표가 된다. 그러나 이 무렵에는 성적 발달의 미숙으로 생식기능도 미숙한 단계이다. 즉 여성이 초경을 시작한 후 1년 내지 1년 반 동안에는 수태를 할 수 없고, 남성도 사정을 경험하는 초기에는 활동력있는 정자를 생산하지 못하기 때문에 생식기능이 불완전하다.

다른 신체부위의 발달과 마찬가지로 성적 성숙의 시기에도 상당한 개인차가 있다. 대체로 여자는 9세에서 16세 사이에, 그리고 남자는 10세에서 18세 사이에 성적 성숙이 이루어진다.

3) 정서적 특성

청소년기 전기와 중기를 사춘기라고도 한다. 이 시기는 대개 중학교 시기에 해당되는데, 사춘기를 질풍노도기라고 하는 것은 이 시기의 정서변화를 요약한 표현이다.

사춘기에는 격렬한 환희, 심한 수치감과 열등감, 때로는 자신을 영웅시하는 자기도취, 심한 우울증의 정서 등에 자주 휩싸이게 된다. 따라서 늘 불안스럽고 위험스러우면서 자주 화를 내고, 긍정적이기보다는 부정적 정서로 기울어지는 경향을 보인다. 사춘기의 불안은 신체적·정서적·성적 변화가 급격히 나타나는 데서 생긴다. 이런 급격한 변화가 조화되지 못하면 자기무능력, 몸맵시, 행동상의 불만과 결함, 요구의 불만족, 불확실한 장래, 대인관계 등에 대한 불안으로 나타나곤 한다.

불안과 분노는 상관이 깊다. 사춘기에는 자신의 요구가 방해를 받게 되면 나타나는 정서인 분노가 매우 심하다. 대체로 남성에게는 대사물(對事物)방위적 분노가 많으나, 여성에게는 대인(對人)방위적 분노가 많이 나타난다.

사춘기에는 공포도 변화가 오는데, 이것은 아동기의 공포보다 더 확대된 공포로서 일반적 공포와 사회적 공포가 나타난다. 사춘기의 일반적 공포는 죽음, 질병, 시험과 학업부진, 성적 무능력, 실직, 결혼에 대한 공포 등이다. 사회적 공포는 우울한 사람, 빈정대거나 조롱하는 사람, 체격이 거대한 사람, 잔인한 사람, 오만한 사람, 총명한 사람, 잘난 체하는 사람 등에 대한 공포로서 인간관계, 즉 사람 만나는 데 두려움을 느끼는 것이다.

주로 부정적인 이러한 정서가 나타나는 이유는 다음의 두 가지이다.

- ⑴ 신체발달을 중심으로 한 성적 변화가 급격한 데 대한 적응이 서툴기 때문이다.
- ⑵ 가족에게 한정되었던 인간관계가 이성이나 일반사회로의 확대에 수반되는 관심 및 가치관의 변화에 적응하는 과정에서 긴장과 갈등을 겪기 때문이다.

행동상의 특징적 변화로는 피로감과 게으름을 들 수 있다. 사춘기에는 신체성장과 성적인 변화로 에너지 소모가 증가되어 쉽게 피로감을 느낀다. 따라서 피로 때문에 게을러지게 되어 학업성적이 떨어지는데, 이런 현상이 피로와 복합되어 불안정하게 된다. 우울증, 불안, 짜증 등이 별 이유없이 나타나는 것은 불안정 때문이다.

사춘기에는 사회적 충돌을 자주 야기시킨다. 신체적 피곤과 정서불안정으로 사람과의 관계를 피하거나 혐오하게 된다. 또 자아의식이 강화되어 사람과의 대면이 불가피할 때에는 무비판적 수용보다는 비판하고 항거하려 든다. 그래서 성인들과 불화하게 되고 우정도 지속하지 못하는 수가 많다. 이러한 행동이 원인이 되어 독립화되는 경향이 나타나기도 하고, 또 스스로 혼자가 되고 싶어한다.

사춘기에는 침착성이 부족하고 권위에 반항한다. 자신은 더 이상 아동이 아니므로 아동기의 흥미있던 일에 더 이상 흥미를 느끼지 못한다. 그렇다고 성인들의 놀이나 일도 찾아내지 못하고, 또 서툴러서 흥미를 쉽게 잃고 만다. 성인들의 일이나 놀이에 접하거나 시도해 봄으로써 때로는 자신을 성인과 동일시한다. 그래서 부모의 지시나 명령에 반발하며 비판적이 된다. '이유없는 반항'이 이러한 권위에 대한 반발이며, 목적성이 결여된 행동을 하게 되고, 때로는 반발의 형태가 청소년 범죄행동에 가담하는 것으로 나타나기도 한다.

사춘기에는 자신감이 결여되는데, 이것은 신체적·심리적 변화가 균형을 이루지 못하기 때문이다. 그런데 자아의식이 강화되어 기존의 가치나 권위에 비판하고 반발하게 된다. 그럼에도 성인만큼 유능하지 못한 자신에 대한 혐오감 때문에 결국은 자신감을 상실하게 된다. 그래서 일상적인 사태에서도 용기를 잃고 주저하기도 한다.

후기에 들어서면 청소년들의 정서는 대체로 안정되며, 감정적인 반응과 행동은 많이 억제된다. 청소년 후기부터는 자기통제의 힘이 증대되고, 정서가 성숙됨에 따라 그 표현도 부드러워지고 사회적으로 승인받는 형식에 의하여 표현할 줄 알게 되며, 정서적 긴장에 견딜 수 있게 된다. 이 시기의 이성관은 실제행동으로 표현되어 연애나 신체적 접촉까지도 시도한다. 이들은 감정표출에서 좀 더 온전하게 사회적으로 용납되는 방법을 선택하기도 한다.

4) 지적 특성

피아젯(Piaget)의 인지적 발달이론에 의하면 12세부터는 구체적 사실에 입각한 사고에서 벗어나 추상적으로 논리를 좇아 사고하는 이른바 형식적 조작이 주가 되어 적응해나가는 시기이다. 이 형식적 조작기 이전의 구체적 조작기는 초등학교에 입학하면서부터 시작된다. 초등학교에 입학하면서부터 발달하는 기억력은 이 시기(고학년)에 이르게 되면 발달속도가 급속해진다. 초등학교 5·6학년이 되면 언어능력은 입학 때보다 증가하여 경험의 확대와 사고력의 증대가 이루어진다. 이로써 이들은 주변에서 발생하는 현상이나 직접적인 경험들을 체계적으로 정리할 수 있는 능력을 갖기 시작한다.

청소년 전기에 나타나는 지적인 면의 특징은 자아개념인 자의식 내지 자기주체성이 싹튼다는 점이다. 이 시기부터는 내성적 경향이 드러나고, 자신의 내외적 조건(신체, 성격, 환경 등)에 관심을 갖게 되는데, 이러한 문제들에 대하여 만족 또는 불만을 나타내게 된다.

또한 사람과 접촉할 때에도 분별·선호하려는 의식과 적의를 갖기도 한다. 형식적 조작능력이 점증하여 사고나 관찰에서 추상적·논리적으로 생각하려는 경향이 강해진다. 이러한 면은 정치·경제·문화뿐만 아니라 교우관계, 이성문제 등 다방면으로 표출된다. 이러한 표출이 원만하게 충족되지 못하는 경우(가족들의 이해부족이나 지나친 간섭, 사회적 무관심, 구조적 모순이나 혼돈 등) 이 시기의 청소년들은 현실과의 갈등을 느끼거나 심한 좌절, 충동적 반항을 경험하게 된다.

한편 청소년 중기에는 자아개념이 더욱 강해진다. 청소년 초기에 나타났던 추상적·논리적 사고경향도 더욱 활발해진다. 특히 현실의 여러 방면에서 느끼게 되는 불합리에 대해서는 혼자만의 사고에 그치는 것이 아니라 다른 사람들과 논의하기를 좋아하며, 자신의 가치관에 타당하지 않은 문제점들은 수용하려 하지 않는다. 이러한 현상주의적 사고는 현실과의 갈등을 비판·거부하거나 현실도피로 퇴행·공상에 빠지게도 된다. 더욱 적극적인 경우에는 이러한 문제를 해결하기 위하여 일시적·감정적인 방법으로 불량서클 가입, 가출, 폭력 등에 의존하기도 한다.

청소년 후기에 이르면 청소년 전기와 중기의 특징이었던 충동적·비판적 거부자세를 많이 탈피하게 된다. 이 시기에 이른 사람들은 자기중심의 사고를 견지하기는 하지만 좀 더 시야를 넓혀 사회 전반의 문제로 나아가려 한다. 민족·국가·인류의 문제까지도 차츰 현실을 인정하고, 현실과 결부하여 인생을 파악하려 하고, 자신의 능력을 정당하게 평가하여 현실을 중심으로 생활철학과 가치관이 확립되어 나가게 된다. 그리고 그 영역을 확대하기도 한다. 형식적 조작기에 정점을 이루었던 기억력이 차차 저하되는 반면, 이 시기에 이르게 되면 종합적 이해력·판단력이 계속 발달하여 장년기가 끝날 때까지 최고의 수준을 지니게 된다.

5) 사회적 특성

아동기의 사회적 행동발달은 부모·교사·동료들에 의해 많은 영향을 받는다. 특히 부모나 교사로부터 행동발달과 관계되는 지도를 받기는 하지만, 동료들과의 생활이 확대되기 때문에 교우관계가 더 많은 비중을 차지하게 된다. 이 교우관계는 저학년에서는 상호접근에 있지만, 학년이 올라갈수록 애정·동정·존경·공명 등 내면적인 것으로 이행한다. 초등학교 고학년이 되면서 이들 사이에는 보다 조직적이고 단결력을 갖춘 형식의 집단을 이루게 되지만, 구심점은 그리 강하지 못하며, 동료세계에서 만족감을 느낀다는 데 큰 의의가 있다.

그러나 청소년 전기는 아동기에 비하여 소집단을 구성하게 되며 연대의식이 좀 더 강해진다. 리더의 영향력이 부모나 교사의 그것보다 능가하는 경우도 발생한다. 이들의 집단의욕은 점차 잠재화되며, 개인은 분단화·독립화의 경향을 띠게 된다. 이러한 현상이 나타나는 이유는 이 시기의 특징인 집단화가 저해되고 있거나 집단 구성원들 간에 많은 이질감이 있기 때문이기도 하다.

청소년 중기의 남녀들은 사회의 주변에 위치한 입장에 서 있다. 그들은 끊임없는 정열로 이상을 추구하고 있으나, 기성세대의 가치관 내지 사회적 벽에 부딪치게 된다. 더구나 입시제도는 이들의 연대감을 붕괴시키고 지나친 경쟁의식을 조장하기도 하며, 이에 적응하지 못하는 사람들에게는 열등감과 무능력에 사로잡히게 만든다. 이것이 악화되면 청소년비행이나 자살을 초래하기도 한다.

청소년기의 교우관계는 주로 동성 간의 집단형태로 나타나게 되는데, 호락스(Horrocks, A. R.)는 그 집단의 구조와 기능에 따라 chums or peers(단짝), cliques(끼리끼리), crowd(패), gang(패거리)으로 분류하고 있다. 단짝은 2명이 결속된 집단이며, 끼리끼리는 3~4명이 강한 정서적 결합체를 이루게 된다. 패는 5~6명의 동호집단이며, 패거리는 7~8명 내외의 구성원들이 상호이익을 추구하는 조직적이고 형식화된 집단이다.

청소년 후기가 되면 남녀의 사회적 경험은 상당한 폭으로 확대된다. 이 시기에 이르면 부모나 교사, 또는 사회로부터의 간섭이나 제약이 많이 줄어드는 대신에 자율성이 어느 정도 부여된다. 이에 따른 책임과 의무 역시 강조되기 때문에 자기 위주의 행동보다는 이해와 타협으로 원만한 사회생활을 영위하려고 애쓴다. 청소년 후기에는 자율성에 입각하여 사회에 적응하여야 하기 때문에 복잡다양한 사회의 요구에 청소년들은 끊임없는 선택을 강요받는다. 이러한 사회화과정을 통하여 청소년들의 가치관은 더욱 확고해지고 체계성을 갖게 된다.

6) 생활체육활동의 지도

청소년기는 자기표현의 욕구, 사회적 인정의 욕구 등이 급격히 표출되는 시기이다. 즉 어느 집단에 소속하여 그 집단에서 자기 자신을 표출하고, 그로 인해 집단 내에서 필요한 존재로서 인정받고자 한다. 생활체육활동의 장은 이들의 이러한 욕구를 충족시키는 데 더없이 훌륭한 계기가 된다.

생활체육 지도자는 이들의 이러한 심리적 욕구가 고루 만족될 수 있도록 집단 내에서 리더십을 발휘하고, 책임있는 중요한 위치를 모두 경험할 수 있도록 하고, 그러한 과정에서 잘하든 잘못하든 격려하고 칭찬해주어야 한다. 청소년들은 스포츠활동을 통해 평소의 억압된 정서적 불안을 해소하고 해방감을 맛보게 된다.

그런데 지도자가 지나치게 승리에 집착하거나 집단의 일사불란한 행동만을 요구한다면 스포츠활동은 또 하나의 억압적 기구로 작용할 수 있으며, 정서적 불안이나 집단 내에서의 열등감과 소외감을 경험할 수 있게 된다. 그러므로 지도자는 청소년으로 하여금 타인에 대해서 우월하거나 열등한 것에 대한 가치가 아니라, 자기 스스로 극복하고 향상되는 데 더욱 가치를 두도록 지도해야 한다.

청소년들은 집단에 소속되어 인정받고자 하는 욕구가 있는 한편, 집단 내에서 편을 만들어 대립하는 성향을 나타낼 수도 있다. 그러므로 지도자는 집단의 공동체적 의식을 고취시키고 구성원 간의 친밀한 관계가 유지될 수 있도록 서로가 마음을 터놓고 이야기할 수 있는 기회를 많이 마련하고 분위기를 조성하는 데 힘써야 한다.

지도자의 지나친 권위주의적 행동은 이들의 권위에 대한 맹목적인 반향과 일탈된 행동을 야기시키게 된다. 그러므로 지도자는 이들의 친구로서, 형으로서, 아저씨로서 스스럼없이 이야기를 나눌 수 있는 친밀한 태도를 견지해야 한다. 비단 운동기술의 습득뿐만 아니라 이들의 이성교제 문제, 가정의 문제 등에 대해서도 자연스럽게 관심을 보이고 진지하게 상담에 응해주는 태도를 가져야 한다.

한편 이들의 창의적·모험적·탐구적 의욕을 충족시킬 수 있도록 지도하기 위해서는 어느 특정 종목의 단계적 기술습득에만 중점을 둘 것이 아니라, 다양하고 흥미로운 요소가 많이 포함된 활동이 되도록 내용을 편성할 필요가 있다. 반복적인 연습이 필요한 기술을 지도할 때에도 그것을 강압적인 분위기에서 행하도록 하기보다는 그러한 연습의 필요성을 여러 가지 일화와 함께 충분히 납득시키고, 연습과정 중의 약간의 진보에 대해서도 커다란 성취감을 맛볼 수 있도록 칭찬과 격려를 아끼지 말아야 한다.

지도자에 대한 무조건적인 복종의 논리나 지도자에 대한 두려움 때문이 아니라 지도자 및 집단 내 다른 구성원에게 인정받고자 하는 자연스런 욕구에 의해서 활동과 연습의 어려운 국면을 이겨내도록 하는 것이 중요하다. 틈틈이 어려움을 극복한 훌륭한 스포츠맨의 일화나 훌륭한 스포츠맨십의 발휘에 대한 이야기를 함으로써 스포츠에서 진정한 승리는 경기에 이기는 것이 아니라, 자기 자신을 극복하고 정정당당히 겨루는 것이라는 생각을 은연 중에 갖도록 해준다.

이 시기에는 신체의 형태적인 면이나 기능, 운동능력 등이 급격한 발달경향을 나타나낸다. 따라서 이 시기는 신체 전반에 걸친 체력육성을 계획적으로 실시해야 할 중요한 기간이다. 이 시기의 전반기에는 근력·스피드·순발력 등과 같은 신체운동을 적극적으로 실시하는 것이 좋다. 그러나 골격이나 근육·심폐기능의 발육이 충분치 못하기 때문에 운동부하가 과중하면 좋지 않다.

또한 바른 자세의 유지에도 유의할 필요가 있다. 이 시기의 청소년들은 가급적 다양한 운동종목에 접근할 기회를 가져서 평생체육활동에 적응할 수 있는 능력을 보유하도록 하여야 한다.

사춘기는 제2차성징기에 해당되어 남녀에 따른 성차가 현저할 뿐만 아니라 개인차도 크게 나타나는 시기이다. 따라서 이들이 부끄러움을 갖고 스포츠활동에 소극적이 되지 않도록 유의할 필요가 있다. 즉 이러한 성징의 출현이 자연스런 성장의 한 현상임을 알려주고, 특히 여자의 경우에는 이러한 변화에 따른 신체적·심리적 부자유를 느끼게 되므로 생활체육활동을 지도할 때에는 더욱 세심한 배려가 필요하다.

청소년기 후기에는 신체 전반에 걸친 발육이 완성되기 시작한다. 발육이 완성단계에 도달하기 때문에 강도가 매우 높은 운동에도 잘 적응할 수 있다. 이 시기의 체력육성 결과는 일생을 통한 기초체력의 유지를 크게 좌우하게 된다.

과도한 훈련을 가급적 피하도록 하면서 전신체력을 육성하는 운동이 바람직하다. 강도가 있는 근력이나 지구력운동은 발육이 거의 완성되는 18세 이후부터 실시하는 것이 좋다. 따라서 청소년기의 체력육성 순서는 초등학생은 '움직임'에 대하여, 중학생은 에너지가 충분히 첨가된 '활달하게 움직이는 것'을 추구하며, 고등학생들은 사이버네틱스(cybernetics)가 정돈되어 에너지를 효율적으로 '잘 움직여 나가도록' 하는 것이 이상적인 '움직임'의 지도가 바람직하다.

나아가 심신장애나 만성질환이 있는 청소년들의 발육발달에 적합한 신체운동의 연구는 앞으로 매우 중요한 연구과제이다. 이 분야는 인간의 형식 · 인격의 완성이라는 측면에서 장애의 종류 · 질환의 이유 등을 고려하여 각 개인에게 알맞은 지도가 계획 · 진행되어야할 것이다.

03

청년기와 성인 전기

청년기는 대체로 18세 경부터 23세 경까지이다. 즉 대학생의 시기를 청년기로 보면 적절하다. 청년기는 성인기로 이행되는 전환기이다.

성인 전기는 23~35세까지로 신체적이나 지적으로 일생 중 가장 정점에 도달하는 시점으로 경제적 · 심리적 · 사회적으로 자립하는 시기이다. 청년기에서 성인기로 이행하는 시점은 문화 · 사회적 상황 및 개인에 따라 다르다. 18세가 되면 성인으로서의 법적 지위를 갖도록 하는 나라들이 많으나, 우리나라에서는 만 20세를 성년으로 인정하고 있다.

오늘날 대부분의 문명사회에서 독립된 성인으로 간주되는 보편적인 기준은 자기부양능력이다. 경제적 독립을 성취하고, 더 많은 사회적 역할과 책임을 떠맡음으로써 비로소 법적으로나 사회적으로 성인이 되는 것이다.

그런데 경제적 독립이 성인으로 전환되는 유일한 기준은 아니다. 성년에 도달하고 경제적으로 자립한 사람이라도 정서적으로는 여전히 유아일 수 있다. 따라서 성인기의 시작을 알리는 지침은 생활연령에 따른 법적 연령, 사회적 연령, 정서적 성숙과 관련되는 심리적 연령 등으로 다양하지만, 대체로 학교교육을 마치고 직업을 갖기 시작하는 시기로서 23~24세로 보고 있다. 성인기는 다시 성인 전기(23 또는 24~35세), 중년기(35~60세), 노년기(60세 이후)로 나눌 수 있다.

청년기와 성인 전기는 신체적 · 정서적 성장이 완결되는 시기이므로, 이 시기의 신체활동참여는 신체기능의 최적상태를 유지하는 데 커다란 의미가 있다. 즉 이 시기의 스포츠활동은 신체기능을 가장 최고의 지점까지 발달시킬 뿐만 아니라, 그 이후 쇠퇴과정에서도 더욱 완만하게 진행되도록 한다는 데 그 의미가 크다고 하겠다. 또한 일정한 사회적 위치를 차지하기 위해 노력하는 과정에서 파생되는 내적인 스트레스를 해소하여 정서적 순화를 경험하고, 스포츠집단 내에서 좀 더 순수하고 밀접한 인간관계를 형성하고자 하는 욕구가 충족된다.

1) 신체적 특성

청년기 말기와 성인기 초기에 모든 신체적 성장과 성숙은 거의 완결된다. 10대 청소년들의 특징이라 할 수 있는 지나치게 긴 팔다리의 멋없이 길고 홀쭉한 체격과 얼굴모습은 사라지고, 활기 · 정력 · 신선함 등 젊은이의 일반적인 신체적 매력을 갖추게 된다. 대부분의 남성은 22세 정도에 완전한 성인체격에 도달하나, 1/10 정도는 25세까지도 자란다. 여성은 17~18세에 거의 완전한 성장에 도달하고, 1/10 정도는 21세까지 자란다.

우리의 근육 및 내부기관은 약 19세에서 26세 사이에 최대의 신체적 가능성에 도달한다. 성인 전기 동안 신체는 그 절정으로부터 알아차리기 어려울 정도로 서서히 변화한다. 근육의 성장은 성인 초기까지 완전히 이루어져 근력의 절정이 25세에서

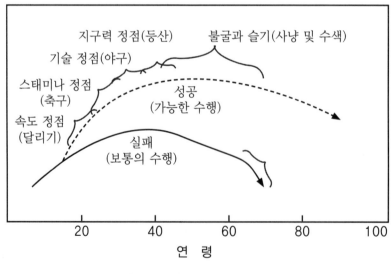

그림 3-4. 연령과 신체적 성장

30세 사이에 나타난다. 30세와 60세 사이에 근력의 10% 정도가 점진적으로 감소되며, 근육강도에도 약간의 감소가 있다. 주로 등과 다리근육이 먼저 약해지기 시작하고, 팔근육은 덜 약화된다. 수공의 정교성은 성인 전기에 가장 효율적이고, 손가락과 손 움직임의 민첩성이 30대 중반 이후부터 감소하기 시작한다. 반응시간 역시 아동기 이후 19~20세까지 계속 향상되다가 성인 전기 동안은 일정 수준으로 유지된다.

아코디언 모양의 척추와 척추디스크가 정착되기 시작하면 신장은 약간 감소하게 된다. 체중이 증가하는 사람도 일부 있으며, 일정한 체중을 유지하는 사람들도 근육조직이 감소하면서 지방조직이 증가한다. 감각은 대체로 성인 초기에 가장 예민한 상태가 된다. 시각적 예민성은 20세 경에 가장 크며, 40세까지는 그다지 감소하지 않는다. 그러나 눈의 수정체는 탄력성을 다소 상실하여 형체를 변화시킬 때나 가까운 물체에 초점을 맞출 때 둔화된다. 40세 무렵부터는 원시로 향하는 경향이 나타난다.

청력은 20세 경에 가장 좋으며, 이 시기로부터 점진으로 상실되기 시작한다. 특히 고음에 대해 청력상실이 일어나는데, 성에 따라서도 약간의 차이가 있어 남성들은 여성들보다 고음을 감지하기가 더 어렵다. 미각, 후각, 촉각 그리고 온도 및 고통에 대한 감수성은 비교적 안정적이어서 45세에서 50세가 될 때까지 그다지 감소하지 않는다.

신경체계는 태아기 이후로부터 점차 발달·성숙하는데, 뇌는 청소년 또는 성인 초기까지 계속 성장한다. 뇌의 무게는 성인 초기에 최대에 도달하며, 뇌파검사에 나타나는 뇌파활동의 성숙한 형태들도 19세 또는 20세까지는 나타나지 않는다. 사람에 따라서는 성숙의 시기가 30세까지 지속되기도 한다.

2) 정서적·사회적 특성

이 시기는 가치를 명료화하고 중요한 의사결정을 하여 야망과 목표를 설정하고 실현시켜 나아가기 위해 구체적인 인생계획을 세우는 때이다. 이 시기에 개인의 인생은 급속하고도 의미있는 변화들을 겪게 되며, 개인은 독립성을 갖고 보다 많은 책임과 지위를 갖게 된다.

이러한 변화들이 개인의 성격에 어떠한 영향을 주는가? 물론 생활사건들이 모든 사람에게 똑같이 일어나지는 않을 것이며, 또한 동일한 사건일지라도 그에 대한 반응은 개개인이 다를 수 있다. 그러나 대부분의 젊은 성인들은 생활에서 유사한 가능성에 직면한다. 결혼과 직업에 대한 중요한 결정을 하고, 역할획득과 참여를 통해 젊은 성인은 사회화되고 적응해간다.

이 시기의 성격적 발달의 특성은 자아정체감의 안정, 자유로운 대인관계, 관심의 심화, 가치의 인간화, 양육의 확대 등을 들 수 있다.

(1) 자아정체감의 안정

이 시기가 되면 청소년기의 '내가 누구인가', '무엇이 진실인가' 등에 대한 관심은 '나의 열망을 어떻게 실현시킬 것인가' 또는 '그것을 하기 위한 최선의 방법은 무엇인가'라는 질문들로 바뀌어진다.

하나의 독특한 존재로서 '나는 누구인가'라는 개인적 정체감을 결정하는 문제는 청소년기에는 매우 첨예한 문제이다. 많은 젊은 성인들이 여전히 자신의 확립에 어려움을 갖지만, 성인 전기에는 정체감의 안정화를 향한 일반적 경향이 있다. 젊은 성인은 자신에 대해 확신을 갖고 주어진 상황에서 자신이 어떻게 행동할 것인가를 더 잘 안다. 왜냐하면 부분적으로는 자아정체감의 규정을 돕는 결혼과 직업에 관한 중요한 결정을 내려야 하기 때문이다. 그들은 자신의 축적된 경험을 기초로 자아판단을 할 수 있다. 따라서 젊은 성인은 하나의 성공이나 실패로 인해 영향을 덜 받게 되며, 자신의 능력을 잘 알고 적합치 않을 때는 칭찬조차도 거부한다.

(2) 자유로운 대인관계

자아정체감이 안정되면 타인과 독립된 존재인 인간으로 관계를 맺는 것이 가능해진다. 이전의 상호작용에는 불안, 방어, 자아노출 등을 꺼리는 특징이 있었다. 왜냐하면 자신의 자아에 대해 확신을 갖지 못하기 때문이었다. 성인 전기의 젊은이는 자신의 입장을 이해시키려고만 하지 않고 다른 사람의 견해에도 기꺼이 귀를 기울인다. 대인 상호작용은 보다 친절하고 따뜻하며 존중 속에 이루어진다.

로저스(Carl Rogers, 1961)는 건강한 대인관계를 다음의 두 가지로 설명하였다.

⑴ 상대방에 대한 무조건적이고 긍정적인 관심이 특징이다. 긍정적 관심이란 상대방이 어떠한 행위를 하더라도 행위 자체는 비판되고 비난될 수 있으나, 그 사람 자체에 대해서는 존중함을 보이는 것이다.

⑵ 감정이입(empathy)으로서 상대방이 무엇을 생각하고 있고 느끼고 있는가에 대해 정확히 지각하는 것이다.

(3) 관심의 심화

아동과 청소년들은 흔히 어떤 것에 갑작스레 흥미를 가지고 잠깐 동안 그것에 빠졌다가 호기심이 만족되거나 외적 보상이 획득되면 곧 흥미를 잃는다. 그러나 젊은 성인들은 그들의 관심사에 깊이 관여하며 많은 시간·에너지·비용 등을 쏟는다. 그들의 관심사 중에 어느 것은 직업이 되고, 그렇지 않으면 일생 동안의 취미나 도락이 된다. 그들은 오직 '그 자체를 위해' 어떤 일을 하는 경우가 더 많다.

(4) 가치의 인간화

도덕 발달은 청소년기로 그치지 않는다. 화이트(White, 1975)는 젊은 성인들에게서 관찰된 윤리적 관심의 성장을 '가치의 인간화'라 부른다.

성인 전기를 특징짓는 도덕 발달의 두 가지 측면은 다음과 같다.

⑴ 가치들의 인간적 의미 및 사회적 성취 간의 관계를 발견하는 것이다.

⑵ 개인이 자신의 동기 및 경험을 더 많이 수용하여 가치체계를 확고히 하고 향상시키는 것이다.

(5) 양육의 확대

가치의 인간화는 양육의 확대와도 관련된다. 그것은 '타인의 복지와 인간적 관심사에 대한 배려의 증대'와 관계가 있다. 타인에 대한 관심과 배려의 증대는 성숙의 가장 명백한 표시의 하나이다. 이것은 성인기의 발달을 포괄적으로 다룬 거의 모든 성격이론가들이 언급하는 말이다.

앨더(Adler, 1927)는 이를 '중대한 사회적 관심'이라 하고, 매슬로우(Maslow, 1970)는 '소속감 및 사랑'의 욕구라 하였다. 타인에 대한 배려의 증대는 시민의 권리, 사회복지에 대한 젊은 성인들의 커다란 관심에서도 엿보인다. 에릭슨(Erikson, 1964)은 성인 전기의 성격적 발달을 인간관계와 관련지어 친밀감이냐, 또는 고립이냐의 딜레마에 직면하는 시기로 나타내고 있다.

성인기에 들어 선 젊은이는 새로이 확립된 정체감을 타인의 그것과 융합시키려는 동기를 갖게 된다. 젊은 성인은 친밀감을 위한 준비가 되어 있어 일차적으로 결혼을 통해 친밀감의 욕구를 충족시키고자 하지만, 성적인 것 외에도 다른 친밀한 관계를 유지하는 것이 가능하다. 즉 상호성·공감·호혜성을 제공하는 우정에서 강한 친밀감의 유대를 발달시키기도 한다. 친밀한 관계란 타인을 이해하고 깊이 공감을 나누는 수용력에서 쉽게 발달한다. 따라서 사회적으로 성숙한 성인은 타인들과 효과적으로 의사소통할 수 있고 상대방의 요구에 민감하며 일반적으로 인류에 대해 관용을 보인다. 우정·사랑·헌신 등은 미성숙한 사람보다 고도로 성숙한 사람들에게서 훨씬 두드러진다.

이 시기의 모든 단계가 친밀감으로 특징지어지는 것은 아니다. 이 시기의 발달상 위험은 고립이다. 정체감을 얻기 위해 여전히 투쟁하고 있는 젊은이들이 있으며, 앞 단계의 해결되지 않은 갈등 때문에 성숙한 단계를 가질 수 없는 젊은이들도 있다. 예를 들어 극히 자기애적인 사람은 자신을 사랑하는 만큼 타인을 사랑할 수 없다. 이유가 무엇이든 고립된 사람은 남은 일생을 사랑이나 진정한 우정없이 혼자서 부딪친다.

한편 레빈슨(Levinson, 1978)은 성인의 사회적 발달특성을 다음과 같은 단계로 나누어 설명하였다.

① 성인 초기 전환기(17~22세)

이 시기는 고등학교를 졸업할 무렵인 청소년기 말에 시작되어 20~24세 사이에 끝난다. 가정을 떠나고 경제적·정서적으로 보다 독립적이 되는 사건들이 있다. 또한 대학생활이나 군입대 등과 같은 한

가족의 자녀와 완전한 성인지위 사이를 중개하는 제도적 상황에 들어간다.

② 성인기 시작(22~28세)

이 시기는 성인세계로 들어가는 시기이다. 자신을 성인으로 규정하고 성인기가 의미하는 가능성을 탐색하여 내적·외적 측면에서 생활구조를 형성하기 시작한다. 외적인 것은 가족·직업·사회적 역할들이며, 개인이 어떻게 사회와 관계를 맺는가와 관련된다. 내적인 것은 이런 역할들이 가지는 개인적 의미로서 개인의 기본적 가치, 목표, 자아 이미지 등을 어떻게 조화시키나 하는 것이다.

많은 사람들이 미래에 대한 꿈을 가지고 성인기에 들어간다. 이것은 흔히 직업적 상황 속에 내포되며, 성인발달을 촉진하고 활력을 준다. 그러나 성인 위기는 그러한 꿈이 실현되지 않으리라는 것을 깨닫게 될 때 일어난다. 그들은 목표를 재지향하고 보다 달성 가능한 야망으로 대치하는 것을 포함하는 인생에 대한 결정을 내려야 한다.

③ 30세 전환기(28~33세)

이 시기는 인생을 달리 보게 하는 전환기이다. 직업선택, 결혼, 인생목표가 옳지 못했다든가, 변화시켜야 하겠다고 결정을 내리기도 한다. 시히(Gail Sheehy, 1976)는 이 이론을 인터뷰를 통해 검정한 결과 남성과 여성 모두에게 적용됨을 발견했다. 이때 인생의 발향이 급격히 변화되기도 한다.

④ 정착기(33~40세)

이 시기는 일·가족·기타 생활의 중요 측면에 깊은 참여와 실행을 하는 시기이다. 자신의 구체적 목표를 설정하고 결정된 시간표대로 일해 나간다. 흔히 40세를

시금석으로 하여 흥미와 안정 모두를 추구하면서 인생의 질서있는 패턴 속에 안락하게 정착한다.

3) 생활체육활동의 지도

이 시기의 생활체육활동 참여자에게는 지도력을 확보하기 어렵고 조심스러운 일이다. 왜냐하면 청소년과는 달리 자립적이고 독자적인 인간으로서 활동의 동기와 목적도 매우 다양하고 집단활동을 즐기며 향유하되, 그것이 가진 구속적 성격에 대해서는 매우 배타적인 성향을 가지기 쉽기 때문이다. 그러므로 이때에는 기술지도의 전문성을 확보한 다음, 그 이외에 다양한 계층의 사회적 · 문화적 배경을 이해하고 이야기를 나눌 수 있는 풍부한 교양과 상호간의 인간미를 깊이 느낄 수 있는 관계의 수립에 힘을 써야 할 것이다. 그러기 위해서는 어떤 참여자를 지도할 때도 마찬가지겠지만, 경직되고 원칙론적이며 융통성 없는 태도는 지양되어야 한다.

또한 이 시기에는 각자의 직업과 전문영역에 대한 자부심이 높아지는 성향을 보인다. 그러므로 그러한 전문영역에 대해 깊이 이해하고 진지하게 이야기를 들어주려는 태도를 견지하는 것이 바람직하다. 다양한 계층이 모이기 때문에 각자의 전문영역을 존중하되, 생활체육집단 내에서는 각자의 위치와 책임을 분명히 하여 그것을 완수할 수 있도록 하여야 한다.

성인의 전기에 해당되는 참여자는 체격 및 근력, 그리고 심폐지구력과 동작의 협응성과 민첩성이 절정에 있다. 그러므로 생활체육활동의 지도할 때는 보다 전문적이고 정교한 기술의 습득에 역점을 두어 지도하여야 한다. 또한 성인 전기에는 어떠한 사물에 대해 매우 분석적이고, 합리적인 사고를 하기 때문에 기술을 지도할 때는 기술습득에 요구되는 트레이닝의 원리적 측면과 기술의 역학적 · 생리학적 배경을 함께 설명하는 것이 효과적이다.

30세 이후의 참여자를 지도할 때에는 생활체육활동이 건강의 유지 내지 증진에 미치는 실증적 자료를 틈틈이 제시하고, 가능하다면 이들의 신체적 능력 · 생리적 기능의 개선 내지 향상을 정확히 측정할 수 있는 기회를 마련할 필요가 있다. 즉 이들의 기초체력뿐만 아니라 심박수, 산소섭취량, 심박출량, 폐환기량 등 신체능력의 개선점을 과학적으로 증명할 수 있는 평가기회를 가질 수 있다면 보다 높은 수준의 동기유발 효과를 얻을 수 있다. 또한 갖가지 건강관련 지식을 스크랩하여 토론이나 활동의 중간중간에 자료로 제시하는 것도 매우 바람직한 방법이다.

한편 이 시기의 참여자들에게 뚜렷이 나타나는 성격적 특성은 인간적 관계의 개선에 매우 적극적이고 베타적인 성향을 보인다는 점이다. 생활체육 지도자는 이 점에 유의하여 이들의 인간관계 형성을 매개하고, 이렇게 수립된 인간관계를 집단 구성원 각자를 생활체육활동의 장으로 유인할 수 있는 강력한 동인으로 만들어야 한다. 이러한 인간관계는 평생 동안 동호인으로서, 또 지기로서 서로가 생활체육활동의 장으로 이끌어주게 될 것으로 기대된다.

이 시기의 참여자들은 각자 사회적 위치를 차지하고, 나름의 문제를 해결하는 역량을 가지고 있기 때문에 활동의 방향설정·활동의 내용선정뿐만 아니라 집단의 제반 운영과 관리, 즉 매니저로서의 역할 등을 분담하여 자율적으로 해결하도록 하는 것도 바람직한 방법이다.

04
중년기

성인 전기를 인생의 개척기에 비유한다면, 중년기는 계속적인 개척과 개척과정에서 얻어지는 개척의 부산물을 향유하는 시기로 볼 수 있다. 사회적으로는 일정한 지위를 얻어 경제적·정신적 안정을 얻고, 자녀를 양육하는 부모로서 그리고 남편과 아내 역할이 더욱 확고해진 시기이다. 뿐만 아니라 이 시기는 젊은 세대를 지도할 연령에 속한다. 따라서 사회변화 특히 가치관의 변화를 주도하며 젊은 세대에겐 모델로서 지각되고 평가받게 된다.

이 시기의 개인은 친구나 동료 및 타인에 의해 평가를 받는다. 그 평가기준은 대체로 그가 획득한 사회·경제적 지위가 된다. 청소년기에는 외모나 용모, 옷차림에 의해 평가되기 쉬웠다면, 중년기에 이르러서는 그의 능력과 노력으로 획득한 결과에 의해 평가받는다.

이 시기의 개인은 '그가 확대시키고 성취한 바가 곧 자기'이다. 그가 보다 다양한 집단과 폭넓고 광범위한 활동을 한다면, 그는 보다 넓게 수용되는 인물이 된다. 사회·경제적 지위에서 고려되는 요인은 학력, 직업과 지위, 수입 정도, 그가 속한 문화적인 요소 등이다.

사회적으로 이 시기는 사교생활과 공공생활을 한다. 그들은 공식적 회합에 참여하고 중견사회인으로서 요구되는 권리와 의무를 행사하고 수행하며, 그 결과에 대해 책임을 진다. 사적으로는 자녀의 교육을 책임지고, 교회·자모회·사친회 등에 참석하고, 친구·친지집단과 원만한 인간관계를 성숙시키고, 새로운 인간관계를 맺어 나간다. 이러한 공적·사적 생활을 통하여 개인의 사회·경제적 지위는 상승되고 확장된다.

반면 중년기 후반에 들어서면 그동안 성취한 사회·경제적 결실을 무르익히려는 경향이 나타나기도 한다. 이런 시도는 때로 현상유지라는 안일성으로 나타나기도 하여 자칫 미래지향적이기보다는 현재지향적인 경향이 되기 쉽다. 새로운 개척보다는 이왕에 이룩한 자기 업적을 더욱 견고하게 다지는 데 치중하려 든다.

이런 현재지향적인 경향은 갱년기라는 신체적 변화와 결부되어 폐쇄적으로 나타나기 쉽다. 신체적으로 체력의 감퇴와 건강의 유지에 관심을 갖게 되면서 의욕이 감퇴되기 쉽다. 그래서 스스로 자기한계를 설정하려는 경향이 나타난다. 자아에 대한 이런 태도는 인생에 대한 어떤 회의와 반성의 태도로 진전되기도 하며, 보다 큰 야망과 자아성취를 이룩할 능력이 없다는 실망감에서 이따금 어떤 무력감과 비애를 경험하기도 한다.

이 시기에 하는 스포츠활동의 가치는 참여자가 어느 정도 사회적 안정과 경제적 여유를 누리면서 일에서 해방되어 여가생활을 향유하고자 하는 경향이 뚜렷하게 나타난다는 점에 있다. 그러므로 이들이 건전하고 바람직한 방향으로 여가를 선용하기 위하여 생활체육활동에 참여하는 것은 커다란 의미가 있다.

한편 다른 하나의 중요한 가치는 이 시기가 신체적으로 조금씩 쇠퇴하여 스스로 자각할 수 있을 만큼 심각한 건강상의 위협을 느낄 때라는 점에 있다. 특히 이러한 쇠퇴의 정도는 일로부터 부과되는 스트레스, 흡연, 음주 등 생활상의 습관과 밀접한 관련을 맺고 있다. 나쁜 생활습관이 만성적인 운동부족과 결합될 때 비만·당뇨병·협심증·심근경색·고혈압 등 소위 생활습관병에 걸리게 될 위험은 배가 된다. 따라서 생활체육활동은 쇠퇴의 진행을 늦추고 각종 질병에 대한 내성을 길러주어 건강하고 활기찬 생활의 리듬을 찾게 해준다는 점에서 가치를 매길 수 있다.

1) 신체적 특성

중년기에는 신체기능면에서 점차 쇠퇴과정을 걷게 되고, 신체의 형태적인 면에서도 변화의 징후가 나타나기 시작한다. 어떤 사람에게는 그 과정이 매우 점진적이어서 거의 알아차리기 어렵지만, 반대로 빨리 늙은 것처럼 보이는 사람들도 있다. 노화의 표시는 신체의 외부에 나타나는데, 주요부위는 머리카락과 피부이다.

이 시기가 되면 머리카락은 빨리 자라지 않고 가늘어지며, 40대에는 머리선이 이마 뒤로 후퇴한다. 남자는 눈썹·코밑·귀 부분에 뻣뻣한 털이 생기고, 여성의 윗입술과 턱에도 털이 보이기 시작한다. 머리카락에 흰머리가 생겨난다(Troll, 1975). 피부의 탄력성이 줄어들고 늘어지며 눈 가장자리와 입 주변, 앞이마에 주름이 나타난다. 눈 아래 검은 선이 생기기 시작하며, 갈색의 노화반점이 보이기 시작한다. 얼굴모습이 뼈·근육·결합조직의 변화로 달라지고, 치아도 차츰 마모되어간다.

신체적 힘과 지구력이 어느 정도 감소하여 젊음의 특징인 활력을 잃어간다. 성인 초기와 성인 중기 사이에 근육조직이 감소하고 지방조직이 증가하면서 살이 찌고, 특히 배 부위가 볼록해진다. 중년기의 사람들은 대부분 많이 먹는 데 비해 운동은 적게 한다. 이것은 심장을 힘들게 일하게 한다. 또한 콜레스테롤이 차츰 혈관에 축적됨으로써 각종 심혈관계통의 질병에 걸리게 된다.

이 시기의 후반에는 소위 '갱년기'증상이 나타나게 된다. 여성의 대표적인 갱년기현상인 폐경(menepause)이 나타난다. 폐경은 40세 후반에서 50대 초반 사이에 일어나는데, 한국 여성의 평균 폐경연령은 46~47세로 구미 여성들보다는 3~4년 빨리 온다(민부기 외 2인, 1983). 월경이 불규칙해지기 시작하면서 전면적으로 중지(폐경)되기까지의 기간을 갱년기라 부른다. 여성의 갱년기는 2~3개월 지속되기도 하고, 수년에 걸쳐 계속되기도 한다.

폐경은 에스트로겐과 프로게스테론 호르몬의 분비 감소로 인한 생산능력의 감퇴, 요통, 유방선이나 자궁의 위축 등 생리적 변화를 초래하지만, 그에 따른 심리적 영향도 중요시되고 있다. 남자 역시 여성의 폐경기처럼 현저한 것은 아니지만, 갱년기적 증상을 체험한다. 즉 여성이 경험하는 증상인 과민, 안절부절, 우울, 피곤, 불안 등의 증세를 나타내는 경우가 많다. 갱년기에도 남자는 여전히 생식능력을 유지하지만, 40~50세 사이에 남성호르몬인 테스토스테론이 현저히 감소한다. 그로 인해 정액과 정자의 감소, 정력의 상실 등을 초래하고, 근육은 위축현상이 나타난다.

중년기에는 각종 질병에 걸릴 확률도 높아진다. 그중에서도 중년기의 사람에게 가장 위협적인 것이 비만이다. 30% 이상 과체중인 사람은 중년기의 사망가능성이 40% 이상 증대된다. 과체중에 의한 장애들은 고혈압, 심장장애, 소화장애(담석 및 기능장애), 당뇨병과 그로 인한 합병증 등이다.

만성적 흡연 및 음주와 관련된 건강문제들 역시 중년기에 나타난다. 간 및 소화계통질환, 구강·목·허파의 암, 폐기종, 심장 및 혈관질환들이 특히 45~55세 사이에 많이 나타난다. 통계에 의하면 비흡연자는 심한 흡연자가 갖는 건강문제의 반 정도밖에는 갖지 않는다. 50대 후반의 가장 보편적 사망원인은 심장·혈관질환으로, 사망률은 중년기 후반 이후 급속히 가속화된다.

2) 정서적·사회적 특성

중년기 연령층의 정서적·사회적 특성은 연령과 개인에 따라 매우 다양하기 때문에 이를 어느 하나의 유형으로 설명하기에는 무리가 따른다. 따라서 여기에서는 중년기의 후기 즉, 장년기에 갱년기적 증세를 경험하면서 느끼게 되는 성격적·행동적 특성에 초점을 맞추어 설명하고, 사회적 변화에 적응해야 한다는 측면에서 행동양태 및 역할특성에 대하여 설명하기로 한다.

장년기에는 갱년기증세를 경험하면서 자신의 자아개념에 대해 부정적이 되기 쉽다. 이때껏 젊고 자신감에 차 있고 정력적이라고 생각하였던 자기의 이미지는 보다 젊은 세대의 모험적이며 변화에 민감한 태도와 대비되기 때문에 이때껏 자신이 수립한 자아개념에 대한 재평가를 시도하게 된다.

중년기 전기까지는 거의 느낄 수 없었던 쇠퇴현상이 서서히 나타나면서 자기에게서 가장 가치 있다고 생각했던 능력의 쇠퇴를 인지하게 되는데, 이것이 불안을 동반하게 된다. 특히 성적 능력과 매력, 기억력과 학습속도 등은 현저하게 감퇴한다.

학습속도는 학습능력과 관련되므로 전처럼 의욕적으로 다양한 것을 배우고, 연구하고, 깊이 있게 파고드는 능력이 서서히 쇠퇴하기 시작한다. 그러나 기억력 감퇴와 학습속도의 차이에도 불구하고, 풍부한 경험은 이해와 사고를 보다 넓고 보다 깊이 있게 도와주기 때문에 사회과학, 인문과학, 예술 등의 분야에서는 눈부신 성취를 보여 줄 수 있는 시기가 된다.

사회적인 활동은 사회에 따라 다르다. 안정된 사회일수록 장년기의 참여도가 높고, 변화와 사회변동이 심한 사회일수록 젊은 세대의 진출이 급진적이다.

신체기능의 감퇴는 정서적 갈등을 동반한다. 따라서 장년기에는 대부분 자신의 한계성을 스스로 인정한 나머지 삶에 대해 회의적으로 되기 쉽다. 심리적으로는 성인기와 중년기 전기를 거치는 동안에 몹시 지쳐 있어서 일상적으로 반복되는 활동에 흥미를 상실하게 된 나머지 신경증적인 행동을 보이기도 하며, 자신의 소중한 무엇을 상실하여 간다고 느끼게 된다. 이런 생각을 극복하기 위해서 때로는 자아방어적인 태도를 발달시키게 되고, 고집이나 권위에 의존하게도 되므로 부당하고 비합리적이 되기 쉽다. 그러면서도 끊임없이 자기를 평가하게 되는데, 종종 자기정당화를 위해 실패의 원인을 타인이나 환경에 전가하려고도 한다.

대다수의 장년들은 이 시기가 자기의 인생목표 달성이 미완성되었다거나 늦어졌다는 자기평가 때문에 심한 갈등을 겪으며 위축된다. 이런 형상에 적응하여 자아개념을 재수립하며, 성취동기의 육성프로그램 등 재교육·재훈련과정으로 동기저하를 극복하고 자기를 쇄신시키며, 긍정적인 자아개념을 구축해나갈 수 있다.

장년기에는 사회변화에 대해 대체로 보수적으로 되기 쉽다. 새로 도입되는 유행과 그 가치, 새로운 아이디어가 내포된 모험에 대해 폐쇄적인 태도를 취하기 쉽다. 이러한 경향은 이미 개인적으로나 사회적으로 많은 경험을 쌓았고, 경험에서 터득한 여러 가지 지혜를 갖추고 있다는 자신감에서 비롯된다. 이러한 자신감은 때로는 자기과신으로 나타나기 때문에 사회변화라는 자연적인 추세에 역행하기도 한다.

적절한 보수주의는 급진적인 사회변화를 꾀하려는 지나친 혁신세대를 견제하는 세력으로서 필요하다. 정확한 판단에 근거한 변화의 방향설정은 언제나 시행착오를 적게 경험할 수 있도록 한다. 기존의 가치체제나 전통문화와의 조화를 탐색하며, 여러 가지 변화요소를 선택적으로 받아들이기 위해서는 보수적 태도가 중요한 역할을 하는가 하면, 또 자체의 관습과 문화요소에서 좋은 것을 보호하여 후대에 전수시키기 위해서는 어느 정도의 폐쇄성은 용납될 수 있다. 그러나 보수적 성향과 진보란 언제나 합치점에서 재창조를 가져올 수 있기 때문에 사회구성원의 태도, 가치관 역시 견제와 추진의 양대세력을 필요로 한다. 바로 이런 점에서 장년에게 개방성이 요구된다.

장년기에는 사회·경제적으로 성숙된 지위를 획득하게 된다. 그것이 권력이든 재력이든, 학문이나 인간적인 체험에서든, 젊은 세대에게 경험과 지혜를 빌려 줄 수 있는 위치에 놓이게 된다. 이러한 위치는 자칫 젊은 세대의 참신한 아이디어와 가능성을 가진 모험을 무시해버리는 권위와 혼동될 수도 있다. 뿐만 아니라 장년기에는 직장에서나 가정에서 최고의 지도자 내지 대표자적 지위에 있기 때문에 조언이 권위를 가진 명령으로 나타날 수도 있어서, 더욱 보수적이고 편협된 고집으로 현상유지를 의도하는 안일주의자의 모델로 나타날 수도 있다. 이 점에서 개방성은 언제나 어떤 사회적 변화에도 관심과 흥미를 보이며 풍요한 경험과 경륜을 새로운 변화와 조화시킨다면 좋고 건전한 사회모델이 될 수 있다.

3) 생활체육활동의 지도

이 시기의 참여자들은 일정한 사회적 위치를 정하고 대체로 삶의 안정적 기반을 구축하고 있다. 이 때문에 어떤 새로운 성취욕구의 충족이나 자기표현의 욕구를 위해서라기보다는 주로 여가선용 측면과 건강상의 이유가 생활체육활동에 참여하는 동인으로 작용한다. 그러므로 생활체육 지도자는 활동의 목적과 방향설정, 활동내용의 편성 등에서 운동의 기능적 측면보다는 활동력과 건강의 유지와 증진, 정서적 즐거움의 추구에 보다 큰 가치를 두는 것이 바람직하다.

활동내용의 편성도 고도의 섬세한 동작, 순발력과 근력을 필요로 하는 동작은 지양하고, 심혈관계통기능 개선을 목적으로 하는 전신지구력 운동을 위주로 하되, 그 활동으로 인해 지나친 피로가 축적되지 않도록 유의하여야 한다.

어떠한 기술단원을 지도할 때에라도 활동에 들어가기 전에 그 활동의 특성에 맞

는 준비운동, 특히 신체의 유연성을 높이기 위한 스트레칭이나 전신순환기능의 적
응력을 높이기 위한 에어로빅 운동을 충분히 실시하고, 활동이 끝난 후에도 정리운
동의 실시에 각별히 유의하도록 한다.

생활체육지도의 방식도 종목특성에 따라 크게 좌우되겠지만, 될 수 있으면 일제
지도방식이나 분단지도방식보다는 개별지도방식을 최대한 적용하도록 한다. 이 시
기의 참여자를 지도할 때에는 지도자의 활동기술보다는 활동을 유쾌한 경험이 되도
록 이끌어가는 지도기술과 지도자의 사회적 성향이 보다 중요한 요소로 작용한다.
또 지도자와 참여자 간의 친밀한 관계수립을 위해서는 생활체육활동 현장뿐만 아니
라 지역사회·직장 등의 생활현장에서 되도록 많은 접촉기회를 갖도록 노력할 필요
가 있다.

중년기의 참여자는 신체적인 쇠퇴현상에 대해 매우 초조해하고 관심을 보이는
경우가 많다. 따라서 성년 전기의 참여자와 마찬가지로 생리적 기능에 대한 과학적
평가기구를 최대한 활용할 수 있도록 노력하고, 이에 덧붙여 각종 대사질환, 순환
계통질환, 호흡계통질환 등에 대해 기초적 건강검진을 받도록 유도하는 것이 바람
직하다.

한편 생활체육 지도자는 이러한 건강검진 결과를 해독하고 운동능력의 과학적 평
가기술을 익혀서 보다 합리적이고 과학적인 운동처방을 내릴 수 있는 단계까지 지식
을 쌓도록 노력해야 한다. 이러한 진단 및 처방기술을 익혀서 참여자 각자의 신체능
력과 상태에 맞도록 운동강도·내용·빈도·시간·실시방법 등을 제시하여야 생활
체육활동에 따르는 위험을 최소화시키고 참여의 동기를 더욱 고무시키며, 건강이라
는 참여자의 주 활동목표를 효과적으로 달성할 수 있을 것이다.

05

노년기

노년기는 일반적으로 60세 이상을 말한다. 이 시기의 생활체육활동 참여목적은 중년기와 마찬가지로 노화에 의한 기능쇠퇴를 가능한 지연시키는 데 주목적이 있지만, 보다 중요한 것은 정신적 · 사회적 소외현상을 극복하는 데 있다.

무엇보다도 이 시기에는 신체적 · 정신적인 노화에 적응하는 것이 중요한 발달과업이 된다. 건강의 유지와 노화에 수반되는 신체기능의 쇠퇴는 물론 신체조직의 균형상실에도 적응해야 하기 때문에 정신적인 고충을 극복하지 않으면 안 된다. 신체적인 건강, 기능의 쇠퇴 및 상실 등은 정신적으로 위축감이나 패배의식과 허무감을 동반할 수도 있다. 노년기의 신경증적 행동이나 우울증은 대체로 신체기능쇠퇴에 동반되는 정신적인 증세라고 볼 수 있다. 또 기억력 · 추리력에서 현저한 감퇴현상이 나타나는데, 특히 기억력의 감퇴 때문에 고통을 겪게 된다. 또 지각이나 사고 등도 속도 및 강도에서 쇠퇴현상이 나타난다.

오늘날 평균수명의 연장과 의학의 발달로 노령인구가 늘어가고 있다. 노령인구의 증대는 사회적 · 정치적 제도에 커다란 영향을 미치고 있다. 개인적인 수준에서 보면 사람들은 불안을 가지고 노년을 예상한다. 노화의 부정적인 측면을 강조한 노년에 대한 고정관념 때문에 늙어가는 것의 이점 및 긍정적인 면은 흔히 무시되고 있다.

생활체육 지도자는 특히 이 점에 유의하여 노년기의 성장가능성과 기쁨 및 만족의 가능성을 간과해서는 안 된다. 생활체육 지도자는 오늘날 노인들이 의 · 식 · 주 생활에 따르는 요구, 그리고 여가나 스포츠 · 레크리에이션 활동 및 예능 · 예술 · 학습 등에 대한 욕구의 충족이 이루어지지 못하고 있는 것이 현실임을 인식하고, 단순한 생활체육활동뿐만 아니라 노인복지 측면에서 사명감을 갖고 활동의 지도에 임하여야 할 것이다.

　노인복지는 노인들에게 은거생활에서 벗어나게 할 뿐만 아니라 고독감에서 해방, 여가의 개발, 쇠퇴하여가는 건강과 체력의 보호유지와 질병에 대한 불안에서 해방되도록 하는 데 있다. 이를 위하여 노인 스포츠의 개발, 레크리에이션 활동 등과 같은 적극적인 사회참여를 통하여 풍요롭고 보람된 생활을 즐기도록 유도해야 할 것이다.

1) 신체적 특성

　노화의 징후는 먼저 외형적인 신체적 변화로 나타난다. 그중에서도 특히 안면의 변화가 대표적인 징후이다. 머리털이 빠지고, 검은 머리가 흰색으로 바뀌는 것이 특징이다. 모발이 빠지는 것은 머리털이 아니라, 눈썹에서도 나타나 숱이 성글어지고 억세어지며, 귀나 코밑의 수염도 빳빳하고 퇴색하여 흰색으로 변한다. 얼굴피부도 윤택이 사라지고, 탄력을 잃으며, 주름이 잡히고 굴곡이 진다. 또 얼굴표피에 반점이 생긴다.

　눈빛은 생기가 사라지게 되고 시력이 약화되며, 분비샘의 기능이 둔화되어 눈꼽이 낀다. 치아의 노년기적 변화는 특히 심하다. 치아가 병들고 빠지기도 하며, 균열도 생겨 제기능을 다하지 못하게 된다. 때로 치아의 색깔도 누렇게 퇴색되며, 이러한 치열의 불균형 때문에 입모양과 얼굴모양이 변화되기도 한다.

　한편 신체적인 노화에는 체격의 노화도 있다. 어깨가 굽어지고 키가 줄어들며, 제2차적 성특징의 쇠퇴현상에 의해 성별로 나타나는 특징이 사라져서 여성다움이나 남성다움을 상실하게 된다. 그러나 발은 살이 처지기 때문에 노년기에 더 커진다고 한다. 골격의 변화는 뼈의 경화, 철분의 부족으로 쉽게 골절되기도 한다.

　노년기는 자극에 대해 민감성이 둔화된다. 즉 감각기관의 기능이 효율성을 발휘하지 못할 만큼 쇠퇴하게 된다. 특히 시력이나 청력의 감퇴로 안경과 보청기의 도움을 받게 된다. 연령에 따라 동공의 크기가 급속도로 감퇴된다. 따라서 독서의 속도와 정확성이 떨어진다. 귀의 기능은 고음에 특히 약하게 변한다. 신경이 쇠약해져 고음에 둔해지는데, 노인의 귀먹는 현상은 반응에 의한 것이라기보다는 자극에 의한 것으로 간주된다. 즉 입속말로 타인을 꾸짖고는 연이어 대화가 이루어지지 못하는 것을 자신 때문이라고 생각하지 않고 상대방의 탓으로 돌린다.

미각에서도 노년기에는 상당한 둔화가 생기고, 통증도 나이에 따라 둔화되며, 위험신호에도 둔감하게 된다. 노년기에는 신경계통에 변화가 일어나는데, 그 이유는 뇌의 무게가 줄어들기 때문이다. 머리속공간(뇌강)은 팽창하며 피질조직도 좁아지고, 뇌신경은 피부전기반응(GSR : galvanic skin test)을 통해서 보면 감각자극에 둔감한 반응을 보인다. 특히 신경활동에 의한 조건반사가 느리게 나타나고 빨리 소멸되는 현상을 관찰할 수 있다.

또한 생리적 조절기능에도 변화가 나타나는데, 수면의 양이나 질이 감소되고 불면증이 나타난다. 또 하나의 조절기능인 소화기능도 노화된다. 치아손상으로 인한 소화의 문제가 아니라, 위나 장의 벽에서 분비되는 분비샘의 퇴화로 소화를 담당하는 효소나 액의 분비가 감소된다. 그래서 노인의 음식은 소화가 잘 되는 것일수록 좋다. 또 나트륨 · 칼슘 · 염화물은 연령증가에 비례하나, 마그네슘 · 인 · 질소 등은 감소하며, 기초신진대사치도 감소한다. 결국 근육활동이 힘들어 보다 빨리 피로를 느끼면서도 피로회복에 필요한 시간은 더 길어진다.

노년기에 이르면 맥박이 빨라지는 경향이 있는데, 혈액순환은 55세 이후에는 늦어지며 불규칙적이다가 노년기에 다시 빨라진다. 노인은 젊은 이에 비해 폐활량이 적어지는데, 그 이유는 호흡작용의 효율성이 나이를 먹어감에 따라 감소하기 때문이다.

세포활동으로 분비되는 배설물은 혈액에 의해 콩팥(신장)으로 가서 배설되는데, 콩팥의 기능도 나이의 증가와 함께 쇠퇴되어간다. 특히 노년기에는 콩팥조직에 손상이 오기 쉬운데, 기타 여러 가지 원인으로 배설통제가 자율적으로 되기 어려워지는 것도 조절기능의 노화 때문이다. 이런 조절기능의 감퇴와 함께 운동기능도 쇠퇴한다. 동작이 우둔하고 부자연스러워 보이는 것은 신체기능의 쇠퇴에 따라 일어나는 운동기능의 감퇴에 그 원인이 있다.

운동기능의 감퇴는 먼저 체력의 감퇴로 나타난다. 대체로 체력은 20대 후기부터 서서히 감퇴하지만, 감퇴율은 미미하다. 그러다가 중년기·장년기를 지나면서 감퇴현상이 현저하게 나타나며, 노년기에 이르러서는 급속히 쇠퇴한다. 체력은 연령의 증가에 비례하여 약해지는데, 약력계로 남자의 쥐는 힘을 측정해 본 결과 60세는 20세의 쥐는 힘에 비하여 평균 16.5%가 감소되었다고 한다.

연령증가에 따라 나타나는 체력의 감퇴는 근육의 종류에 따라서도 차이가 있다. 가장 빨리 감퇴되는 근육은 아래팔굽힘근(전완굴근)이다. 노년기의 체력감퇴는 노인이 보다 빨리 피로를 느끼고, 회복에도 오랜 시간이 걸리는 원인이 된다. 노년기 운동기능의 감퇴는 운동기술의 퇴화로 나타난다. 운동기술의 퇴화는 기술을 학습한 순서와 반대로 진행하는데, 가장 먼저 학습한 기술이 가장 늦도록 남아 있고, 늦게 학습한 기술이 먼저 퇴화한다. 그러나 연령증가에 따라 확고하게 훈련된 조정도 무너지게 되어 결국 고령의 노인은 마치 유아처럼 무력한 상태가 되어버린다.

노년기에는 새로운 기술을 학습하기가 대체로 어렵다. 왜냐하면 학습의욕의 부족뿐만 아니라 실제로 학습이 곤란하기 때문이다. 그러나 개인적으로 흥미있는 기술에는 점진적으로 학습이 가능하다. 물론 학습의 결과는 젊은층에 비해 훨씬 뒤떨어진다. 이러한 기술의 퇴화나 새로운 기술의 학습곤란은 운동기능의 퇴화를 촉진하게 된다.

2) 정서적 특성

본래 노인은 노인 특유의 신체적·정신적·심리적·사회적 변화 때문에 그 특유의 성격이 나타난다고 보는 것이 일반적이다. 그러나 인격의 통합이 잘되고 사회적으로나 가정적으로 안정되어 있으며 지적으로도 우수하여 기본적 성격의 변화가 없는 사람도 있는 것처럼 노인의 성격이 다양하다는 것은 두 말할 나위도 없다.

노인의 성격은 대체로 건강상 또는 경제상의 불안감, 생활상의 부적응으로부터 오는 불안과 초조, 정신적 흥미의 감퇴로부터 오는 내폐성, 신체적 쾌락에 대한 흥미의 증대, 성생활의 감퇴, 성충동의 쇠퇴, 조건의 변화에 따른 학습이나 적응의 곤란, 홀로된 데 대한 고독감, 의심, 질투심, 보수성, 과거의 생각에 대한 집착, 불확실성, 인생의 낙오감 등이다.

노인의 이와 같은 성격변화의 원인은 다음의 두 가지로 나눌 수 있다.

ⅲ) 생물학적 변화에 의한 것

ⅲ) 환경·생활사 등과 같은 비생물학적 인자에 의한 것

노인의 성격변화에 대하여 지금까지는 전자의 원인이 지배적이었으나 최근에는 오히려 심인성(心因性), 환경에 대한 학설이 지배적이다. 특히 비건강·고독·빈곤의 이른바 노인의 3악으로 인하여 자주, 그리고 쉽게 욕구불만에 이르는데, 이것은 신체적·심리적·사회적으로 늘어나는 장애적응 능력의 저하에 의한 것이다. 결국 욕구불만의 반응으로 이러한 성격 특성이 나타나게 되는 것이다.

고령화가 진행됨에 따라 다음과 같이 노인에 대한 사회적 냉대현상이 나타나게 되었다.

ⅲ) 노인은 일반적으로 존재가치가 저하된다. 젊은이들에게 무관심을 받게 되고, 심지어 가족·친척들의 무관심까지 받게 된다.

ⅲ) 고집과 거부성격을 띠게 된다. 특히 노인들이 단체를 구성하여 활동할 때에는 다른 단체와의 타협과 수용이 개인의 경우보다 더욱 어렵다

ⅲ) 사회참여나 사회적 이익을 취할 때 그 기회를 놓치기가 쉽고 불이익이 누적되어 소외되게 마련이다.

ⅲ) 가족구성원으로서나 일에 있어서 역할기능을 상실해가고 있다.

ⅲ) 늙음에 대한 올바른 자아인식이 부족하여 이미 노쇠에 따른 자신의 능력저하를 깨닫지 못하고 계속해서 자신의 능력이 젊은이 못지 않다는 자신감을 갖고 노인으로서의 역할을 찾기보다 젊은이의 역할을 계속할 것을 주장하는 경향이 있다. 이미 늙어서 별로 할 일이 없다고 하면서도 실은 역할상실을 하지 않으

려고 하는 2중적 심성을 갖게 된다.

카반(Cavan)은 노년기의 심리적 특성을 다음과 같이 예시하였다.
- 건강과 경제적 불안감
- 생활부적응에서 오는 불안과 초조감
- 정신적 흥미의 감퇴에서 오는 내폐성
- 육체적 쾌락추구
- 활동성의 감소
- 성적 충동의 감퇴
- 새로운 상황에 대한 학습적응의 곤란
- 고독감, 질투심
- 보수적 성격
- 다변, 우둔
- 과거에 대한 집착
- 잡다한 부스러기 수집

이러한 노인심리의 특성이 노인 모두에게 그대로 적용된다고 보기는 어렵다. 나이를 먹으면 욕구의 종류에 따른 강도가 달라지며, 노인들의 욕구는 일반적으로 노후를 안락하게 보내고 싶어하는 것으로 집약할 수 있다.

노인들의 공통된 요구는 다음과 같다.
- 경제적인 노후생활 보장
- 가정과 사회에서 연장자로서의 지위 유지
- 가정 · 친척 · 친구 · 이웃 등과의 원만한 접촉
- 적절한 여가생활의 추구

노인의 욕구는 그 요구도가 높아지면서 점차 노인 자신의 특성을 형성하게 된다.

이러한 노인심리의 특성은 환경변화에 의한 재래의 관습파괴, 개인적 자주성의 상실로 인한 의존심의 증대, 건강쇠퇴에 의한 활동제한, 사회적 신분과 경제능력의 상실로 인한 열등감 등으로 더욱 가속된다. 우리나라에서 노인의 심리 또는 욕구는 도시와 농촌사회와 차이가 있을 수 있고, 또 노인 개개인의 입장에 따라 그 희망하는 바가 다를 수 있다.

노인들의 심리적 욕구를 종합하면 다음과 같다.

◑ 안정된 노후를 희망하고 있다. 노인들은 수입이 없어 자식들로부터 도움을 받고 있으므로 항상 불안정한 심리상태에 있기 때문이다.

◑ 노인들은 심리적으로 자신의 존재가치를 인정받고 싶어한다. 나이가 들면 가족이나 사회에서 자신을 상대해주지 않는 듯한 느낌이 들어 항상 고독함을 느끼게 되기 때문에 존재가치를 인정받고 싶어한다.

◑ 노인들은 신체활동을 요구한다. '늙어서 아무것도 할 수 없다'라고 말하지만 속마음은 무언가 일을 하여 보고 싶은 욕망이 가득 차 있다.

◑ 많은 사람들을 사귀고 싶어한다. 나이가 먹을수록 대화를 위한 상대가 없어짐을 느끼게 되기 때문이다.

◑ 노인은 장수할 것을 원하는 것이 일반적인 경향이다. 이제 죽어도 여한이 없다고는 하지만, 더욱 건강하고 오래 살려고 하는 것이 노인의 본심이다.

이와 같은 노인의 심리적 욕구를 해소하기 위하여 취미에 따른 생활체육활동 참여가 필요가 된다.

3) 사회적 특성

충효(忠孝)가 생활규범의 최고 가치로 인정되고, 또 노인의 지위가 확고하며, 그 역할이 사회의 주요한 부분을 차지하고 있을 때에는 문화 그 자체가 사회를 지배하는 노인에 의하여 주도적으로 형성되고 유지되었다.

그런데 오늘날과 같은 산업화사회에서는 노인의 지식 · 경험 · 기술, 그리고 그들의 사고방식이나 사상은 일단 뒤로 물러나게 되며, 사회에서 별로 쓸모없는 것이 되어버리고 만다. 따라서 사회적 문화란 자연히 젊고 유능한 세대들에 의하여 주도될 수밖에 없다. 그러나 분명한 것은 노인층은 사회적으로 노인문화를 가지고 있어야 하며, 이것은 노인들의 생활방식이고 사회적으로 노인들의 세계에서만이 통하는 독특한 취미 · 태도 · 사고 등의 일체감인 것들이다. 결국 사회에서 노인문화란 노인층이 갖는 요구나 기대와, 사회가 노인층에게 요구하는 기대와의 복합적 소산이라고 할 수 있다. 노인들의 사회적 역할은 여기에서 나오는 것이며 이것은 노인들의 사회적 역할을 규정하는 바탕이 되는 원인이기도 하다.

이를 위하여 노인들의 사회적 역할을 새로운 각도에서 조명하여야 한다. 노인들은 현실적으로 이해관계를 초월할 수 있으므로 객관적으로 사물을 판단할 수 있고 비판적으로 사리를 평가할 수 있다. 그러므로 기성세대와 젊은 세대 간의 사회적 대립이나 갈등을 조정할 수도 있고, 그들의 적극적 조정력은 정치적 문제에도 조언자로서 관여할 수 있는 가능성을 갖는다.

이러한 노후의 신체 또는 정신적 활동이 노인들 사회에서 하나의 유형을 이루도록 하는 것은 매우 중요한 일이다. 노인들은 전통적으로 가족구성원들의 부양하여 드려야 한다는 관념 속에서 오랜 세월을 지나 왔는데도 사회적으로 자립의식이 강한 노인층이 적지 않다는 것은 특히 주목할 만한 일이다. 문제는 이들의 신념과 행동양식이 다원적으로 방치될 것이 아니라, 노후생활에 대한 보장이 어느 하나의 유형으로 수립되어야 한다는 데 있다. 그렇지 않으면 노인사회에 혼란이 오고 일관성이 없게 될 것이다.

4) 생활체육활동의 지도

이 시기의 참여자들에 대한 생활체육 지도자의 역할은 어떠한 종목의 전문기술을 가르치기보다는 노인에게 알맞은 다양한 운동프로그램을 작성 · 운영하며, 유쾌한 경험의 장이 될 수 있도록 진행하는 데 있다. 활동내용을 편성할 때에는 노인이 갖고 있는 신체적 특성에 대한 정확한 이해가 필요하다. 노인이 생활체육활동에 참여함으로써 얻는 신체적 단련이나 건강의 효과는 매우 크겠지만, 그것을 목적으로 활동이 편성되어서는 안 된다. 그러한 활동을 흥미롭고 유쾌하게 행함으로써 자연스럽게 신체적인 효과를 거둘 수 있도록 해야 한다. 즉 프로그램을 편성할 때 제1차적인 고려사항은 그 활동이 흥미있고 유쾌해야 한다는 점이다.

노인이 가지고 있는 심리적 특성 중 가장 중요한 것은 따뜻한 인간적 접촉을 희구하며, 경쟁적 우월감의 취득에 대한 흥미를 잃어간다는 점에 있다. 따라서 활동내용은 경쟁적인 것이기보다는 협조적인 것으로 편성하는 것이 바람직하다.

노인의 신체활동으로 권장할만한 프로그램은 걷기, 맨손체조, 수영, 배드민턴, 게이트볼, 하이킹, 등산, 야외운동 등이다. 이러한 운동을 보다 흥미있게 하기 위해서는 연령적 특성, 신체적 능력, 장소, 시간 등을 잘 고려하여 활동의 중간중간에 음악과 함께 놀이적 성격의 게임을 진행하도록 하는 것이 바람직하다.

이러한 활동을 편성하고 진행하면서 이들의 의견을 최대한 존중하여 반영시키고, 참여자 각자가 그 활동에서 뚜렷한 역할을 하도록 배려함으로써 자신의 존재 가치에 대한 자부와 희열을 느끼게 해야 한다. 지도자가 활동을 진행하면서 명랑하고 공손한 태도를 견지한다고 할지라도 참여자들의 역할이 수동적이고 이미 정해진 프로그램만을 일방적으로 진행한다면 그 활동의 효과는 반감되고 말 것이다.

생활체육활동의 지도와 편성에서 유의해야할 다른 중요한 사항은 활동의 여러 환경적 조건을 충분히 고려하여 융통성있는 계획과 운영이 필요하다는 점이다. 즉 활동시간, 내용, 장소 등은 노인의 신체적 특성과 계절 및 기후조건에 맞도록 결정해야 한다. 그리고 참여자 중 지병이 있거나 가장 허약한 사람을 기준으로 해야 한다.

또 생활체육 지도자는 스포츠활동 이외의 면에서도 노인이 이야기하는 개인적 문제 등을 관심있게 들어주는 자세가 필요하다. 그러한 자세야말로 노인들을 심리적 소외감으로부터 벗어나게 함으로써 생활체육활동의 참목적을 달성해줄 것이다.

제4장

생활체육 지도방법

생활체육 지도방법은 종목의 특성, 참여자의 능력, 참여자의 수, 활동의 목표, 지도자의 특성과 능력, 지도의 전반적 환경 등과 같은 요인에 의해서 결정된다. 여기에서는 생활체육지도에서 사용되는 기술적 요소와 활동양태 및 활동조직 측면에서 이용되는 구체적인 지도방법에 대해서 설명하고, 생활체육지도에 필요한 단계적 절차와 모형을 제시하였다.

이 장에서 제시된 여러 가지 지도방법은 어느 한 가지만으로는 다양하게 전개되는 생활체육활동의 양태에 효과적으로 대처할 수 없다. 따라서 앞에서 말한 여러 요인들을 충분히 고려하여 그때그때 활동상황에 적합한 지도기술을 복합적으로 적용할 필요가 있다.

01

지도방법의 선택

지도방법이란 지도자가 지도내용을 참여자에게 효과적으로 전달하기 위해 사용하는 지도의 전반적인 과정과 기술을 말한다. 지도방법은 종목특성, 참여자의 능력, 참여자의 수, 활동목표, 지도자의 특성과 능력, 전반적인 지도환경 등의 요인에 의해서 결정된다.

여기에서는 지도내용의 특성, 지도목표, 참여자의 구성특성 등을 설명한다.

1) 지도내용의 특성

생활체육활동을 다양한 형태로 가르치기 위해서는 여러 가지 지도방법이 적용된다. 개인운동을 지도할 때에는 개인적인 접근이, 단체경기를 지도할 때에는 전체적인 접근이 필요하다. 그러므로 지도방법의 선택은 활동의 내용에 따라 변화가 있어야 한다.

2) 지도목표

지도목표 달성은 지도방법의 선택에 의해서 이루어진다. "참여자들이 활동에서 기대하는 것은 무엇인가?" 참여자들이 운동기능을 습득하는 것이 이 시간의 목표라면, 그 목표를 달성하기 위하여 지도자는 여러 가지 방법을 이용할 것이다. 보다 창조적이고 참여자를 위한 지도자라면 게임상황에서 목표를 달성하려 할 것이며, 따라서 참여자들은 매우 열광적으로 게임을 하게 될 것이다. 지도자는 활동목표를 참여자들의 요구를 들어주면서 달성하도록 해야 한다.

3) 참여자의 구성특성

참여자의 특성·수·능력 등이 지도방법의 선택에 영향을 준다. 이때 남녀 간의 능력차이, 흥미와 관심, 태도 등이 고려되어야 한다. 예를 들면 청소년 수준에서는 참여자들의 다양한 흥미에 따라 여러 가지 지도방법이 적용되어야 한다. 오랜 시간 동안 강의하면 참여자들은 지루한 감만 느끼게 될 것이다.

참여자들 간에 능력차이가 많이 있을 때는 능력에 따른 적절한 방법이 이용되어야 하고, 시설·장비와 장소에 따라 지도방법이 이루어지도록 해야 한다.

그림 4-1은 지도자의 활동 지도방법의 결정에 영향을 미치는 요인이다.

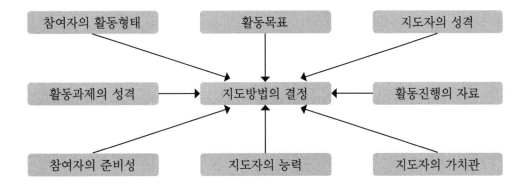

그림 4-1. 지도자의 지도방법 결정에 영향을 미치는 요인

02

지도방법의 기술적 요소

생활체육지도에서 사용되는 지도의 기술적 요소는 강의, 토론, 시범, 연습 등으로 구성된다. 활동의 진행상황과 활동의 특징에 따라 이같은 방법들을 적절히 혼합하여 구사하면 지도효과를 더욱 높일 수 있을 것이다.

1) 강 의

강의는 지식이나 기능을 지도자의 해설에 의하여 참여자에게 전달하고 이해시키는 방법이다. 생활체육 지도현장에서는 종목의 개요·규칙·역사·예절 등 지도내용의 인지적 부분을 가르칠 때나 지도의 도입단계에서 유효하게 적용시킬 수 있다.

강의에서는 참여자들의 주의력을 끌고 유지하는 동시에 참여자들의 자세를 바르게 하고 본 활동참여의 필요성과 중요성을 인식시켜주는 계기가 되어야 한다. 즉 강의는 참여자들의 동기유발을 우선목적으로 하고, 활동과정상 활동의 효율적 전개와 안전에 대한 주의를 환기시킬 때 활용될 수 있다.

한편 참여자로 하여금 활동의 구체적 윤곽과 목표에 대해서 주의를 환기시키고 참여자의 흥미가 더욱 새로워지도록 유도하는 기술이 필요하다. 따라서 강의에 따른 단점을 알고, 그것을 효율적인 방법으로 활용하는 것이 중요하다. 강의는 연기자의 연기기술과 같이 일석이조로 이루어지는 것이 아니므로 끊임없는 연습과 노력에 의해 발전한다.

(1) 강의의 장점

⑴ 강의법은 새로운 과업(단원) 및 작업단원의 도입 시에 유효하다.

㎖ 강의는 참여자가 사용하는 참고자료에 기재되어 있지 않은 사실의 전달, 이해가 곤란한 사항의 설명, 강한 정서를 일으킬 필요가 있을 때 등의 경우에 효율적인 방법이 된다.

㎖ 흥미를 환기시켜 참여동기를 유발시키는 수단이 된다.

㎖ 과거에 일어났던 사실이나 여러 운동상황 등을 생생하게 재현시키는 데 적당한 방법이 된다.

㎖ 전체적인 전망을 줄 수 있는 효과적인 방법이다.

㎖ 보조자료를 활용할 때 강의법은 이해를 더욱 잘 시킬 수 있다.

(2) 강의의 단점

㎖ 30분 이상 지속되는 강의는 참여에게 지루한 감을 준다.

㎖ 지도자의 능력, 특히 지식과 언변에만 의존하게 되므로 지도자의 지식이 절대적인 영향을 준다.

㎖ 참여자의 개성이나 능력이 무시되고 일방적인 주입식 지도가 되기 쉽다.

㎖ 참여자가 강의내용을 분석하지 못하여 중점을 요약하고 파악하지 못할 수도 있다.

㎖ 수동적 활동형태이기 때문에 잘못하면 흥미가 반감될 수 있다.

㎖ 강의가 관념적인 형태로 이루어지면 구체적인 활동방법 습득에 방해가 된다.

(3) 강의 전개의 원칙

㎖ 잘 아는 내용에서 잘 모르는 내용 순으로 전개

㎖ 가장 쉬운 것에서부터 어려운 순으로 전개

㎖ 구체적인 것으로부터 추상적인 것으로 전개

㎖ 특수한 사실로부터 일반적인 원리로 전개

㎖ 과거의 사례로부터 미래의 것으로 전개

㎖ 가까운 것으로부터 멀리 떨어진 것으로 전개

ㅔ) 직접적인 것에서부터 간접적인 것으로 전개

ㅔ) 단순한 것에서부터 복잡한 것으로 전개

ㅔ) 피교육자의 현재 수준과 흥미 위주로 전개

ㅔ) 말과 글만이 아닌 시청각 보조재료의 사용으로 전개

ㅔ) 논리적이고 체계적인 전개

ㅔ) 알기 쉬운 단어의 사용으로부터 외래어와 전문용어의 사용 순으로 전개

ㅔ) 중요점을 강조하고 순조로운 전이로 전개

(4) 강의할 때의 유의점

ㅔ) 친절하고 성의있는 화법을 사용한다.

ㅔ) 참여자가 쉽게 이해할 수 있는 내용과 용어를 사용해야 한다.

ㅔ) 개념적 설명이 아니라 비근한 예를 들어 설명한다.

ㅔ) 강의과정은 동적으로 전개해야 한다. 기승전결의 순서와 항상 기대감을 갖도록 구성한다.

ㅔ) 사전에 내용을 충분히 숙지한 후 그 과정을 계획하고, 사례는 미리 충분히 준비해야 된다.

ㅔ) 강의 도중 참여자의 이해 정도, 흥미, 분위기 등의 반응을 체크하면서 진행한다.

ㅔ) 학습분위기를 긴장시켰다가 부드럽게 조정하기 위해서 유모스러운 표현을 적당히 활용한다.

ㅔ) 일방적인 강의만 계속하지 말고 문답법, 토의법, 특히 시청각지도를 병용해야 한다.

ㅔ) 강의의 속도에 주의하고 생각할 여유를 주면서 강의한다.

2) 토 론

토론이란 어떤 목표와 주제를 설정하고 자유로운 입장에서 자기의견을 발표하고

상호 의존하는 회의방식이다. 토론은 문제점을 명확히 한 다음 협력하여 그것을 해결해야 하므로 개인적 고집을 주장해서는 안 되며, 구성원 전체가 참가하도록 해야 한다. 토론을 할 때에는 논쟁을 피하는 건설적 태도와 협력적·우호적인 분위기 가운데서 문제를 추구하여 최후의 일치점 또는 해결에 도달하는 것이 바람직하다. 따라서 구성원은 각자의 경험이나 사고를 문제에 집중시키며, 참여자 상호간의 의견을 교환한다. 여기에서 문제는 해결되고, 또다시 새로운 고차적인 문제에 부딪치게 되는 것이다.

이와 같은 문제 해결과정에서 협력하면서 발전하는 토론을 올바른 활동과정이 되며, 동시에 협력적인 태도와 실천력을 배양하기도 한다. 물론 토론의 결과가 완전히 일치되는 것은 쉬운 일이 아니다. 그러나 주의깊게 설계된 토론은 의견의 상이점을 조화있게 하고, 토론에 참가한 사람의 사고를 심화시켜 그 집단의 민주적인 분위기 조성에 기여하게 된다.

지도자는 토론에서 자신의 지도방법에 대한 참여자의 의견을 들을 기회를 갖게 되고, 참여자들은 운동기능을 발달시킬 수 있는 아이디어를 발표할 수 있는 기회를 얻게 되며, 합리적인 집단의 운영방안 등이 제시될 수 있다. 토론을 계획할 때 무엇보다 선행되어야 할 것은 토론의 목적을 분명히 설정하는 일이다. 그다음에 토론의 주제와 방식을 선택·결정해야 한다. 이때 참여자들의 능력수준, 흥미나 관심의 정도, 전체활동 내용의 맥락 등을 고려하지 않으면 안 된다.

토론의 주제와 방식이 선택되면 시간계획을 마련해야 한다. 참여자들이 토론주제에 대한 흥미, 토론에 참여하고 싶은 동기를 충분히 느끼고 유발할 수 있도록 사전에 준비를 한다. 만약 시간적 여유가 없다고 해서 재촉하여 막바로 토론에 들어가 서둘러 토론의 결과를 발표하도록 하면 토론은 피상적으로 전개될 수밖에 없을 것이다.

(1) 토론의 장점

⑴ 깊은 생각과 자기의사를 명백히 할 수 있는 기회를 줄 수 있다.

ⅲ) 타인의 의견을 존중함과 아울러 이를 비판적으로 받아들일 수 있는 태도를 기를 수 있다.

ⅲ) 문제에 대한 관심과 흥미를 고취시켜 참여자들의 자발적인 활동욕구가 일어나도록 한다.

ⅲ) 집단의 민주주의적 성격을 조성하는 데 효과적이다.

ⅲ) 집단사고에 의해서 보다 정확하고 광범위한 정보를 얻을 수 있다.

ⅲ) 지도방법, 참여자의 태도, 집단의 운영방법에 대한 유효한 정보를 얻을 수 있다.

(2) 토론의 단점

ⅲ) 회의를 위한 회의로서 형식적인 토론에만 그치고 실제적인 보탬은 적을 때가 있다.

ⅲ) 발표내용보다 발표자에게 중점을 두기 쉽고 감정에 흐르기 쉽다.

ⅲ) 방관적 태도를 갖게 될 수도 있다.

ⅲ) 소수의 의견이 무시되거나 경시되기 쉽다.

(3) 토론할 때의 유의점

ⅲ) 토론문제를 참가자 전원에게 주지시켜 전원이 참가하도록 한다.

ⅲ) 의견발표가 자유롭게 될 수 있도록 분위기를 조성해야 한다.

ⅲ) 전체의 질서를 존중하고 집단구성원의 다수자에게 발언기회를 준다.

ⅲ) 소수의 의견도 경시되지 않도록 한다.

ⅲ) 발표된 개인의 의사에 대하여 집단구성원 전체가 건전한 반응을 보이도록 유도한다.

ⅲ) 중요한 사항에 대해서는 재삼 주의를 환기시킨다.

3) 시 범

참여자가 활동목표로 삼는 좋은 기능을 명확히 파악할 수 있도록 하는 효과적인 방법은 시범이다. 초심자는 우수한 기능의 시범을 보더라도 그것을 바르게 이해하기는 곤란하다. 참여자 자신이 어떠한 것을 보아야 되는지에 대한 목표 및 방법을 잘 모르는 한, 아무리 우수한 모범연기를 보여주어도 그것에서 얻는 이익은 적다. 시범의 목적은 표본을 모방시키는 데 있다. 즉 참여자로 하여금 그의 시기(試技)와 지도자의 모범기(模範技)를 비교하게 함으로써 자기의 잘못을 발견하고 연습에 의하여 그것을 제거하게 하는 데 있다.

시범의 목적은 참여자에게 운동의 전체성을 이해·파악시킬 뿐만 아니라, 그 운동을 좋게 재현하려고 하는 의욕을 높이며, 동시에 그 운동에 대한 관심을 자극하는 데도 효과가 있다. 특히 정신적이며 활기에 넘친 지도자의 시범은 그 운동에 대한 관심이나 흥미를 한층 불러일으키며 명랑한 기분과 감동을 주게 된다.

이제까지의 시범은 지도자가 운동을 보여주면 참여자들이 그것을 기계적으로 아무런 생각도 없이 모방만 하는 것이 보통이었다. 그러나 새로운 시범은 시범된 운동에 대하여 잘 생각하며, 참여자들이 모방하는 데 흥미와 기대를 가지고 사고적이고 창조적인 운동을 재현하게 유도해야 한다.

시범에서 특히 유의해야할 점은 방법과 정확성이다. 시범은 참여자의 능력수준에 적합한 것이 아니면 안 된다. 그리고 시범은 그 목표를 명확히 해야 한다. 이를테면 운동의 전체를 이해시킬 때는 느긋하고 정확하게 하며, 운동의 순서나 일부를 강조할 때는 운동을 느린 속도로 하고, 운동의 완성단계에서는 운동의 강도와 리듬을 강조하여 그 특징을 쉽게 지각하게 하거나 주의를 집중시키는 시범방법의 사용이 효과적이다.

시범을 보일 때에는 다음과 같은 여러 사항에 유의할 필요가 있다.

⑴ 참여자의 숙달정도와 능력에 따라 시범의 복잡성과 세밀도를 가감하여 참여가 적절한 연습목표를 가지게 한다. 그러기 위해서는 2, 3명의 참여자로 하여금

시범을 보이게 하는 것도 좋은 방법이다.

⑾ 부분을 보여주는 것보다 전체적으로 보여준다. 그러나 동작이 복잡하거나, 너무 빨라서 관찰 또는 비교가 곤란하거나, 요점을 지적해야할 경우에는 슬로모션으로 보여주고, 또 적당히 설명을 가하는 것도 좋다. 이 경우에는 관계있는 부분과 연관시키거나 전체의 연관성을 가지게 하는 것이 필요하다.

⑾ 시범자와 참여자의 위치는 시범이 끝나면 곧 연습할 수 있도록 배치한다. 필요에 따라서는 참여자에게 질문을 하거나, 참여자로부터 질문을 받는 것도 좋다.

⑾ 일단 바른 시범을 보여 준 후에 참여자들에게 공통적으로 그릇된 점이 있으면 그것을 보여주는 것도 효과적이다.

⑾ 용구를 사용하여 시범을 보일 때에는 반드시 참여자가 사용하는 용구와 같은 것을 사용한다. 이것은 참여자로 하여금 지도자는 저런 용구로 하니까 잘 된다든지, 전문가이니까 잘 한다든지 하는 느낌을 가지지 않도록 하기 위해서이다.

⑾ 시범을 행하는 시기와 장소, 시범방법은 적합하였는지, 시범은 효과적이었는지를, 시범에 대한 평가를 참여자와 함께 해본다.

4) 연 습

일정한 조건하에서 운동기능이나 기술을 훈련한 경우 대부분 연습량과 기능수준은 정비례한다. 처음부터 기능의 숙달을 기대할 수는 없으며, 연습을 통해서만 완전한 숙달을 기대할 수 있다.

연습이 기술을 향상시키는 데 필수불가결한 요소임에는 틀림없지만, 반면에 잘못을 고정화시킬 우려도 있다. 그러므로 연습과정에서 지도자의 역할은 계속적으로 관찰하고, 거기에서 나타나는 잘못된 점을 수정하여 바로 잡아주는 것이다.

또 지도자는 전체 참여자가 고루 연습기회를 가질 수 있도록 시간·장비·장소 등을 충분히 고려하고, 참여자의 수가 많을 때에는 소집단으로 편성하는 것도 필요하다. 연습량은 운동기능의 향상 정도를 좌우하는 중요한 요건이 된다. 그러므로 참여자로 하여금 반복의 지루함을 잊고 충분한 연습량을 갖도록 흥미를 유발시키는 지도기술이 필요하다. 소집단을 통한 경쟁의식, 승리욕구 등을 이용하는 것도 연습 목표를 달성할 수 있는 효과적인 방법이다.

운동연습을 시킬 때에는 먼저 운동내용이 참여자의 발달과 능력의 정도에 적합한 것이냐 아니냐를 잘 확인해야 한다. 운동내용에는 참여자들의 욕구와 사고를 자극하는 새로운 요소가 내포되어 있어야 한다. 만약 운동내용이 참여자의 발달과 능력의 정도에 적합하지 않고 너무 높으면 활동전개는 잘 되지 않고 무리하게 되어 위험을 초래할 수 있다. 또, 반대로 너무 낮으면 활동 자체에 대한 흥미와 의욕을 잃고 연습참여가 소극적으로 되기 쉽다. 그리고 연습의 초기단계에서는 지도자의 지도 및 원조 아래 연습하며, 연습이 진행됨에 따라 자율적으로 연습할 수 있게 지도하는 것이 좋다.

활동의 종결부분에서 항상 연습이 절정에 이르도록 함으로써 참여자들이 좀 더 계속하고 싶다는 욕망이 들도록 할 필요가 있다. 또한 새로운 기능에 대한 여운과 기대가 남겨지도록 하면 더욱 연습효과를 높일 수 있다.

다음은 지도자가 연습을 지도할 때 주의해야할 사항이다.

- 연습은 되도록 경기상황과 유사하게 전개해나가도록 한다. 기계적인 동작의 반복보다는 항상 경기상황을 생각하면서 연습하도록 한다.
- 참여자가 직접 연습의 필요를 인식하고, 또 흥미를 갖고 달성하려고 하는 동기가 있지 않으면 무의미한 기계적 연습에 그치기 쉽다.
- 연습의 흥미를 높이기 위해서는 연습과정에 반드시 경쟁적 요소를 포함시켜 다양하게 이루어져야 한다.
- 연습은 전체 참여자가 모두 참여할 수 있도록 한다. 만약 활동과제가 여러 파트로 나누어지게 되면 그룹으로 편성하여 연습하도록 하고, 모든 시설과 기구를 최대한으로 이용하도록 계획한다.
- 연습은 참여자의 이해를 기초로 하지 않으면 안 된다. 실제연습에 들어가기 전에 이에 대한 충분한 이해가 있어야만 참여자가 용이하게 기술습득을 할 수

있다.

ⅶ) 연습은 개인차를 적용하여 행해져야 한다. 개인은 성숙·기질·능력에 차이가 있으므로 연습은 개인의 표준속도 또는 개인의 목적에 따라서 행하지 않으면 안 된다.

ⅷ) 연습과정에서 참여자 상호간의 스스럼없는 충고가 이루어지는 분위기가 조성되어야 한다.

ⅸ) 연습으로 활동시간 사용해서는 안 된다. 적당한 게임을 통하여 기능숙달을 시험해볼 수 있는 시간도 있어야 한다.

ⅹ) 연습은 간단한 것에서 복잡한 것으로, 쉬운 것에서 어려운 것으로 단계적으로 해야 한다.

ⅺ) 지도자는 연습상황을 돌아보면서 개인적인 교정과 칭찬을 한다.

ⅻ) 연습은 참여자들이 성공의 기쁨을 느낄 수 있도록 상당 기간 동안 한다.

ⅻ) 연습은 참여자의 기술숙달이 명확하도록 행해져야 한다. 연습한 후에는 지도자의 평가, 참여자 간의 평가, 자기 자신의 평가 등에 의하여 노력한 결과나 숙달상태를 명확하게 할 필요가 있다. 그 결과 성공이나 실패인지를 알게하면 연습을 개선하는 유력한 동기가 될 것이다.

ⅻ) 연습시간의 분배를 합리적으로 해야 한다. 연습시간을 너무 길게 하면 피로를 증가시키고 흥미를 잃게 하기 쉬우므로 되도록 짧게 연습하고 연습간격을 적당히 잡아야 한다. 이 간격이 너무 길어도 망각의 우려가 있으며, 성적이 나빠지기 때문에 점차적인 성숙에 따라 연습시간은 짧고 간격은 길게 하는 것이 효과적이다.

ⅻ) 틀린 것을 반복하지 않도록 해야 한다.

ⅻ) 잘못된 동작과 바른 예를 수시로 비교시키며 연습하게 한다.

03

지도방법의 유형

생활체육활동은 지도자와 참여자의 공동활동에 의하여 성립되는 것이므로 양자의 인간관계가 활동 전체의 중요한 요소가 된다. 지도는 1 : 1로도 하지만, 대부분 집단으로 하므로 지도자 대 참여자의 관계뿐만 아니라 참여자 대 참여자 상호간의 인간관계도 일어나게 된다. 이같은 인간관계에 의해서 생활체육활동은 일정한 의사소통 구조를 가지게 된다.

한편 생활체육활동은 행함으로써 배우는, 즉 경험을 재구성하여 배우는 활동과정이므로 자연히 종합적인 생활활동이어야 한다. 따라서 생활체육활동에서 지도기술은 매우 다양하게 적용될 필요가 있게 된다. 즉 어느 한 가지 형태의 지도기술만으로 집단의 인적 구성 · 욕구 · 활동양태 등이 다양한 생활체육활동을 효과적으로 지도할 수 없을 것이다. 생활체육지도방법은 활동장소와 시간 · 대상 · 지도내용에 따라 그때그때 필요한 방법을 적합하게 활용해야 한다.

일반적인 스포츠지도방법은 활동면에서 볼 때는 지시적 지도방법, 과제방식, 문제해결 방식, 시청각적 방법이 주로 이용되고, 조직편성면에서 볼 때는 일제지도, 개별지도, 분단지도 등의 형태가 있다.

1) 활동면에서 분류한 지도방법

(1) 지시적 지도방법

지시적 지도방법은 스포츠 지도현장에서 가장 일반적으로 이용되는 지도방법이다. 이것은 참여자가 할 수 있을 것으로 예상되는 결과를 지도자가 예측하고, 그 결과를 유도해내기 위해 언어적인 지시방법을 통해 활동내용을 편성하고 제시하는 방법이다. 예를 들어 어떠한 동작을 20번 반복하라고 했을 때, 지도자는 참여자가 그 동작을 20번 반복함으로써 기술이 숙달될 것을 기대하고 지시한다. 또 수영의 크롤 스트로크를 처음 가르칠 때 한 팔 젓기를 완전히 끝낸 후에 다음 팔 젓기를 시작하도록 하는 것은 너무 빨리 팔을 저을 때 나타나는 리듬상실과 추진력 저하를 예상하고 초보자에게 그렇게 하라고 지시하는 것이다.

지시적 지도과정에서 가장 유의해야할 점은 그 지시가 지도자의 일방적인 명령투가 되어서는 안 되며, 참여자가 해보고 싶은 의욕이 살아나도록 해야 한다는 점이다. 즉 어떤 동작을 참여자가 단순히 반복하도록 지시하기보다는 사전에 그 동작의 필요성과 중요성에 대해 충분한 인식이 이루어지도록 하고 "자! 이렇게 하도록 합시다."라는 어투를 사용하는 것이 더욱 효과적이다.

지시적 지도방법의 지도과정은 우선 지도자가 동작의 중요성·방법 등을 간단히 설명한 다음 그것이 어떠한 상황에서 실현되는지 시범을 보인다. 이때의 시범은 설명과 병행될 수도 있으며, 설명 이전에 시범이 선행될 수도 있다. 참여자들은 설명과 시범을 참조로 하여 연습을 한다. 연습 초기에는 시범자와 똑같이 행하도록 하고, 점차 익숙해짐에 따라 지도자의 구령이나 호각에 따라 일제히 연습하거나 한 사람씩 순서대로 연습을 한다. 이때 지도자는 잘못된 점을 지적하고, 그에 대한 보충설명을 하고, 필요하다면 반복해서 시범을 보여준다.

연습과정 중 지도자는 순회하면서 개인적인 평가를 하고 잘못된 동작은 즉시 지적을 하여 참여자 스스로 교정을 해나가도록 유도한다. 이때 참여자는 지도자로부터 계속적인 피드백을 제공받게 된다. 활동종결 시에는 활동내용을 전체적으로 종합하여 평가해주고, 참여자들의 질문에 대답해주고 다음 활동내용과 준비에 대해 알려주어 다음 활동의 참여에 대한 기대감을 갖도록 해준다.

지시적 지도방법에는 다음과 같은 이점이 있다.

⑴ 지도자의 지시에 의해 활동이 진행되므로 통제가 용이하고 진행이 일사불란하게 이루어지고 시간을 절약할 수 있다.

⑵ 지도자는 목표하는 기능에 가장 적합한 기술적 요소를 지시하므로 목표달성이

쉽다.

ⅶ) 참여자들은 지도자의 의도를 정확히 이해하여 행동할 수 있다.

ⅷ) 힘이 드는 반복적 동작의 연습에 효과적이다.

(2) 과제방식

과제방식은 참여자의 능력에 따라 과제를 제시하여 각자 목표에 도달하도록 하는 방식이다. 이 방법은 구성된 참여자들이 연령별·성별·능력의 차이가 많이 있을 때 적합하다.

과제방식에서는 지시적 방식에서와 마찬가지로 지도자가 무엇을 어떻게 할 것인 가를 결정해야 한다. 그러나 활동장소, 언제 중지할 것인가에 대한 시간조절 문제, 과제수행 속도 등과 같은 몇 가지 조작적인 문제에 대한 결정은 통제하지 않는다. 이것은 연습을 할 때 참여자들이 보다 자유로움을 느끼며 책임감을 갖게 하고, 집단 내의 사회적 상호작용을 원활히 하게 한다. 그러나 참여자들은 자신들이 할 것을 스스로 선택할 수 없고, 수행방법을 다양화할 수 없다.

지도자가 과제를 부여하면 참여자는 자신의 페이스에 맞게 반응한다. 피드백은 전체적으로 주어지든가, 아니면 개인별로 주어지기도 한다. 지도자는 과제를 선정 하여 말이 아닌 글로 참여자들에게 제시할 수도 있다. 여러 수준의 난이도를 가진 과제가 참여자들의 준비수준에 맞추어 할당되기도 하며, 또는 참여자들이 선택하기 도 한다.

한편 과제는 혼자서 수행하든지, 아니면 둘이 짝을 지어 한 사람은 과제를 수행하 고 한 사람은 평가하기도 한다. 또, 몇 명으로 소집단을 구성하여 과제를 수행할 수 도 있다. 지도자가 시범과 설명을 통하여 집단에게 과제를 제시하면 참여자들이 과 제를 수행하게 된다. 지도자가 장시간에 걸쳐 학습자가 해결해야할 일련의 과제들 을 준비하고 참여자가 평가에 대해서 보다 책임감을 갖게 되면, 그것은 개별 프로그 램이 된다.

과제방식을 적용할 때에는 다음과 같은 사항에 유의한다.

⑴ 참여자 전원에게 동일한 과제를 주는 것보다는 개인차, 남녀차에 따라 주는 것이 좋다.

⑴ 과제라고 하면 무엇인가 자유를 속박하는 부담처럼 느껴지기 쉽고, 활동의 참가를 회피하는 사람도 있으므로 흥미를 가지고 자발적으로 실시할 수 있게 지도한다.

⑴ 활동내용이 확실한 것을 과제로 주어야 한다.

⑴ 창조적 활동을 자극할 수 있는 과제를 주는 것이 좋다.

⑴ 수행하는 데 필요한 순서를 마련하여준다.

⑴ 과거의 경험에 관련된 과제를 주는 것이 좋다.

⑴ 진보나 성공의 판정이 명확한 과제를 선택하여 준다.

⑴ 곤란도와 소요시간을 잘 고려하여 적당한 과제를 준다.

⑴ 과제를 줄 때는 장비나 기구가 과제의 내용과 잘 연결되도록 한다.

과제의 종류로는 양적 과제와 질적 과제가 있는데, 농구지도를 예를 들어 양적 과제를 소개하면 다음과 같다.

⑴ 과제 1······10번의 자유투 중 5개 성공

⑴ 과제 2······일정 거리에서 세트슛 10개 중 5개 성공

⑴ 과제 3······10번의 레이업슛 중 5개 성공

⑴ 과제 4······달려 나가면서 패스를 받아 점프슛 10번 중 5번 성공

질적 과제는 원 핸드 셋 슛(one hand set shot)이나 레이업슛 시 참여자의 속도나 동작의 정확성을 의미하는 것이며, 양적 과제는 참여자의 수행이 어느 정도 질적인 측면의 수준에 도달했을 때 제시하는 것이 바람직하다. 그렇지 않고 초보자에게 바로 양적 과제를 제시하면 잘못된 폼이 형성되기 쉽다.

만일 참여자 수가 많고 장소와 장비가 제한되어 있다면 여러 그룹으로 나누어 각 그룹마다 과제를 달리해서 제시하는 것이 효과적이다. 예를 들어 한 그룹에는 레이

업숏을 하도록 하고, 다른 그룹에는 드리블이나 패스, 다른 그룹에는 피벗이나 풋윅을 과제로 제시한다.

(3) 문제해결 방식

스포츠 지도에서 문제해결 방식의 지도는 주로 청소년층에게 사용하는 것이 바람직하다. 왜냐하면 이 연령층의 심리적 특징은 창조의욕이 왕성하고 탐구성향이 강하여 문제를 해결하는 데 따른 성취욕구의 충실도가 매우 높기 때문이다.

이 방식으로 지도할 때는 하나, 또는 그 이상의 해결방법을 생각해낼 것으로 기대되는 참여자를 위하여 하나의 문제를 준비한다. 참여자는 탐색과 실험과정을 통하여 문제를 해결한다. 문제는 다양한 수준의 난이도를 가진 것이어야 하며, 여러 가지 하위문제들을 가지고 있어야 한다. 여러 가지 대안적인 해결책이 있을 수 있다. 그러나 상황에 따라 참여자에게 가장 적합하고 가장 올바른 하나의 해결방법이 있을 수도 있다.

지도자는 문제를 준비하는 과정에서 참여자의 준비성을 명확히 파악하고 있어야 한다. 참여자는 문제해결을 위한 지식·기능을 가지고 있어야 한다. 그들은 가능한 해결방법들을 찾아서 그것들을 테스트해 보고, 마지막으로 적절한 해결방법을 선택할 수 있는 인지적인 준비상태가 되어 있어야 한다.

문제는 구성요소의 수, 관련되는 사람의 수 등에 따라 복합도가 다양하다. "저 바스켓에 공을 던져 넣을 수 있는 방법은 몇 가지나 있겠는가?"라는 물음은 진정한 문제해결 방식을 제공해주지 않는다. 문제해결 방식은 탐색이다. 그것은 "한 손만을 사용하여 공이 바스켓에 들어가기 전에 백보드를 맞춰 공을 바스켓에 던져 넣을 수 있는 방법을 이용하라."와 같은 보다 제한적인 방식으로 주어져야 한다. 최초의 탐색행위는 공이 바스켓에 들어갈 수 있는 확률이 가장 높은 백보드의 지점·공을 놓는 각도 등을 결정하거나, 공이 백보드까지 가기에 충분한 정도의 힘이 사용하기에 가장 편리한 방법을 참여자가 가능한 한 빨리 알 수 있도록 하는 데 도움을 줄 것이다.

문제를 준비하고 난 후에 지도자가 해야 할 역할은 다음과 같다.

⑾ 참여자가 도움을 청할 경우 도움을 위한 자료 제공

⑾ 독자적으로 문제를 해결하지 못하는 참여자들을 돕기 위하여 하위 문제를 만들어 놓거나, 또는 가장 훌륭한 해결방법을 선택하도록 도와주는 것

⑾ 전 과정을 거치는 동안 피드백과 강화를 제공해주는 것

문제해결 방법에서 이용되는 일반적인 운동기능 지도형태는 다음과 같다. 즉 지도자가 운동기능을 소개하면서 "그 기능으로 성취해야만 하는 것이 무엇이다."라는 형식으로 문제를 제시한다. 그러면 그 집단은 문제를 해결하기 위한 실험을 실시한다. 실험이 끝나면 참여자들과 지도자는 동료 참여자의 행동을 관찰하고 그 과정을 토론한다. 이 과정을 통하여 자신의 수행을 평가할 수 있는 기초가 마련된다. 지도자가 돌아다니면서 개별적인 지도를 하는 동안 각 참여자들은 각자 자신의 기술을 세련되게 하기 위하여 계속 연습을 한다. 이 과정에서 참여자들은 문제를 분석·인지함으로써 운동방법의 원리를 깨닫게 된다.

방식의 단점은 지시적 방법보다도 많은 시간을 요하게 된다는 점이다. 그러나 참여자 스스로 어떤 운동기능의 수행방법을 스스로 발견하게 된다면 그 효과는 매우 크고 지속적인 것이 된다. 문제해결 방식의 지도기술은 지도자가 기술의 계통과 요점은 명확하게 숙지하고 있어야 하며, 문제를 계통성 있게 준비하기 위한 노력과 성의를 필요로 하며, 활동과정이 산만하게 되지 않도록 운영기술이 높아야 한다.

다음은 농구를 예로 들은 문제의 유형이다.

⑾ 장신인 상대수비가 밀집되어 있을 때 적합한 패스는?

⑾ 러닝슛의 마지막 스텝을 높게 홉(hop)하는 이유는?

⑾ 슛동작에서 볼에 스핀을 주는 방법과 그 이유는?

⑾ 패스를 할 때 자기 편이 볼을 정확히 잡고 다시 신속하게 패스하도록 하기 위해서 자기 편의 어느 위치로 볼이 가도록 해야 하는가?

⑾ 볼을 가졌을 때 다음 동작을 가장 안전하고 신속하게 취하기 위한 자세는?

⑾ 스크린 플레이를 하는 목적과 방법에는 어떠한 것이 있는가?

(4) 시청각적 방법

생활체육을 지도할 때 시청각자료의 활용은 매우 효과적인 지도방법이라 할 수 있다. 시청각자료는 참여자의 시각과 청각에 직접 호소하기 때문에 대부분의 활동이 감각계통을 통해 이루어지는 생활체육지도에서는 활용가치가 매우 높다. 선진 각국에서는 운동기능을 지도할 때 비디오, 슬라이드 등의 시각매체를 널리 이용하고 있다. 특히 어떠한 동작의 슬로모션을 통해서 세밀한 동작을 분석할 수 있고, 관찰하고 싶은 부분을 몇 번이라도 반복해서 보거나 정지시켜서 볼 수 있다는 이점이 있다. 또 지도자의 시범이 정확하지 못할 때에는 이러한 시청각자료를 통해서 보다 정확한 폼(form)을 모델로서 제시할 수 있다.

시청각자료를 이용할 때에는 다음과 같은 사항에 유의해야 한다.

- 시청각자료는 지도의 보조물로 이용되어야 하며, 지도의 대용물이 되어서는 안 된다.
- 시청각자료와 설비는 지도목표에 비추어 합당한 것을 신중히 선택하여야 한다.
- 지도자는 다양한 자료가 갖는 특수한 기능을 잘 알고 있어야 한다.
- 참여자의 흥미나 관심, 그리고 경험이나 능력에 맞는 자료를 사용해야 한다.
- 시청각자료는 보충적인 것이기 때문에 그냥 보여주는 데 그쳐서는 안 되며, 명확한 지도목표를 위해 최대한 효과적으로 이용해야 한다.
- 지도의 효과를 살리려면 너무 많은 자료를 한꺼번에 사용하지 않아야 한다.

2) 조직면에서 분류한 지도방법

(1) 일제지도

일제지도는 집단구성원 모두가 일제히 활동하도록 하는 지도방식이다. 이 지도방식은 모든 참여자에게 공통되는 기초적 내용을 지도할 때 주로 이용된다. 좁은 장소에서 짧은 시간에 할 수 있는 준비운동·정리운동·보조운동이나 새로운 내용을 지도할 때, 시설 및 용구가 부족할 때, 참여자의 자발성이 부족할 때 사용되는 지도방법으로 적합하다.

일제지도를 할 때 지도수준은 참여자의 중간능력 정도로 해야 하며, 요구수준이 너무 높거나 너무 낮으면 학습의욕을 감퇴시키거나 운동을 싫어할 수가 있으므로 특히 유의하여야 한다.

일제지도는 때에 따라서는 개인차를 무시하고 획일적으로 되어 깊이 없는 지도가 되어 흥미를 상실하고 자발성을 감퇴시키는 단점이 있다. 또, 일제지도는 집단 전체를 지도자가 중심이 되어 지도하는 형태이므로 여러 가지 지시나 집단 전체의 토론도 지도자 중심의 지도형태가 되기 쉽다. 그러므로 유능한 지도자는 참여자의 요구를 알고 활동상황을 정확히 파악하여 주체적인 활동장면을 구성할 수 있어야 한다.

일제지도의 장점과 단점은 다음과 같다.

① 일제지도의 장점

⑴ 단시간에 많은 내용을 체계적으로 지도할 수 있다.

⑴ 단시간에 많은 참여자를 비교적 좁은 장소에서 지도할 수 있다.

⑴ 새로운 지도내용을 지도하는 데 효과적인 방법이다.

⑴ 시설이나 용구의 부족에 크게 구애되지 않고 지도할 수 있다.

⑴ 복잡하고 어려운 내용에 대해 요점을 명백히 지도할 수 있다.

⑴ 같은 지도내용을 참여자의 상태에 따라 자유로이 변화시켜 효과적인 활동으로 이끌 수 있다.

② 일제지도의 단점

⑴ 참여자는 지도자의 설명만을 맹종하여 스스로 활동할 기회가 없고 수동적으로 되기 쉽다.

⑴ 활동의 주체가 참여자보다는 지도자 중심이 되기 쉽다.

⑴ 지도자의 능력에 따라 활동내용이 크게 좌우된다.

⑴ 참여자의 개성이나 능력이 무시되는 획일적 지도가 되기 쉽다.

ⅲ) 개인의 요구에 응하기 어려우며 흥미를 지속시키기가 어렵다.

(2) 개별지도

개별지도는 지도 및 활동을 개별화함으로써 개인별 능력의 다양성을 고려할 수 있으며 참여자들의 활동이 개성적이며 주체적으로 이루어지도록 하는 지도방법이다. 지도자가 개별적으로 참여자와 접촉함으로써 숙달정도를 이해하고, 기술습득의 지연이나 연습방법의 오류를 도와줄 수 있는 중요한 측면을 지니고 있다.

한편 참여자의 활동양태는 집단 내에서 보충이나 확인을 통해 질적으로 한층 더 향상된다고 볼 때, 개별지도와 일제지도는 분리·대립될 것이 아니라 지도자의 일정한 계획과 통찰에 따라 적절히 관련시켜서 지도할 필요가 있는 것이다. 즉 기술을 요하는 수영을 지도할 때 일제지도를 하면서 개개인의 동작을 보조 또는 구두로 개별지도를 할 수도 있다. 또 분단지도 시에도 다른 분단에게는 단체경기를 과하고 일개 분단만 기술적인 운동을 개별로 지도한다든지, 지도자를 대신하여 기능이 우수한 참여자로 하여금 개별지도를 시키는 경우도 있다.

개별지도의 장점은 참여자의 능력에 따라 적절한 지도방법을 적용할 수 있고, 참여자 자신의 참여의욕을 극대화시킬 수 있다는 것이다. 단점은 다수의 참여자로 이루어진 집단일 경우 시간적으로 능률이 오르지 않는다는 점이다.

개별지도를 주로 이용하게 되는 경우는 다음과 같다.

ⅰ) 참여자 개개인의 능력차가 심하게 나타날 때

ⅱ) 특별히 우수하거나 열등한 사람이 있을 때

ⅲ) 기타 개인적으로 문제가 있는 참여자를 지도할 때

(3) 분단지도

분단지도는 집단을 여러 소집단으로 나누어 지도하는 형태로서, 개별지도의 장점을 살리는 동시에 일제지도의 능률적 지도방식의 장점도 활용하는 방법이다. 분단지도에는 참여자의 능력, 종목의 특성, 시설장비의 상태에 따른 고려 등이 필요하다.

분단 편성의 장점은 다음과 같다.

⑴ 참여자 전원에게 활동과제 해결에 공헌할 수 있는 기회가 주어진다.

⑴ 참여자로 하여금 자발적 활동을 하게 하는 효과가 있다.

⑴ 개인차가 잘 나타나는 종목의 경우에는 능력이 같은 참여자들을 동일집단으로 합쳐서 활동을 지도할 수 있으므로 자연히 그 효과가 잘 오른다.

⑴ 릴레이나 단체경기에서는 능력이 같은 분단을 만듦으로써 경쟁의식이나 학습 의욕을 높여주는 효과가 있다.

⑴ 참여자에게 활동정도를 비교하며 서로 지도하는 기회가 많이 주어진다.

⑴ 지도성과 협력성을 육성하는 데 효과적이다.

분단지도의 단점은 다음과 같다.

⑴ 분단지도의 운영기술이 부족하면 시간적으로 비효율적이 되기 쉽다.

⑴ 능력별 편성 시 우월감이나 열등감이 형성될 위험이 따른다.

⑴ 개별지도에 비하여 개인적인 지도를 철저히 할 수 없다.

⑴ 분단 간에 경쟁의식이 지나쳐 적대감이 생길 우려가 있다.

⑴ 지도력이 분산되며, 관리를 충분히 할 수 없다.

분단으로 집단을 나누는 방법은 크게 능력별 편성, 균등별 편성의 두 가지가 있다.

① 능력별 편성

능력별 편성은 능력이 같은 참여자끼리 모아서 분단을 편성하는 방법으로, 개인차가 심하게 나타나는 기계체조 · 수영 · 육상경기의 높이뛰기 · 투기 등의 기능향상을 위한 학습지도에 적합하다. 분단 내에서는 능력이 같으므로 서로 자극을 주고받을 기회가 많으며, 학습의욕이 높아지고 지도하는 데 비교적 변화가 적고 능률이 오른다. 그러나 분단에 의한 우열이 명백하므로 분단 간에 우월감 또는 열등감을 갖기 쉽다.

능력별 편성에 의한 분단지도 시의 유의점은 다음과 같다.

- ⑴ 각 분단의 능력에 따라 활동내용을 제시한다.
- ⑵ 각 분단에는 리더를 두고 자율적으로 연습하게 한다.
- ⑶ 지도자는 되도록 개인적으로 지도하는 기회를 많이 가진다.
- ⑷ 적시에 검사를 하여 상위의 분단으로 끌어올린다.

② 균등별 편성

균등별 편성은 분단 간의 능력은 균등하나 개인차가 심한 참여자가 같은 분단에 혼합되어 있으므로 분단끼리 경쟁하는 구기·릴레이경기 등과 같은 단체경기의 기능향상을 위한 지도에 적합하다.

각 분단의 능력이 비슷하므로 경쟁에 열의가 있어 효과적인 지도가 될 수도 있다. 능력이 우수한 참여자와 능력이 낮은 참여자가 상부상조하는 기회가 많아 협동단결의 민주적 집단 분위기를 조성할 수 있으며, 자발적·자치적인 집단활동을 조장하여 능률향상을 기할 수 있다. 그러나 같은 분단 안에서 개인적으로 우월감 또는 열등감을 갖기 쉬워 단합을 깨트릴 수도 있다. 또 능력이 낮은 사람으로 인하여 자기편이 진다고 하며, 비난이나 배척할 염려가 다분히 있다.

균등별 편성에 의한 분단지도 시의 유의점은 다음과 같다.

- ⑴ 분단의 단결을 통하여 상부상조하는 협력적 분위기를 조성하는 데 효과가 있으므로 분단은 어느 정도 고정해 두고 상당한 기간 계속시킨다.
- ⑵ 각 분단마다 그 분단의 결점을 보충하고 장점을 신장하기 위한 연습을 자발적·적극적으로 행하도록 유도한다.
- ⑶ 지도자는 각 분단의 결점 및 장점을 잘 발견하여 파악하고, 그것에 적절한 연습방법이나 전술 등을 지시해준다.
- ⑷ 능력이 우수한 참여자와 능력이 열등한 참여자 모두 친절하게 지도해주며, 기꺼이 지도를 받는 그러한 좋은 분위기를 조성해준다.
- ⑸ 참여자 개개인의 능력을 상세히 조사·파악한 다음 균등한 실력을 가진 분단을 편성한다.

04

생활체육 지도절차

여기에서는 생활체육지도의 총괄적인 지도모형과 지도절차에 대해 상세히 살펴보기로 한다. 생활체육지도의 모형은 다음과 같은 단계로 구분하고, 대상 및 종목의 특성에 따라 적절하게 변형한다.

1) 목표설정

목표설정은 다음에 이어지는 활동계획과 진단 · 지도와 평가라는 지도과정의 절차에서 가장 먼저 시작되는 출발점이다. 이러한 목표의 설정은 지도자의 지도방법과 참여자의 활동내용, 그리고 평가방법을 우선적으로 결정하는 중요한 단계이다.

목표는 참여자의 능력을 충분히 고려하여 달성 가능하거나 달성함으로써 성취감을 맛볼 수 있는 수준으로 정하고, 참여자의 활동의욕과 흥미를 높이기 위해서 목표설정과정에 참여자의 의견이 반영될 수 있도록 한다.

목표를 설정할 때 유의할 사항은 다음과 같다.

⑴ 참여자가 이해하고 달성할 수 있도록 구체적으로 설정한다.
⑵ 목표는 과학적인 원리를 바탕으로 객관성 있게 세워야 한다.
⑶ 목표는 과거의 경험에 근거를 두고 설정하여야 한다.
⑷ 참여자의 성별, 연령, 능력, 흥미 등을 고려한다.

2) 계획단계

계획단계에서는 지도자가 한 종목이나 활동의 어느 단계의 지도를 위한 준비로서 활동과제를 분석하거나 지도계획을 짜는 단계이다. 즉 활동목표와 내용을 확인하고 집단과 집단을 둘러싸고 있는 여러 환경을 고려하여 알맞은 계획을 수립하는 단계이다.

활동계획을 수립할 때에는 집단과 관련기관의 자원을 최대로 활용하고 활동의 진행이 단절되지 않고 연속적으로 이루어지도록 해야 하며, 활동목표에 가장 부합되도록 하여야 한다.

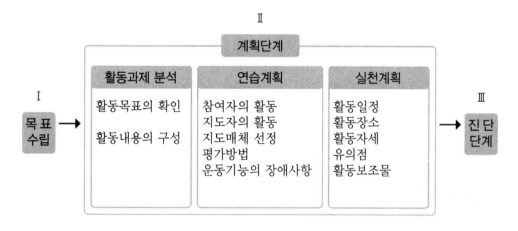

그림 4-1. 생활체육지도의 계획단계

3) 진단단계

진단단계에서는 가르치려고 하는 운동종목에 대해 참여자의 학습능력을 예진하려는 것이다. 진단단계에서는 활동내용의 정보·방법 등을 가능한 여러 가지로 제시하여 참여자들의 요구에 맞는 프로그램을 작성하여 최종적인 기술활동의 수준을

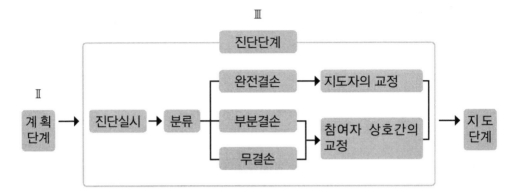

그림 4-2. 생활체육지도의 진단단계

알기 위한 진단이 필요하다.

진단의 내용은 활동형태, 운동기능의 수준, 단원목표 달성 등이다. 진단결과에 따라 완전결손, 부분결손, 무결손으로 분류하여 소집단을 구성한다. 무결손집단은 부분결손집단과 상호 협조에 의한 교정이 이루어지도록 하고, 완전결손집단은 지도자가 직접 지도하는 것이 바람직하다.

4) 지도단계

지도단계는 준비 · 탐색 · 발전 · 연습 · 정착의 다섯 단계로 나눌 수 있다. 이 단계

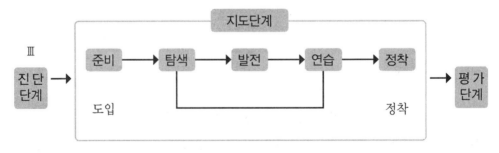

그림 4-3. 생활체육지도의 지도단계

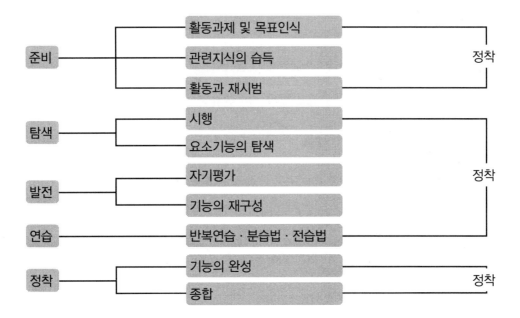

그림 4-4. 세분화된 지도단계

에서는 운동기능의 지도를 주로 하되, 운동의 특성과 규칙 · 태도 · 전술 등에 대한 지도도 포함되어야 한다.

각 과정에서 일어나는 활동을 구체적으로 설명하면 다음과 같다.

(1) 준비과정

준비과정은 활동과제 및 목표인식, 관련지식의 습득, 시범활동 등이 이루어지는 지도의 도입단계이다.

- ⑴ 지도자는 참여자들이 어떤 운동의 기술을 배울 것인가를 제시하고, 여기에 따른 목표를 설명해준다.
- ⑵ 운동기능과 관련된 운동방법, 경기규칙 등을 설명해준다.
- ⑶ 활동과제에 대한 시범을 보인다.

(2) 탐색과정

시범을 보면서 실제로 해보고, 요소기능에 대해 탐색하는 과정이다.

㎖ 참여자는 지도자의 시범을 그대로 모방하여 시행해본다.

㎖ 요소기능을 하나하나 부분적으로 나누어 연습한다.

(3) 발전과정

㎖ 참여자 스스로 동료와 비교하거나, 지도자의 평가에 의해 운동기능의 습득 정
　도를 평가한다.

㎖ 올바른 동작을 한 참여자에게는 격려를 통해 동기를 강화한다.

㎖ 평가에 의해서 얻어진 결과에 따라 잘못된 것을 버리고, 기능의 교정을 시도
　한다.

(4) 연습과정

발전과정을 거쳐 재구성된 기능을 그 종목의 특성에 따라 분습법 또는 전습법에
의하여 반복연습하는 단계이다. 이 단계에서는 앞서 지도한 활동내용과 관련시켜
연습하도록 하고 기본적인 체력요소도 함께 향상되도록 지도한다.

(5) 정착과정

정착단계는 기능을 완성시키고 자동화시키는 단계이다.

㎖ 반복연습에 의해 훈련된 부분 기능을 자동화하게 한다.

㎖ 부분 기능을 종합하여 일련의 운동을 완벽하게 해낼 수 있도록 한다.

5) 평가단계

활동과제에 대한 일정 기간의 지도가 끝났을 때 그동안의 성과를 총괄하여 평가
한다. 지도자의 입장에서 계획대로 활동이 진행되었는지 평가하고 전체적인 활동목

표, 개인별 목표달성의 정도 등을 여러 가지 검사방법에 의해 평가하여 다음 지도계획을 수립할 때 활용한다.

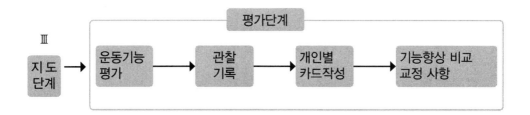

그림 4-5. 생활체육지도의 평가단계

제5장

생활체육 지도계획의 수립

지도계획이란 어떠한 활동목표를 참여자들에게 효율적으로 성취시키기 위하여 수행되어야 할 제반 활동과 요소를 계획하는 행위를 말한다. 다시 말해서 지도계획은 효과적인 활동장면으로 이끌기 위한 사전계획인 것이다

활동의 우연성과 즉흥성이 활동 전반을 주도해서는 안 되며, 보다 많은 참여자들이 목표로 하는 성과에 도달할 수 있도록 하기 위해서는 활동지도에 앞서 충분한 준비와 치밀한 계획을 필요로 한다.

지도계획을 수립할 때 고려해야할 단계적 모형은 활동목표와 내용의 세분화, 참여자의 기본능력 측정, 지도전략의 결정, 활동집단의 조직, 활동시간의 배분, 활동현장과 자료선정, 성취도 평가와 수정을 위한 피드백 등으로 구성한다.

01

지도계획의 의의와 필요성

1) 지도계획의 의의

지도계획이란 어떠한 활동목표를 참여자들에게 효율적으로 성취시키기 위하여 수행되어야 할 제반 활동과 요소를 계획하는 행위를 말한다. 다시 말해서 지도계획은 효과적인 활동장면으로 이끌기 위한 사전계획이라 할 수 있다.

이를 좀 더 구체적으로 풀어서 지도계획이 무엇인지 알아본다면, 지도계획은 다음 세 가지 질문에 대한 대답을 찾는 일이라 하겠다.

- ꃁ 생활체육활동 참여자는 무엇을 배워야 하는가(활동목표)?
- ꃁ 위에서 도출된 활동목표를 참여자들이 획득하도록 하기 위해서 제공될 활동자료는 무엇이며, 그 활동의 진행은 어떻게 해야 하는가?
- ꃁ 참여자들이 활동목표를 성취했는지의 여부를 어떻게 밝히는가?

이러한 세 가지 질문에 대한 대답을 찾는다면 그 찾는 활동이 바로 지도계획을 위한 활동이 되고, 그 활동의 결과로 산출된 것이 지도계획이다. 1년이라는 기간 동안 이 세 가지 질문에 대한 대답을 찾는 활동을 하였다면 연간 지도계획이 되는 것이고, 1주일의 지도를 위해서라면 주간 지도계획이 될 것이다.

위의 세 가지 질문에서 대답은 다음과 같다.

- ꃁ 첫째 질문에 대한 대답……활동의 최종목표를 근거로 하여 그 목표를 보다 분명하게 규정하고, 또 다듬어진 최종 활동목표를 달성하기 위하여 단계적으로 활동이 이루어져야 할 세부 활동목표, 즉 보다 하위수준의 활동목표를 분석하여 보다 명확한 형태로 기술하는 것이다.

⑪ 둘째 질문에 대한 대답……앞에서 분석해 놓은 활동목표를 참여자들이 보다 쉽게, 보다 적은 시간의 투입으로 보다 많은 참여자들이 달성하도록 하기 위해서 어떠한 자료, 어떠한 사람, 어떠한 활동장소, 어떠한 집단조직, 얼마 만큼의 시간배정 등을 계획하는 일이 여기에 속한다. 활동목표를 달성하기 위해서는 다양한 방법과 다양한 지도·활동의 자료가 요구될 것이다. 이때 효과성과 적용가능성을 감안하여 가장 알맞은 것을 선택하여 하나의 체제 속에 통합시키지 않으며 안 된다.

⑪ 셋째 질문에 대한 대답……활동목표에 타당한 평가도구를 제작하고, 이를 언제 실시하며, 그 결과를 어떻게 활용할것인가에 대한 계획을 수립하는 활동이다.

2) 지도계획 수립의 필요성

지도계획을 수립하는 가장 큰 이유는 활동에 들어가기 전에 계획이 수립된 활동은 그렇지 않은 활동보다 활동효과를 더 효과적으로 높일 수 있다는 전제 때문이다. 참여자들이 소기의 활동목표에 도달할 수 있도록 하기 위해서 제공될 활동내용은 너무나 다양하며, 따라서 그 효과도 다양하다. 외부적으로 제공될 활동조건을 가장 적합하게 해주는 일은 치밀한 계획과 사고의 과정을 통해서만이 가능하다. 활동의 우연성과 즉흥성이 활동의 전반을 주도해서는 안 되며, 보다 많은 참여자들이 효과적으로 활동목표에 도달할 수 있도록 하기 위해서는 활동을 지도하기 전에 충분한 생각을 통해 치밀한 계획을 세워야 한다.

이러한 전제하에서 지도계획의 필요성이 강조되는 이유는 다음과 같다.

⑪ 오늘날 생활체육활동의 양태는 매우 다양하고 끊임없는 변화의 양상을 띠고 있다. 이에 따라 생활체육 지도현장에서 계속적으로 유입되는 정보의 양도 급격히 늘어나고 있다. 생활체육 지도자는 이러한 변화의 추세를 민감히 받아들여야 하지만, 수집된 정보를 무조건적으로 전달하는 데는 문제가 따른다. 그러므로 그것을 참여자의 능력과 수준, 활동의 여러 조건, 자신의 지도 스타일

등에 맞게 재구성하고 편집하는 과정이 필요하다. 즉 어느 것이 낡은 기술이고, 어느 것이 새로운 기술인지를 분간해내고, 새로운 기술이라면 그것이 충분히 설정에 맞고 타당한 것인지를 파악하여 활동이 시작되기 전에 무엇을 가르치고 무엇을 뺄 것인지를 결정해야 한다. 이 일이 바로 지도계획에서 이루어져야 될 일이다. 따라서 지도계획은 활동목표와 자료를 정선한다는 측면에서 꼭 필요한 활동이라 하겠다.

⑴ 참여자의 개인차를 최대한 고려한 지도가 이루어져야 한다. 참여자의 개인차를 고려한 지도를 하기 위해서는 활동이 이루어지기 전에 참여자 개개인에 대한 지도자의 진단을 바탕으로 치밀한 계획이 이루어져야할 것이다. 참여자들의 개인차를 고려한 지도를 하기 위해서는 각종 지도매체(장비, 기구)뿐만 아니라 어떻게 참여자를 조직하고 활동장소를 어떻게 활용할 것인가에 대한 구체적인 계획이 있어야 한다.

⑴ 운동기술 습득상의 오류나 실패는 쉽게 교정하거나 되돌리기가 어렵다. 더구나 한 집단의 참여자가 잘못 배운 것을 모두 고쳐서 다시 교정하는 일은 더욱 어렵다. 이는 처음부터 가르치는 일보다 어려운 일이다. 따라서 운동의 기술적 계통에 따라 기본기부터 완전한 지도계획을 가지고 활동지도에 임해야 한다.

⑴ 지도의 경제성이라는 측면에서도 활동은 충분한 계획이 있어야 한다. 투입과 산출의 면에서 투입은 가능한 적게 하고 산출을 최대한 높이기 위해서 어떠한 방법과 자료를 이용하여 어떠한 절차 속에서 활동이 진행되도록 할 것인가를 충분히 계획하여야 한다.

⑴ 지도자는 확고한 지도관과 지도역량을 가져야 하며 창의적 활동에 의해 그 성과를 높일 수 있는 계획을 수립하여야 한다. 그 계획은 평면적인 차원이 아니라 활동장면과 참여자, 지도자료, 지도자의 심리적 역동성, 운동기술 내용과 계통 등에 관한 면밀한 계획을 갖추어야 한다. 활동의 성패는 사전준비에 크게 좌우됨을 명심해야 한다.

02
지도계획 수립의 요점

　지도계획은 참여자의 능력, 심리적 특성, 활동장면의 조건, 참여자의 요구, 이용 가능한 자료와 기재 등을 충분히 고려한 다음 창의성과 융통성이 어느 정도 부여되어야 한다.

　지도계획을 수립할 때 필요한 일반적인 원칙은 다음과 같다.

1) 목적에 합당한 지도계획

　지도계획은 활동목적이나 활동목표에 직결되어야 하며, 현장에서 이루어지는 활동을 흥미있게 계획하여 목적적 활동이 되게 해야 한다. 실제로 그 시간에 전개되는 활동목표는 그 집단의 목표에 부합되어야 하며, 또 그 지역사회와 사회적 목표에 부응하는 것이어야 한다.

　따라서 지도계획을 세울 때 가장 기초가 되는 것은 활동목표의 확립인데, 이를 위해 구체적이고 명확한 계획이 세워져야 한다. 그리고 이와 같은 목표를 제시할 때는 활용될 수 있고, 또 탄력성이 있는 산 기술이 전달되도록 계획되어야 한다.

2) 일관성있는 지도계획

　생활체육을 지도할 때에는 참여자의 기술수준이 단계적이고 계통성있게 발전되도록 일관성있는 계획이 필요하다. 또한 참여자의 가정·직장 등 사회적 환경과 유기적인 관계를 유지하고 프로그램의 관리기관·참여자·지도자 등의 목표에 최대한 접근될 수 있는 일관된 계획이 수립되어야 한다.

3) 역동성있는 지도계획

지도계획은 주로 지도자의 주도 아래 이루어진다. 그러나 생활체육활동 자체가 지도자 중심으로 되어서는 안 된다. 생활체육지도는 참여자들의 자주적이며 자율적 활동이 활발할 때 성과를 얻는 것이다. 지도계획이 지도자의 일방적 활동만으로 수립된다면 그 활동은 타율적이며 수동적일 수밖에 없다.

생활체육지도의 성과는 지도자의 노력만으로 달성되는 것은 아니다. 지도자의 지도력도 중요하지만 참여자의 능동적인 활동이 더욱 중요하다. 따라서 이와 같은 상호관련성과 참여자의 능력 · 요구 · 활동장면 등이 지도계획에 종합적으로 반영되어야 한다.

4) 합리적인 지도계획

지도자가 힘들여 작성한 계획이라도 참여자에게 적합하지 못하다면 가치가 없다. 또 몇몇 참여자에게만 타당한 계획이 되었다면 역시 바람직한 것이 못된다.

일반적으로 지도계획은 참여자의 심리적 욕구, 능력, 경험과 배경, 지역사회의 실정과 요구 등을 기초로 하여 작성되어야 한다. 즉 객관적인 타당성을 갖추기 위하여 지도나 전개에 필요한 모든 조건을 포함하고 있어야 한다는 것이다. 그리고 계획에는 생활경험의 영역에서 모든 생활체육활동의 요소가 유기적으로 관련성을 가지고 조직되며 운동기술 습득의 진행이나 그 결과를 실증적으로 증명할 수 있는 많은 자료를 준비하는 일이 요청된다.

지도계획에서 말하는 과학성이란 객관적이고 실증적이며 합리적인 뜻을 가지며, 어느 특정인에게만 타당하고 가치 있는 것이 되어서는 안 된다. 모든 참여자에게 타당하고 생활체육활동의 요소들과 유기적인 관련성을 가질 수 있도록 계획되어야 한다.

03
지도계획의 모형

　지도자가 어떤 종목을 가르칠 때 우선적으로 해야할 일은 무엇을 참여자에게 가르칠 것인가를 중심으로 활동목표와 내용을 탐색하고, 나아가서 그러한 내용을 어떻게 가르칠 것인가를 생각하는 것이다.

　그다음에 지도자는 참여자의 특성을 생각해야 한다. 과연 자기가 지도할 참여자들이 의도하고 있는 활동목표를 무난히 습득할 수 있는 준비가 되어 있는지를 살펴보아야 한다. 지도자가 계획하고 있는 활동목표를 성취해 낼 수 있는 신체적·지적 능력을 갖추고 있어야 그 활동이 성공적으로 이루어질 것이기 때문에 참여자의 특성에 대한 고려는 필수적이다.

　이러한 과정을 거쳐야 활동목표와 참여자의 특성에 합당한 지도계획을 수립하고 활동을 개시하는 단계가 된다.

　이러한 지도계획의 절차를 겔라크(Gerlach, 1971)의 '체제적 수업설계의 모형'을 변형하여 소개하면 그림 5-1과 같다.

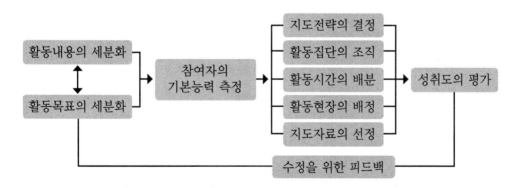

그림 5-1. 지도계획의 모형

1) 활동목표와 활동내용의 세분화

생활체육 지도계획 과정에서 제일 처음으로 시작되어야할 일은 활동목표와 활동내용의 세분화이다. 이것은 한 시간, 또는 한 단원의 활동이 끝난 바로 그 시점에서 참여자가 지도를 받은 증거로서 할 수 있는 것이 무엇인지를 분명하게 진술하는 일이다. 애매하거나 추상적인 활동목표는 피해야 한다. 흔히 화려하고 번지르르한 활동목표, 즉 한평생 연습하여도 달성될는지 모르는 추상적인 목표를 활동목표라고 제시해서는 안 된다. 이 단계에서는 한 시간 내지 열 시간 정도에 성취 가능한 구체적인 활동목표까지 세분화하지 않으면 안 된다. 그러나 활동목표를 상세화한다고 너무 세분화시키는 일도 지양되어야 한다.

활동목표가 세분화된 후에는 그 활동목표를 참여자들이 달성하는 데 도움이 될 수 있는 활동내용을 탐색하여 상세화해야 한다.

2) 참여자의 기본능력 측정

이 단계에서는 참여자들이 주어진 활동과제의 목표를 달성하기 위해 기본적으로 갖추어야할 능력을 어느 정도 갖추고 있는지를 측정하는 것이 하나의 목적이다. 그리고 또 하나의 목적은 주어진 여러 가지 활동목표 중에 참여자들이 이미 어느 목표를 이전에 습득했는가를 측정하는 것이다.

물론 이러한 기본능력의 측정결과에 따라서 참여자 개인 혹은 참여자 집단에게 제공될 지도방법은 달라져야할 것이다.

3) 지도전략의 결정

지도전략이란 주어진 활동목표를 참여자들이 성취할 수 있도록 지도자가 접근해 가야 할 방법이다. 보통 지도전략이라고 할 때 지식의 활용, 자료의 선정, 참여자의 역할규정 등을 말한다. 그러나 여기에서는 지도방법에 주로 관심을 갖는다.

따라서 지도전략은 주요활동에 관한 방법, 지도의 순서와 절차, 연습 등에 관한 접근방법을 결정하는 일이다. 예를 들어 이 접근방법으로는 강의식과 시범, 연습 등을 들 수 있다. 이 접근법이 어느 것이냐에 따라 활동의 모습은 사뭇 달라질 것이며, 지도자의 역할이나 참여자의 역할 또한 달라질 것이다. 지도전략은 대체로 활동목표에 따라서 결정되어야 한다.

4) 활동집단의 조직

활동목표가 규정되고, 참여자의 기본능력이 진단되고, 그리고 지도전략이 결정되고 나면 지도자는 다음과 같은 질문을 자신에게 하면서 활동집단의 조직을 생각해야 한다.

- 어느 활동목표가 참여자 혼자서 연습하는 것이 좋은가?
- 어느 활동목표가 참여자가 집단 속에서 상호작용을 하는 경우에 연습이 보다 잘 이루어질 수 있는가?
- 어느 활동목표가 참여자 집단을 상대로 지도자가 설명해주거나, 간혹 참여자들의 상호작용을 통해서 연습할 때보다 기능 습득에 유리할 수 있는가?

이러한 질문을 하다 보면 지도전략이나 방법, 활동현장의 배정, 활동시간 등과의 관계 속에서 대답을 얻어야 한다는 것을 알 수 있다. 활동집단의 조직은 위와 같은 네 가지 요소들의 관계를 충분히 고려하면서 결정해야할 것이다.

5) 활동시간의 배분

활동시간의 배분은 주어진 활동목표에 따라서 배분하는 것이 원칙이다. 한 시간 정도의 활동으로 달성이 가능한 것, 2~3시간의 연습을 통해야 달성이 가능한 것 등

활동목표에 따라서 시간을 배정해야 한다. 그러므로 참여자의 개인차를 고려하지 않을 수가 없다.

이상적인 개별화지도에서는 참여자의 기능습득 속도에 따라서 다음의 단계로 나아갈 수 있도록 계획을 세울 수 있지만, 그렇지 않은 대집단 혹은 소집단의 지도에서는 활동목표의 양에 따라서 시간량을 배분해야 한다.

6) 활동현장의 배정과 자료 선정

활동장소의 배정은 참여자 수 · 지도종목의 특성 · 집단의 편성과 지도유형 등에 따라 경기를 관람하거나 체육관, 운동장, 시청각교육실, 실내 강의실 등에서 이루어지게 된다. 자료의 선정은 앞의 네 단계와 유기적 관련을 갖고 있으므로 그때그때의 활동목표에 따라 적합한 지도 및 활동의 자료를 선정하여야 한다.

7) 성취도 평가와 수정을 위한 피드백

성취도는 지도자와 참여자, 참여자와 참여자, 참여자와 활동매개체 등의 상호작용에 의해서 결정된다. 따라서 지도계획을 실행에 옮기고 그 결과를 측정하여 계획된 것의 효과성과 효율성을 감정해보아야 한다. 측정 결과 미비점이나 잘못된 점이 밝혀지면 계속 수정해야 한다.

이러한 지도계획을 위한 모형은 다음과 같다.

⑴ 지도계획을 위해서는 무엇보다도 먼저 활동목표를 명료하게 규정해야 한다.

⑵ 지도계획에는 반드시 참여자의 기본능력을 정확하게 진단하고, 그 진단결과에 따른 처방을 계획해야 한다.

⑶ 지도방법이나 활동매체의 선정은 반드시 활동목표를 우선적으로 생각하여 결정해야 한다.

04

지도계획의 유형과 지도안

1) 지도계획의 유형

생활체육 지도계획은 크게 장기계획과 단기계획의 두 가지로 나눌 수 있다. 그러나 지도계획은 주 · 월 · 연 등의 시간 단위보다는 활동의 내용적 특성에 따라 수립하는 것이 바람직하다. 이때에는 참여자의 요구수준과 능력, 기능습득의 단계, 활동의 성격 등이 고려되어야 한다.

장기계획에는 전체 집단의 경기참가, 합동야유회, 토론회, 달성해야할 총괄적인 목표, 연습의 지침사항 등이 포함되어 있어야 한다. 이러한 장기계획은 지도자가 일방적으로 수립하기보다는 가능하면 집단구성원 전원이 참석한 가운데 충분한 의견수렴과 아이디어반영이 필요하다. 그러므로 이러한 계획에는 구체적인 활동내용뿐만 아니라 필요와 상황에 따라 예산편성 및 임원선출, 시설개수 및 보수에 필요한 장비와 용구의 마련, 프로그램 운영상의 방침과 집단활동의 개선점 등에 관한 문제도 포함될 수 있다.

생활체육 지도자는 집단구성원과 충분히 토의하여 의견을 종합한 다음 장기간의 지도계획을 수립하여야 한다. 이때 실제적인 활동지도 측면에서 지도자 나름의 지도계획을 수립하고 이를 참여자 전원에게 충분히 인식시켜야 한다. 예를 들어 어느 종목에서 참여자들의 포지션이 이동될 필요가 있고, 그러기 위한 새로운 지도 및 연습의 과정이 필요하다면, 그러한 사항 역시 장기간의 지도계획에 포함시켜야 한다.

단기계획으로는 월 단위나 주 단위의 계획이 있다. 단기계획에서 고려할 사항으로는 활동목표의 세분화가 이루어져야 하고, 구체적인 활동내용의 전개와 지도방법이 포함되어야 한다는 점이다. 즉 활동목표를 구체적인 기술수준의 달성으로 잡고 그것을 지도하기 위한 각종 지도의 자료, 연습시간의 배정, 구체적인 지도방법의 적용 등에 대한 사항을 기재한다.

2) 지도안 작성

지도안은 활동을 효과적으로 이끌기 위해 제시하는 조직적이고 구체적인 진행계획이다. 이것은 활동목적을 최대로 효과적으로 달성하기 위한 것이기에 주도면밀하게 계획되어야 한다. 그리고 지도안은 너무 세밀하여도 융통성이 없어지고, 실제계획대로 진행되기가 어렵다. 또 너무 간단하면 있으나 마나한 결과가 된다. 그러므로 실제 활동을 지도할 때 혼란을 야기시키지 않을 범위 내에서 정밀하게 작성해야 한다.

(1) 지도안의 구비요소

⑴ 지도안에는 활동내용을 지도하기 전의 기능습득 상항과 서로 관련지어져 있어야 한다.

⑴ 지도안에는 활동내용에 뒤따르는 활동과도 관련되도록 계획되어져야 한다.

⑴ 지도안에는 기능습득을 통하여 예상되는 달성 결과에 대해서도 설명되어 있어야 한다.

⑴ 지도안에는 목표달성 여부에 대한 적절한 평가방법이 마련되어 있어야 한다.

⑴ 지도안에는 활동진행의 기능습득 형태에 합치되는 지도기술이 제시되어 있어야 한다.

⑴ 지도안에는 그 활동내용에 상응하는 자료, 활동 및 준비물이 적절히 선택되고 또 조직되어 있어야 한다.

⑴ 지도안에는 활동환경을 적절히 조정할 수 있는 준비태세가 갖추어져 있어야 한다.

⑴ 지도안에는 예상되는 활동사항이 세밀히 분석되고 또 정리되어 있어야 한다.

(2) 지도안 작성 시의 유의사항

ⅶ 지도자는 계획을 스스로 세워야 한다.

ⅶ 지도자는 계획을 자신의 편리를 위하여 이용해서는 안 된다.

ⅶ 상세한 계획과 무계획과의 양극단을 피하여 적절한 안을 작성해야 한다.

ⅶ 계획은 독립적이어서는 안 되고, 과거와 미래에 관련되며 이론적으로 진행시켜야 한다.

ⅶ 참여자와 지도자의 쌍방목적을 설정해야 한다.

ⅶ 계획에는 활동진행에 필요한 자료가 준비되어 있어야 한다.

ⅶ 계획에는 다음 날의 활동을 위한 계획이 표시되어 있어야 한다.

ⅶ 지도안은 너무 복잡하지도 않고 너무 간단해서도 안 된다. 꼭 필요한 사항은 빠지지 않도록 해야 한다.

ⅶ 지도안은 형식이 고정된 것이 아니므로 지도종목의 특성에 맞게 형식과 내용을 적절히 변형하여 작성해야 한다.

제2부

생활체육지도의
실제

제1장

구기경기

01
테니스

1) 테니스의 특성

(1) 테니스의 오락적 특성

테니스는 오락에 그 존재이유가 있다고 할 수 있다. 학생이 동료들과 자유롭게 치든지, 온정신을 집중하여 스트로크연습을 하든간에 테니스의 주목적은 오락에 있다는 것을 명심하여야 한다.

초보단계가 그 어떤 단계보다도 중요하다. 이 단계에서는 무엇보다도 기본적인 폼을 정확히 습득해야 한다.

(2) 테니스 프로그램의 특성

◗ 대인관계를 원만하게 이룰 수 있다.

◗ 테니스는 신사 스포츠이므로 예의범절을 배울 수 있다.

◗ 언제든지 쉽게 접할 수 있는 운동이다.

◗ 운동량이 많으므로 체력을 향상시킬 수 있다.

(3) 테니스지도 시의 주의점

◗ 연습 초에는 '천천히', '작게' 움직이면서 볼을 보내고 서서히 '빨리, 크게' 움직이게 한다.

◗ 초보자에게는 일정한 리듬을 타고 볼을 칠 수 있도록 지도한다.

◗ 아무리 둔한 사람이라도 끈기있게 지도하면 반드시 잘 하게 된다는 신념을 갖고 결코 단념해서는 안 된다.

ⅶ) 서투른 사람에게만 관심을 기울여서는 안 된다.

2) 테니스의 지도계획

(1) 1주차 세부지도계획

주	일	시 간	내 용
1주차	월요일	10 : 00~10 : 30	지도자와 처음 만나는 날이므로 인사를 나누고 테니스에 대한 오리엔테이션을 갖는다.
		10 : 30~10 : 50	스트레칭 및 러닝
		10 : 50~11 : 50	포핸드 스윙(그립 잡는 법과 준비자세 등을 익힘)
		11 : 50~12 : 00	정리체조
	화요일	10 : 00~10 : 20	스트레칭 및 러닝
		10 : 20~11 : 50	포핸드 스윙(스윙감각을 익힌다)
		11 : 50~12 : 00	정리체조
	목요일	10 : 00~10 : 20	스트레칭 및 러닝
		10 : 20~11 : 50	포핸드(허리 높이에 볼을 튕겨준 후 맨손으로 치게 한다)
		11 : 50~12 : 00	정리체조
	금요일	10 : 00~10 : 20	스트레칭 및 러닝
		10 : 20~11 : 50	포핸드(라켓 목을 잡고 스트로크하면서 눈과 손의 협응력과 리듬감을 향상시킨다)
		11 : 50~12 : 00	정리체조

(2) 2주차 세부지도계획

주	일	시 간	내 용
2주차	월요일	10 : 00~10 : 20	스트레칭 및 러닝
		10 : 20~11 : 50	포핸드(손으로 2m 정도의 거리에 맞춰 볼을 던져주면 받아치는 연습을 한다)
		11 : 50~12 : 00	정리체조
		10 : 00~10 : 20	스트레칭 및 러닝

주	일	시 간	내 용
2주차	화요일	10 : 20~11 : 50	포핸드(발, 무릎, 허리, 어깨, 라켓으로 통하는 힘의 연결이 자연스럽도록 중점 지도)
		11 : 50~12 : 00	정리체조
		10 : 00~10 : 20	스트레칭 및 러닝
	목요일	10 : 20~11 : 50	백핸드(그립 잡는법, 준비자세 등을 익힘)
		11 : 50~12 : 00	정리체조
		10 : 00~10 : 20	스트레칭 및 러닝
	금요일	10 : 20~11 : 50	백핸드(스윙감각을 익힌다)
		11 : 50~12 : 00	정리체조
		11 : 50~12 : 00	정리체조

(3) 3주차 세부지도계획

주	일	시 간	내 용
3주차	월요일	10 : 00~10 : 20	스트레칭 및 러닝
		10 : 20~11 : 50	백핸드(허리 높이에 볼을 튕겨준 후 손등으로 맞추는 연습을 한다)
		11 : 50~12 : 00	정리체조
		10 : 00~10 : 20	스트레칭 및 러닝
	화요일	10 : 20~11 : 50	백핸드(라켓 목을 잡고 스트로크하면서 눈과 손 등의 협응력과 리듬감각을 향상시킨다)
		11 : 50~12 : 00	정리체조
		10 : 00~10 : 20	스트레칭 및 러닝
	목요일	10 : 20~11 : 50	백핸드(손으로 2m 정도의 거리에 맞춰 볼을 던져 주면서 받아치는 연습을 한다)
		11 : 50~12 : 00	정리체조
		10 : 00~10 : 20	스트레칭 및 러닝
	금요일	10 : 20~11 : 50	백핸드(발, 무릎, 허리, 어깨, 라켓으로 통하는 힘의 연결이 자연스럽도록 중점 지도)
		11 : 50~12 : 00	정리체조
		11 : 50~12 : 00	정리체조

(4) 4주차 세부지도계획

주	일	시 간	내 용
4 주 차	월요일	10 : 00~10 : 20	스트레칭 및 러닝
		10 : 20~11 : 50	서비스(기본자세 지도)
		11 : 50~12 : 00	정리체조
	화요일	10 : 00~10 : 20	스트레칭 및 러닝
		10 : 20~11 : 50	서비스(토스의 중요성 인식)
		11 : 50~12 : 00	정리체조
	목요일	10 : 00~10 : 20	스트레칭 및 러닝
		10 : 20~11 : 50	서비스(토스한 볼을 맨손으로 잡기)
		11 : 50~12 : 00	정리체조
	금요일	10 : 00~10 : 20	스트레칭 및 러닝
		10 : 20~11 : 50	서비스(토스한 볼을 라켓을 짧게 잡고 치게 하기)
		11 : 50~12 : 00	정리체조
		11 : 50~12 : 00	정리체조

02
배드민턴

1) 배드민턴의 특성

(1) 기술적 특성

배드민턴 경기는 네트를 사이에 두고 라켓으로 셔틀(shuttle)을 서로 치는 대인 스포츠이다. 구기이면서도 셔틀을 사용하며, 그리고 모두 발리로 쳐야 하며, 단 한 번의 타구로 셔틀을 상대코트로 보내야 한다. 또한 서비스측에만 득점권이 있으며, 서비스 때에는 반드시 밑에서 셔틀을 쳐올리도록 되어 있다.

한편 셔틀은 스피드의 변화가 매우심하기 때문에 코트 안을 전후좌우로 끊임없이 신속하게 움직여야 한다.

이상과 같이 배드민턴은 단지 셔틀을 서로 치는 유희적인 단계에서 플라이트(flight), 코스, 스피드의 변화 등에 맞는 체력과 기능이 필요한 단계에 이르기까지 그 폭은 매우 광범위해서 누구나가 즐길 수 있는 스포츠이다.

(2) 교육적 특성

배드민턴은 각자의 능력에 따라서 활동량을 부여할 수 있으므로 항상 참여자로 하여금 흥미와 관심을 갖고 게임을 즐길 수 있게 한다. 그 결과 자신의 기능향상과 파트너와의 협력의 중요성을 잘 이해하게 된다.

나아가 페어플레이 정신과 자립심의 함양, 적절한 판단력의 향상 등도 기대할 수 있다.

2) 배드민턴의 지도상 유의점

배드민턴을 지도할 때에는 라켓·셔틀 등의 용구와 시설을 확보하여 기능단계에 맞는 활동내용을 설정하여야 한다.

그리고 기능연습을 통해서 상대방을 존중하는 태도와 안전에 대한 습관을 익히도록 지도해야 한다.

3) 배드민턴의 활동내용과 연습단계

배드민턴을 지도할 때 활동내용과 연습단계의 전개는 다음의 표와 같다. 이 표에도 있듯이 초보적 단계에서부터 게임을 도입해서 참여자의 흥미를 자극하는 방법이 좋다. 그러나 기본에 있어서는 클리어(clear)를 능숙하게 칠 수 있도록 하는 것이 중요하다.

단계	활동목표	활동내용	게 임

도입단계	• 배드민턴의 특성을 이해한다.
	• 각종 스트로크에 의한 각종 플라이트를 할 수 있다.
	• 랠리를 오래 계속한다.
	• 간이 게임을 할 수 있다.
		• 배드민턴의 역사와 특성
		• 기본기능
		  ☞ 그립(이스턴그립, 웨스턴그립)
		  ☞ 서비스(밑에서부터 행한다. 상대코트에 넣는다)
		  ☞ 스트로크(오버헤드스트로크, 사이드암스트로크, 언더핸드스트로크, 포핸드스트로크, 백핸드스트로크)
		  ☞ 플라이트(클리어, 드롭쇼트, 스매시드라이브, 네트플라이트)
		  ☞ 풋워크(스탠스)
		• 응용기능
		  ☞ 각종 스트로크에 의한 플라이트연습
		  ☞ 동일 플라이트에 의한 랠리
		  ☞ 게임
			• 게임(간이게임)

단계	활동목표	활동내용	게 임
발전단계	• 각종 스트로크에 의한 플라이트의 특징을 이해하고 정확하게 친다. • 각종 플라이트에 대한 리턴을 할 수 있다. • 룰을 이해한다. • 심판법을 안다. • 간이게임을 행한다. • 매너를 안다.	• 기본기능(단일 플라이트를 연속시킨다) ☞ 그립(포핸드그립, 백핸드그립) ☞ 서비스(롱, 하이 서비스) ☞ 쇼트로 서비스 ☞ 하이클리어(하이클리어의 연속) ☞ 드롭(드롭과 리턴) ☞ 스매시(스매시와 리턴) ☞ 드라이브(포, 백으로 구분해서 치기) ☞ 네트플라이트(헤어핀, 크로스네트쇼트) ☞ 풋워크(러닝스텝, 슬라이드스텝) • 응용기능 ☞ 포메이션(톱 앤드 백, 사이드 바이사이드) ☞ 규칙과 용어 · 심판법	• 게임(간이게임) • 더블게임 • 그룹별 리그전
더욱발전된단계	• 각종 플라이트와 풋웍의 사용법을 안다. • 각종 스트로크에 의한 플라이트의 공격과 방어를 안다. • 서로 심판을 볼 수 있고, 게임을 바르게 운영한다. • 배드민턴을 즐기며, 나아가서는 운동하는 습관을 익힌다.	• 응용기능(각종 플라이트를 서로 엮어서 연속시킨다) ☞ 서비스(드라이브서비스, 서비스리턴) ☞ 하이클리어 ☞ 하이클리어와 드롭(교대) ☞ 클리어와 스매시(교대) ☞ 헤어핀과 크로스네트쇼트 ☞ 커트쇼트 ☞ 포메이션(톱 앤드 백, 사이드 바이 사이드) • 심판법 • 거트(gut) 갈기	• 게임(간이게임) • 더블게임 • 그룹별 리그전 • 정규룰에 의한 게임

4) 배드민턴의 지도

(1) 기본기능의 지도

① 라켓 쥐는 법

라켓을 쥐는 방법에는 이스턴 그립과 웨스턴 그립이 있다. 타구하기 쉽고 멀고 빠른 타구가 가능하다면 어떤 쪽이라도 좋지만, 일반적으로는 이스턴 그립이 이용된다.

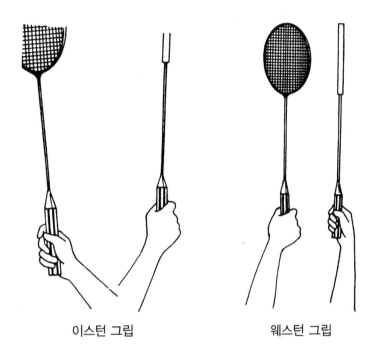

이스턴 그립   웨스턴 그립

이스턴 그립이란 라켓의 타면과 바닥을 수직으로 해서 다른 사람과 악수하는 형태로 그립을 잡는 방법이다. 이것은 포핸드스트로크와 백핸드스트로크를 각각 나눠서 칠 수 있으므로 고도의 기술을 발전시킬 수 있는 좋은 방법이다.

또 웨스턴그립은 라켓의 타면을 바닥과 평행으로 해서 위에서부터 라켓을 쥐는 방법이다. 이 방법은 초보자에게 있어서는 대단히 잡기 쉬운 점도 있거니와 자기의 몸앞에서 셔틀을 간단히 포착할 수 있어서 도입단계에서 좋은 방법이다.

  ⑴) 쥐는 방법의 기본……라켓을 쥘 때에는 어느 방법에서든 다섯 손가락을 전부
      사용하지 않는다. 엄지·약지·소지의 세 손가락만을 활용하며, 다른 손가락
      은 얹어놓는 정도로 힘을 빼고 쥔다. 또한 백핸드로 칠 경우에는 엄지를 펴고
      손마디 위에 핸들을 댄다.

  ⑴) 라켓에 익숙해지기 위한 연습……도입 단계에서는 라켓을 쥐면 다음과 같은
      연습으로 라켓에 익숙해지도록 한다. 즉 라켓을 쥐고, 상하좌우로 휘두른다.
      또 손목을 중심으로 해서 공중에서 팔(8)자를 그리는데, 이때 손가락과 손목

의 힘을 빼고, 팔을 쭉 펴서 손목만으로 움직인다.

이밖에 벽에 정면으로 서서 팔을 바로 위로 향해 펴서 라켓타면으로 벽을 가볍게 치는 연습을 한다. 이때 손목을 외측으로 비틀고 타면 전체가 평평하게 벽에 닿아 있는 것이 포인트다.

그외에도 셔틀을 라켓 위에 얹어서 공중으로 쳐올린다(될수록 낮게 친다). 처음에는 포핸드스트로크로 하고, 다음에는 백핸드, 그리고 그 양쪽을 교대로 실시한다. 횟수를 세어서 일정시간 내에 횟수에 맞춰서 치게 하며, 각자의 기록을 체크해서 다음에 참고로 하거나 평가의 대상으로 삼는다.

② **스탠스(발자세)**

스탠스란 발자세를 말하는 것이며 플레이 중에 양발을 움직이는 스타트시점의 자세를 가리킨다. 이 기본자세에서부터 풋워크를 사용해서 움직이며, 각 스트로크 자세로 스윙을하게 된다.

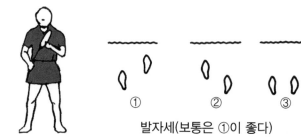

자세의 기본   발자세(보통은 ①이 좋다)

발을 어깨너비 정도로 벌려서 라켓을 정면으로 세우고 허리와 무릎을 조금 굽힌다. 체중을 양발의 전방에 싣고, 몸은 조금 앞으로 기울이는 자세를 취한다.

초보단계에서는 각 스트로크의 스윙지도 때 이 자세를 익히게 한다. 발전 단계에서는 라켓헤드를 위로 하고, 오른발을 앞으로 하는 자세를 취하도록 하고, 더욱 발전된 단계에서는 풋워크로 연속 실시한다. 그리고 각 개인에 맞는 스탠스나 날아오는 셔틀에 대응하는 스탠스를 취한다.

③ **스 윙**

라켓을 쥔 손의 일련의 동작을 스윙이라고 한다. 라켓으로 셔틀을 칠 때에는 원칙적으로 다음 4가지 동작이 연속적으로 행해진다.

후방으로 라켓 휘두르기(백스윙), 전방으로 내휘두르기(포워드스윙), 셔틀과 라켓의 접촉(임팩트), 그리고 친 뒤에 라켓을 계속해서 휘두르는 과정(팔로 스루)의 4가지다.

◆ 지도상의 유의점

))) 백스윙을 특히 강조한다.

))) 어깨의 힘을 빼는 법과 허리 사용법, 라켓을 잡지 않은 손의 위치, 스탠스에 주의하도록 한다.

))) 백스윙 때 손목을 충분히 후방으로 굽혀서 임팩트에서는 팔꿈치를 펴고, 손목을 순간적으로 뒤집는 듯이 한다.

(2) 서비스의 지도

배드민턴의 서비스는 맞는 순간에 셔틀이 서버의 허리보다도 아래에 있어야 하며

셔틀을 감싸듯이 쥔다   날개를 거머쥐듯이 쥔다

토스 서비스 치는 법

(오버 웨이스트는 반칙), 라켓헤드 전체가 서버의 손보다 아래에 있어야 한다(오버 핸드는 반칙). 즉 라켓을 밑에서 위로 쳐올려야 한다.

이밖에 서비스연습을 할 때에는 다음과 같은 실수를 하지 않도록 지도해야 한다.

⑴ 라인 크로스(서버·리시버 모두 서비스코트내에 서 있어야만 하며, 라인을 밟거나 걸쳐 서 있어서는 안 된다)

⑵ 풋 폴트(서비스 때 서버·리시버 모두 이 바닥에서 떨어지거나 미끄러져서는 안 된다)

⑶ 서비스때의 셔틀 쥐는 법은 셔틀을 손가락 전체로 감싸듯이 쥐는 법과, 엄지를 외측으로 하고 인지와 또는 인지와 중지 두 손가락을 날개 내측으로 해서 날개를 거머쥐는 방법이 있는데, 일반적으로 후자의 방법이 많이 쓰인다.

⑷ 서비스에는 토스 서비스와 아웃 오브 핸드 서비스가 있다.

① 토스 서비스

셔틀을 한쪽 손에 놓는 동시에 라켓을 스윙한다. 그리고 라켓헤드와 셔틀의 낙하지점이 일치하도록 임팩트한다. 이 방법은 높고 멀리 보내는 데 적합하다.

② 아웃 오브 핸드 서비스

이 서비스는 라켓을 쥔 팔을 움츠리듯이 해서 셔틀을 쥔 손에 직접 라켓면을 합치듯이 치는 것이다. 이것은 작은 폼이므로 목표위치로 확실하게 짧은 서비스를 할 수 있다.

아웃 오브 핸드 서비스 치는 법

이상은 치는 방법에 따라서 분류한 것인데, 셔틀의 플라이트에 따라서도 다음과 같이 세 가지로 나눌 수 있다.

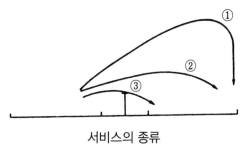

서비스의 종류

③ 롱 하이 서비스(그림의 ①)

상대의 롱 서비스 라인 부근에 낙하시키는 서비스로, 주로 전술한 토스 서비스가 이용된다. 이것은 싱글게임에 사용되는 경우가 많다.

◆ 지도상의 유의점

⑴) 헛스윙을 할 때에는 셔틀이 밑으로 떨어질 때까지 보도록 한다.

⑴) 손바닥쪽으로 치도록 엄지를 외측으로 벌리고, 셔틀과 타면이 수직으로 닿도록 시킨다.

⑴) 멀리 쳐보낼 수 없을 때에는 팔꿈치가 굽혀지고 타점이 높아져 있으므로 손목 휘기를 늦추고 약간 밀듯이 한다. 또한 백스윙 없이 몸이 네트와 정면을 보고 있는 경우가 많으므로 유의한다.

④ 쇼트 서비스(그림의 ③)

이것은 상대코트의 쇼트 서비스 라인근처에 떨어뜨릴 목적으로 네트를 스칠 정도로 치는 방법이다. 전술한 아웃 오브 핸드 서비스를 사용한다. 포핸드와 백핸드도 좋으며 치기 쉬운 장점이 있다.

◆ 지도상의 유의점

⑴) 어깨에 지나치게 힘을 주지 않도록 한다.

⑴) 셔틀을 밑에서 치지 않고, 폴트가 될 정도의 바로 위에서 밀어내듯이 친다.

⑤ 드리븐 서비스(그림의 ②)

이것은 쇼트 서비스와 같은 방법으로 행하지만, 셔틀이 라켓에 닿기 직전에 손목을 손등쪽으로 힘껏 휜다. 그래서 손목이 쭉 펴진 상태에서 스윙만으로 친다.

◆ 지도상의 유의점

⑴) 스윙은 될수록 작게 하고 손목을 충분히 휘게 한다.

ⅲ) 셔틀을 라켓으로 밀듯이 한다.

ⅲ) 체중 이동(뒷발→앞발)에 주의시킨다.

(3) 스트로크의 지도

① 포핸드 스트로크

이스턴그립에서 손바닥면으로 치는 경우, 즉 라켓을 쥐고 있는 쪽(오른손잡이는 오른쪽)으로 치는 경우를 포핸드 스트로크라고 한다. 주로 라켓을 쥐고 있는 쪽에 타구가 왔을 때 사용한다.

② 백핸드 스트로크

이스턴그립에서 손등쪽으로 치는 경우, 라켓을 잡고 있는 반대쪽(오른손잡이는 왼쪽)으로 치는 경우를 말한다. 이것은 주로 라켓을 잡고 있는 반대쪽으로 넘어온 타구를 치는 경우에 사용된다.

이상은 라켓의 타면에 대해 분류한 것이지만, 이것을 몸에 대한 셔틀위치에 따라서 다음과 같이 세 가지로 분류할 수도 있다.

③ 오버 헤드 스트로크

머리보다 높은 위치에서 타구를 포착하여 치는 방법이다. 이 스트로크에 의해서

오버헤드 스트로크의 폼

하이클리어, 드리븐클리어, 스매시, 커트샷, 드롭샷 등을 할 수 있다.

주로 공격장면에서 사용하는 것으로, 각종 스트로크 중에서도 가장 중요한 스트로크라고 할 수 있다.

④ 언더핸드 스트로크

자신의 허리보다 낮은 위치로 셔틀이 날아왔을 때 하는 스트로크로, 낮은 위치에서 위쪽으로 쳐내는 것이다. 이 방법에 의해서 언더핸드 하이클리어와 네트샷 등을 칠 수 있다.

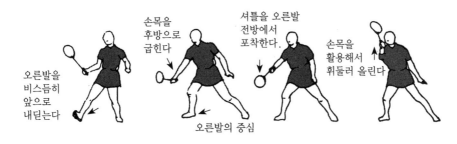

언더핸드 스트로크의 폼

⑤ 사이드암 스트로크

이것은 자신의 겨드랑이에서 배꼽에 걸친 위치로 셔틀이 왔을 때의 스트로크이다. 이 스트로크의 샷에는 드라이브와 드롭샷 등이 있다. 연결샷으로는 중요한 것이다.

포핸드로 자세를 취해서 팔을 우측후방으로 끌어당긴다. 그리고 오른발을 오른쪽 앞으로 비스듬히 내밀고 허리를 우측으로 비튼다. 그 위에 오른쪽 어깨를 충분히 우

사이드암 스트로크의 폼(백핸드)

측후방으로 끌어들여서 왼쪽으로 반쯤 비튼다.

다음에 손목을 뒤집어서 라켓을 후방으로 끌어당기고 허리를 제자리로 되돌리면서 팔꿈치 손목 순으로 오른팔을 전방으로 휘두른다.

타구 순간은 라켓과 팔이 일직선이 되며 팔꿈치→손목으로 라켓을 전방으로 끌어내어 스냅을 살려서 셔틀을 밀어내도록 한다.

(4) 샷의 지도

샷은 다음의 5가지로 분류할 수 있다.

① 하이클리어샷

하이클리어샷의 요령은 그림과 같다.

하이클리어샷

② 드리븐(드라이브)클리어샷

오버헤드 스트로크로 치는 클리어로는 가장 기본적인 기능이며, 컨트롤이 어려운 샷이기도 하다.

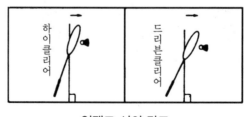

임팩트 시의 각도

상대방의 라켓이 닿지 않을 정도로 높이 쳐올린다. 그것도 가급적이면 백바운더리 라인 근처에 수직으로 셔틀이 떨어지도록 친다.

③ 드롭샷

오버핸드 스트로크이며, 될수록 높은 위치에서 셔틀을 잡아서 라켓면에 플랫으로 댄다. 임팩트 시에 손바닥을 꽉 거머쥐어서 스윙을 멈추도록 한다. 상대로 하여금 스매시하는 것으로 착각하게 해서 네트 근처에 셔틀을 떨어뜨리는 것이다.

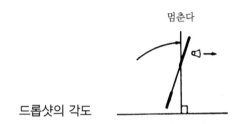

드롭샷의 각도

④ 커트샷

오버핸드 스트로크로 될 수록 높은 지점에서 클리어나 스매시처럼 스윙하며 셔틀과 라켓면이 비스듬하게 닿도록 전방경사에서부터 감듯이 해서 스윙한다. 이 샷도 드롭샷과 같이 상대에게 스매시를 착각하게 해서 네트 부근에 각도를 이루어 떨어뜨리는 기능이다.

커트샷의 각도

⑤ 스매시

오버핸드 스트로크에서 치는 샷으로 높은 위치에서 셔틀을 포착하여 힘껏 아래쪽으로 내려꽂는 것으로 공격에는 필수적인 기술이다.

라켓이 등에 닿을 정도록 손목을 뒤짚어서 어깨를 돌린다. 클리어와 드롭보다도 전방에서 셔틀을 포착하며 임팩트 시까지 힘을 모아서 임팩트 시에 손목의 스냅을 활용해서 풀스윙한다.

힘을 지나치게 넣지 않는다

상체는 뒤로 제끼면서 백스윙

정점은 머리보다 앞 스냅을 살린다

라켓을 셔틀에 덮듯이

팔꿈치를 편다

손목을 뒤집는다

오른발을 내디딘다

팔로스루

스매시의 기본 폼

⑤ 드라이브

바닥과 평행을 이루며 네트를 스칠 정도록 치는 샷으로, 주로 사이드 암스트로크에서 치는 것이며, 역습할 때 사용한다. 특히 더블에서는 이 드라이브 여하에 따라서 승패가 좌우된다고 해도 과언이 아니다.

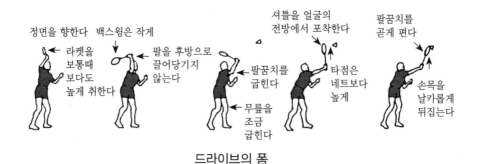

정면을 향한다

라켓을 보통때 보다도 높게 취한다

백스윙은 작게

팔을 후방으로 끌어당기지 않는다

팔꿈치를 굽힌다

무릎을 조금 굽힌다

셔틀을 얼굴의 전방에서 포착한다

타점은 네트보다 높게

팔꿈치를 곧게 편다

손목을 날카롭게 뒤집는다

드라이브의 폼

◈ 네트샷(헤어핀샷)

이것은 네트 바로 가까이에 떨어지는 셔틀을 처리하는 스트로크로 네트를 스칠 정도로 해서 상대코트에 보내는 샷이다. 셔틀의 나는 코스가 헤어핀 같은 모양이 되므로 헤어핀샷이라고도 불리고 있으며, 라켓으로 친다기보다는 밀어올리는 느낌으로 친다.

네트샷

5) 배드민턴의 경기방법

(1) 경기자

경기자(player)란 게임에 참가하는 모든 사람을 뜻한다. 게임이 복식일 경우에는 한 편에 두 선수가 경기하고, 단식일 경우에는 한 편에 한 선수가 경기한다. 혼합복식일 경우에는 한 편에 남녀 두 사람이 경기한다.

경기가 진행되는 시간 동안 서비스권을 가진 쪽을 서빙 사이드(serving side)라 하고, 반대쪽은 리시빙 사이드(receving side)라 한다.

(2) 토스

처음 배드민턴을 배우려는 사람이 알아야 할 일은 상대에게서 날아오는 셔틀이 바닥에 떨어지기 전에 1타(打)로써 상대편 코트로 되돌려보내야 한다는 것이다.

선수들이 게임할 준비자세가 갖추어지면 심판은 동전을 위로 던져 토스(toss)를 한다. 동전이 준비되지 않았으면 라켓의 끝을 거꾸로 바닥에 대고 회전시켜 라켓에 부착되어 있는 마크로 정하기도 하며, 셔틀콕은 위로 던져 베이스의 방향으로 결정하기도 한다. 그러나 국제대회에서는 필히 동전을 사용해야 한다.

이 토스에서 이긴 선수는 다음의 3가지 중 하나의 선택권을 가진다.

⫸ 서브
⫸ 리시버
⫸ END(사이드)

토스에서 진 편이 남아 있는 두 가지 중 어느 하나를 선택하게 된다. 코트의 환경에 별 이상이 없는 한 토스에서 이긴 사람은 대체로 서브를 선택하는 것이 좋다. 왜냐하면 첫 득점은 팀과 개인의 사기는 물론 게임의 흐름을 유리하게 리드할 수 있기 때문이다.

(3) 득점

특별히 별도의 규정이 없으면 3게임을 원칙으로 한다. 3게임 중 2게임을 먼저 승리한 쪽이 승자가 된다. 한 게임은 21점으로 하고, 20 : 20 동점인 경우에는 2점을 연속하여 득점한 편이 승리한다. 그런데 29 : 29인 경우에는 30점에 먼저 도달한 편이 이기게 되며, 해당 게임에서 이긴 편이 다음 게임에서 첫 서브를 한다.

주의할 일은 종전에는 서브권을 가진 편만이 득점할 수 있었으나 현재(2006.5.6 이후)는 배드민턴 규정이 변경되어 서브권이 없어도 득점할 수 있는 랠리 포인트 시스템으로 되었기 때문에 어느 편이든 이기면 득점하게 된다.

※ 초등부는 3게임 2선승제를 하되 한 게임은 17점으로 한다. 16 : 16인 경우에는 2점을 연속 득점한 편이 승리하며, 24 : 24인 경우에는 25점에 먼저 도달한 편이 승리하게 된다.

부별 \ 득점	전 게임 승	1게임 점수	20:20 동점	29:29 동점
중, 고, 대 일반부	3게임 중 2게임 선승	21점	2점 연속 선취	30점 선취

부별 \ 득점	전 게임 승	1게임 점수	17:17 동점	24:24 동점
초등부	3게임 중 2게임 선승	17점	2점 연속 선취	25점 선취

(4) 코트 변경

선수는 다음의 경우에 코트(사이드)를 교대한다. 첫 번째 게임 종료 후와 세 번째 게임 시작 전 그리고 세 번째 게임 중 어느 편이든 11점을 선취하면 코트를 변경한다. 그러나 초등부는 9점을 선취했을 때 변경한다.

(5) 서비스

게임의 시작은 서비스이다. 이 서비스(service)는 규정상 통제가 많기 때문에 올바르게 서비스하는 습관이 필요하다.

◗ 서버와 리시버는 서비스 준비상태로 있을 때에는 서비스를 과도하게 지연시켜서는 안 된다. 고의적인 과도한 지연은 부당한 경기지연으로 규정에 위반된다.

◗ 서버와 리시버는 양편 서비스코트 안에 대각선으로 서야 하며, 코트의 경계선을 밟으면 안 된다.

◗ 서버의 라켓은 셔틀콕의 베이스를 쳐야 하며, 셔틀이 라켓과 접촉하는 순간에 셔틀의 전체가 서버의 허리보다 밑에 있어야 한다. 여기에서 말하는 허리는 몸 전체에서 가상의 라인으로 생각하면 되고, 대략 서버의 마지막 갈비뼈 부분의 위치로 볼 수 있다.

◗ 셔틀을 치는 순간 라켓의 전체 머리부분이 서버의 손 전체보다 확연하게 식별할 수 있을 정도의 아래에 위치해야 한다.

◗ 선수들이 서비스 준비가 되었을 때 서버의 라켓헤드가 앞으로 나가는 방향이 서비스의 시작이기 때문에 진행과정에서 잠시 멈추거나 중단하고 다시 시도하는 것은 규정 위반이다.

◗ 서버는 리시버가 준비하기 전에 서비스를 하면 안 된다. 하지만 그 상황에서 리시버가 서비스를 받아 넘기려고 했으면 그 행위는 리시버가 준비한 것으로 판단한다.

◗ 복식경기에서 서비스가 시작되는 상황에서 서버와 리시버의 파트너는 해당선수쪽 코트의 어디에나 위치해도 되지만, 서버와 리시버의 시야를 차단하면 안 된다.

(6) 단식경기 방식
① 서비스와 리시브의 코트위치 선정
◗ 경기자는 그 게임에서 서버가 포인트를 얻지 못했거나 점수가 짝수인 경우에는 오른쪽 코트에서 서비스하고, 점수가 홀수인 경우는 왼쪽 코트에서 서비스

한다. 따라서 리시버는 서버의 대각선 위치의 코트에서 리시브하게 된다.

⑾ 랠리에서는 서버와 리시버가 번갈아가면서 셔틀이 멈출 때까지 셔틀을 주고 받는다.

여기서 셔틀이 멈출 때는 다음과 같다.

⑾ 네트나 포스트를 맞아 셔틀을 친 선수의 코트로 떨어지기 시작했을 때

⑾ 코트의 표면에 맞았을 때 또는 폴트와 렛이 취해졌을 때

② 득점과 서비스

서버가 랠리에서 이기게 되면 서버는 득점을 하게 되고, 서비스는 반대편 코트로 이동하여 실행한다. 반대로 리시버가 랠리에서 이기게 되면 리시버는 득점을 하게 되고, 리시버가 새로운 서버가 되어 본래 자기가 리시브하던 코트에서 서비스를 실행한다.

(7) 복식경기 방식
① 서비스 및 리시브

⑾ 서버가 포인트를 얻지 못했거나 점수가 짝수인 경우에는 오른쪽에서, 점수가 홀수인 경우는 왼쪽에서 서비스한다.

⑾ 서버로부터 서비스 코트의 대각선 위치에 선 선수가 리시버가 된다.

⑾ 리시버쪽의 선수는 해당 선수쪽이 서비스하여 점수를 얻기 전까지 코트 위치를 바꾸면 안 된다.

② 스코어링 및 서비스 권한

⑾ 리시브쪽이 폴트를 범하거나 범실에 의해 중단된 경우 서비스쪽은 점수를 획득하며, 서버는 다시 서비스를 한다.

⑾ 서비스쪽이 폴트를 범하거나 범실에 의해 중단된 경우 리시브한 편이 점수를

획득하며, 리시버쪽이 서버가 된다(한쪽 편에 한 번의 서비스 권한을 부여하게 된다).

③ 서빙

⑴ 어떠한 게임에서도 서비스 권한은 연속적으로 일관되게 이루어져야 한다.

⑴ 게임을 시작한 가장 최초의 서버는 오른쪽 서비스 코트에서 대각선쪽에 있는 최초의 리시버에게 보낸다.

⑴ 득점하여 서비스가 왼쪽에서 보내졌을 때는 최초의 리시버의 파트너에게 보낸다.

⑴ 또다시 득점하면 코트를 바꾸어 최초의 리시버에게 서비스를 하게 된다. 이러한 것을 연속적이고 일관되게 계속되어야 한다.

⑴ 어떠한 경우라도 서비스와 리시브의 순서가 바뀌면 안 되고, 리시버를 두 번 연속해서도 안 된다.

⑴ 한 세트 게임이 끝나고 두 번째 세트의 게임이 시작될 때는 이긴 편의 선수 중 아무나 서비스를 할 수 있고, 진 팀 선수 중에서도 아무나 먼저 리시브를 할 수 있다.

④ 랠리포인트제 복식경기 서비스 및 리시브 방법

⑴ A와 B, C와 D의 복식경기 진행 예 : A B 조가 토스에서 이겨 먼저 공격한다.

⑴ A가 C에게 서브한다. 즉 A가 선 공격수가 되고, C가 선 수비수가 된다.

선수 동선 설명	점수 (서버점수 : 리시버점수)	서비스코트의 위치	서버, 리시버	승, 패	→ (서비스방향)
A, B, C, D가 오른편 위치한 상태에서 경기시작	0-0	· 오른쪽에서 대각선으로 서브 · 서브편 점수: 짝수	A가 C에게 서브 (A:선 서버, C:선 리시버)	AB조가 해당 랠리에서 이기면	C | D B | A
AB조가 득점한 경우 · A와 B 서비스코트 변경 · A다시 서브(왼쪽에서) · C와 D는 위치변경 없음	1-0	· 좌 서브 · 서브편 점수: 홀수	A가 D에게 서브	CD조가 해당 랠리에서 이기면	C | D A | B
CD조가 득점한 경우 · 서브권 획득 · ABCD 코트변경 없음	1-1	· 좌 서브 · 서브편 점수: 홀수	D가 A에게 서브	AB조가 해당 랠리에서 이기면	C | D A | B
AB조가 득점한 경우 · 서브권 획득 · ABCD 코트변경 없음	2-1	· 우 서브 · 서브편 점수: 짝수	B가 C에게 서브	CD조가 해당 랠리에서 이기면	C | D A | B
CD조가 득점한 경우 · 서브권 획득 · ABCD 코트변경 없음	2-2	· 우 서브 · 서브편 점수: 짝수	C가 B에게 서브	CD조가 해당 랠리에서 이기면	C | D A | B
CD조가 득점한 경우 · C와 D 서비스코트 변경 · C가 다시 서브(왼쪽에서) · A와 B는 위치변경 없음	3-2	· 좌 서브 · 서브편 점수: 홀수	C가 A에게 서브	AB조가 해당 랠리에서 이기면	D | C A | B
AB조가 득점한 경우 · 서브권 획득 · ABCD 코트변경 없음	3-3	· 좌 서브 · 서브편 점수: 홀수	A가 C에게 서브	AB조가 해당 랠리에서 이기면	D | C A | B
AB조가 득점한 경우 · A와 B 서비스코트 변경 · A가 다시 서브(오른쪽) · C와 D는 위치변경 없음	4-3	· 우 서브 · 서브편 점수: 짝수	A가 D에게 서브	CD조가 해당 랠리에서 이기면	D | C B | A

03
탁구

1) 탁구의 특성

(1) 기술적 특성

탁구는 셀룰로이드제 볼이 내는 음을 하나의 리듬으로 삼아 볼을 주고받으면서 근거리에서 상대를 관찰하고 자기를 평가하여 반응하면서 플레이하는 즐거움을 가지고 있는 스포츠이다.

이것은 어떤 스포츠에도 통하는 '일반적인 운동의 즐거움'이라기보다 '운동특성에 따른 즐거움'의 요인이 강하다. 그 특성은 기술적으로는 에너지의 효율보다도 정보처리와 반응시간에 깊게 관계되어 있다. 그리고 코트면이 바닥면보다도 높은 점과 그곳이 비교적 협소한 곳이라는 점에서 기능학습에서는 조정력이 주체가 된 활동이며, 기능향상에 따라 파워도 필요해진다.

탁구는 순발력과 빠른 근육운동을 통해 근지구력 및 호흡·순환계통 지구력을 높여주는 특성이 있다.

(2) 교육적 특성

탁구는 경기자가 서로 가까운 거리에 위치하지만, 그사이에는 시야를 가리는 것이 전혀 없는 상태에서 셀룰로이드제 볼을 치고받는 경기이다. 모든 기능습득은 참가자들의 성격과 기량에 맞춰지며, 참가자 간의 인간적 교류를 통해 인간성 및 인격함양에 공헌한다.

2) 탁구의 지도계획

(1) 지도계획
① 지도계획의 입안

탁구의 지도계획을 구성할 때는 활동전개의 주변상황과 참여자의 능력·적성·
흥미·관심 등에 맞는 지도를 할 수 있도록 충분한 배려를 해야 한다. 특히 탁구는
남녀노소 누구나가 즐기는 스포츠란 점을 감안해서 평생체육으로 연결될 수 있도록
계획을 세워야 한다.

② 지도계획

시간	지도사항	활동내용	지도상의 유의점

제1차시	• 경기의 이해
	• 연습계획의 이해
	• 볼 익히기
		• 설비·용구의 사용법을 이해한다.
		• 그립
		  ☞ 각종 그립으로 볼을 쳐보아 좋은 그립을 찾는다.
		• 볼 익히기
		  ☞ 강하고, 약하게 회전을 걸어서 쳐 올린다.
		• 벽치기
		  ☞ 바운드 서비스를 시작해서 포·백을 교대로 사용해 본다.
			• 경기의 생활화를 지도한다.
			• 설비·용구, 코트, 네트, 지주 4~6인이 1조, 라켓, 볼 각자 1개
			• 빨리 대응하도록 한다.

제2차시	• 너클 스트로크	• 벽치기
		  ☞ 표적맞추기 테스트로 자기 진단을 한다. 테스트는 2회 실시하여 좋은 쪽을 기록한다.
		• 너클 스트로크
		  ☞ 백핸드로 열 번 왕복할 수 있으면 포핸드로 10번 왕복한다. 양쪽 다 되었으면 포와 백을 교대로 한다.
			• 용구
			  ☞ 스톱워치, 종이표적, 기록표
			• 표적은 테이프로 붙인다.
			• 스트로크에 관한 규칙의 지도(1 코트를 2조 4인으로 동시 사용, 타구면의 각도를 의식)
			• 네트 위 50cm 정도에서 넘긴다.

제3차시	• 너클 스트로크
	• 더블 게임
		• 더블
		  ☞ 왼쪽 돌기, 오른쪽 돌기의 랠리 연습
		  ☞ 간이게임(올코트), 21점 선취, 파트너 체인지, 심판없이도 할 수 있도록 한다.
			• 서비스는 바운드 서비스를 사용하게 한다.
			• 기본 규칙(서비스 에리어서버, 리시버의 순서와 교대시기)을 지도한다.
			• 파트너에게 볼을 돌리는 작전을 지도한다.

제4차시	• 드라이브 스트로크	• 드라이브 회전의 타구를 치기 위한 라켓 운동을 이해해서 너클 스트로크를 발전시킨다. • 던져돌리기, 스트로크로 볼을 치는 것과 그 폼을 연습한다. • 위의 두 방법을 각자 도입해서 보다 좋은 볼이 되도록 연습한다.	• 포핸드를 중심으로 연습시킨다.
제5차시	• 드라이브 스트로크 • 드라이브 서비스 • 더블 게임	• 드라이브 서비스와 드라이브 스트로크 ☞ 던져올리기 스트로크에서 드라이브 서비스를 연습하고, 스트로크연습 속에 놓는다. • 더블 간이게임(올코트, 21점 선취) ☞ 코스(포사이드, 백사이드)를 그려서 확실하게 넣도록 한다.	• 동일 사이드로 2구 이상 볼을 모아서 상대 페어의 움직임을 교착시키는 작전을 세우게 한다.
제6차시	• 스매시 • 로빙 • 싱글게임	• 스매시와 로빙 • 싱글 간이게임(세미올코트, 11점 선취) ☞ 기습 전술을 사용한다.	• 연습용 로빙은 처음에는 네트 언저리로 올린다. • 스매시할때는 상체를 사용한다. • 상대가 스매시를 받아도 포기하지 말고 볼을 쫓는다. • 1코트에서 2조 4인이 동시에 행하게 한다. 게임은 적극적인 의식하에 행하게 한다.
제7차시	• 커트 스트로크 • 더블게임	• 커트스트로크와 커트 서비스 ☞ 던져올리기 스트로크 연습을 시킨다. ☞ 커트 대 커트의 랠리 연습을 행한다. ☞ 커트 드라이브의 랠리연습을 한다. ☞ 그동안에 커트 서비스도 할수 있도록 한다. • 더블 간이게임(올코트, 21점 선취) ☞ 이미 익힌 기술을 사용한다.	• 오른쪽 사이드스핀 경향에 주의시킨다. • 낮은 커트볼에 대해서는 조심스럽게, 높은 볼에 대해서는 마음껏 행한다.
제8차시	• 쇼트 스트로크	• 쇼트 스트로크 ☞ 쇼트 드라이브의 랠리 연습을 한다. ☞ 쇼트 시에는 주저하지 말고 코트로 접근한다. • 싱글 간이게임(세미 올코트, 21점 선취) ☞ 작전 원칙을 토대로 행한다.	• 백핸드로만으로 좋다. • 작전의 원칙(안전제1법, 공격 제1법) • 작전도를 그리게 한다.
제9차시	• 싱글게임 (예선 리그)	• 사전에 조편성을 해서 조 내 리그전(21점, 1세트 매치) ☞ 심판의 순번을 정하여 시합을 하여, 운영을 협력해서 원활하게 진행한다. ☞ 작전도를 활용한다.	• 조편성·운영 등은 연습자에게 입안시키고, 사전에 지도·확인한다. • 심판법 확인

시간	지도사항	활동내용	지도상의 유의점
제10차시	• 싱글게임 (예선 리그)	• 공격요소를 토대로 한 게임 ☞ 작전도를 수정하고 활용한다.	• 공격의 3요소(타구의 스피드, 회전, 코스)를 지도한다.
제11차시	• 싱글게임 (준결승 리그)	• 대전 상대의 특성을 파악해서 작전을 세운 뒤 행한다.	• 전원이 운영에 참가하고 있는 가.
제12차시	• 싱글게임 (결승 리그)	• 자기의 장점·단점을 파악해서 행한다.	• 개성있는 탁구를 시킨다. • 승패를 냉정하게 인정하는 태 도와 항상심을 강조한다.
제13차시	• 1팀 게임	• 사전에 팀을 편성(4~6)하고 대전조를 편성 해둔다. • 응원매너를 배운다. • 출전순번은 작전에 포함되므로 잘 의논해서 결정한다.	• 더블 1조, 싱글 4인의 형식으 로 전원 출전하게 한다.
제14차시	• 2팀 게임	• 볼과 라켓을 사용해서 자신이 생각한 바를 표현하도록 한다.	• 평가 • 운영에 대한 참가상황, 경기 의 이해도

04

농구

1) 농구의 특성과 지도상의 유의점

(1) 농구의 특성

기술수준이 낮은 참가자부터 높은 참가자에 이르기까지 기술수준이 달라도 할 수 있는 것이 농구이다. 다시 말해서 미숙한 사람은 미숙 한대로, 잘하는 사람은 잘하는대로 게임을 즐길 수 있는 것이 농구의 특성이다.

참가자가 아무리 기술수준이 낮더라도 게임은 할 수 있지만, 농구의 기본기술을 습득하려면 많은 희생과 도전이 필요하다. 농구는 다섯 명의 선수들이 하는 조정과 단결을 필요로 하는 팀경기이다. 따라서 개인의 협력과 완전한 팀워크가 결합되어야 비로소 스포츠로서 성립하게 된다. 농구는 개인기능으로 패스·드리블·슛·가딩(guarding)·풋워크(footwork) 등을 습득하여야 하며, 팀기능으로 전술·전략을 익혀야 하는 기술적인 특성이 있다. 이러한 기술의 연습과정에서 개인기능이 개발되고 단결과 책임정신이 함양되어 사회성이 육성된다. 또한 신체의 건전한 발육과 동시에 안전에 관한 배려를 습관화하는 교육적 특성도 함께 가지고 있다.

(2) 지도상의 유의점

❖ 슛연습을 중점적으로 지도한다.

농구경기에서 제1의 관심사는 슛이다. 농구의 본질은 직접공격에 따른 슛인데, 간접공격보다 직접공격을 강조한다. 슛연습을 중점적으로 지도한다는 것은 직접공격인 슛연습을 통하여 농구기술의 특성을 이해시키기 위해서이다.

◈ 연결기술을 강조한다.

연결기술에는 볼을 잡아서 패스할 때까지의 캐치→드리블→피봇→슛 또는 패스 등의 기술과 기술을 연결하는 '풋워크'와 공격에서 수비 또는 수비에서 공격하는 '공수전환'의 2가지가 있다.

◈ 기본동작을 지도한다.

4인 또는 5인이 하는 게임을 지도하려면 먼저 기본기술부터 습득시켜야 한다. 기본동작이 제대로 되지 않으면, 선수들이 볼이나 골밑에 모이는 경향을 볼 수 있다. 간단한 기술적 동작을 지도함으로써 경기자는 언제 어느 쪽으로 움직이느냐 하는 것을 알게 된다. 자신의 수비구역 및 수비자를 주지시키면 모든 경기자가 동시에 같은 장소에 몰리는 현상을 없앨 수 있다.

◈ 팀워크를 강조한다.

슛해서 득점하는 것만이 팀을 위한 공헌이 아니다. 득점하기까지의 과정을 중요시 여겨야 한다. 각자의 입장에서 더 좋은 찬스를 만들기 위해 노력할 때 선수 간의 인간관계도 양성되며 팀웍도 다져진다. 태도나 습관이 행동으로 나타날 수 있게 되어야만 농구의 기술을 습득했다고 할 수 있을 것이다.

2) 농구의 지도계획

(1) 초급단계의 지도계획

단계	시간	지도사항	활동내용	지도상의 유의점
도입	제1차시	• 연습의 목적과 진행법 • 그룹나누기 • 역할분담 • 볼 핸들링 • 바스켓	• 농구의 목적과 계획, 진행방법을 이해시킨다. • 기술수준이 균등하게 그룹을 구성한다. • 리더와 서브리더를 정한다. 연구계, 기록계, 심판은 윤번제로 한다. • 라인패스	• 코트의 수, 참여자의 수 등을 고려하여 그룹을 나눈다. • 손끝으로 볼을 다룰 것을 강조한다. • 드리블의 규칙을 설명한다.

도입		• 투스텝 스텝 (스트라이드스텝) • 슛의 연습	• 투스텝 패스 • 골 가까이에서 슛한다.	
전개	제 2~3 차시	• 피봇패스 ☞ 프론트피봇 ☞ 리어피봇 • 드리블 ☞ 스피드드리블 ☞ 체인지오브 다이렉션 드 리블 • 드리블 슛 (레이업 슛) • 1대 0 커트인을 가한다. ☞ 록커모션 ☞ 헤지테이 션스텝 • 하프코트 2대2 • 수비 • 공격	• 움직이고 있는 리시버에게 패스한다. • 스피드드리블과 방향전환 • 드리블 슛(레이업 슛) • 2대 2	• 피봇에 관한 드리블의 규칙을 설명하고, 패스하려는 공격자와 대면할 것을 강조한다. • 직접공격을 강조한다. • 투 스텝으로 볼을 머리 위 높이 에서 던질 것을 강조한다. • 연습자는 1인의 상대를 선정해 서 디펜스하고, 상대에게서 떨어 지지 말 것을 강조한다. • 볼을 갖고 있는 공격자를 수 비할 때의 위치와 볼을 갖지 않 은 공격자를 수비할 때의 위치 를 지도한다. 신체의 접촉을 피 하도록 지도(파울을 구별할 필 요없고 프리드로를 주는 것보 다 사이드에서의 드로잉으로)한 다. • 움직여서 정확한 개인디펜스 위 치를 차지할 것을 강조한다. • 골 사이에 수비자가 없을 때에 는 레이업슛이나 직접 공격을 강조하고, 득점에 관한 규칙을 설명한다.
	제 4~6 차시	• 스토핑 ☞ 패러렐스톱 ☞ 스트라이드 스톱 • 패스앤드런 (공격수) • 2대2의 공수 ☞ 공격 ☞ 수비	• 패러렐 스톱→점프 스톱 • 스트라이드 스톱 • 패스 앤 드런	• 패스앤드런, 레이업 슛의활용 • 패스 앤 드런에 대한 디펜스 • 디펜스의 위치

단계	시간	지도사항	활동내용	지도상의 유의점
전개	제4~6차시	• 원핸드쇼트 • 3대3의 공수	• 원핸드숏을 골밑숏(골밑 1~2m 이내의 범위에서)을 연습한다. • 원가드, 투가드의 3대3(하프코트) • 백도어 플레이 • 시저스 플레이 • 세프티맨	• 이 시점에서는 멀리서 하는 숏 연습은 필요없다. • 패스를 하기 전에 페인트를 하고, 필요하면 숏 전에도 페인트시킨다. • 투가드인 경우에는 항상 1인이 세이프티맨이 된다. • 원가드의 경우에는 가드가 커트인했을 때 다른 1인이 세이프티맨이 된다. • 가드는 커트인되어도 골밑을 지켜야 한다. • 디펜스의 리바운드볼 패스 아웃은 피봇아웃 시킨다. • 공·수의 전환을 강조한다.
	제7~8차시	• 페인트 • 4대4의 공수 ☞ 공격 ☞ 수비w	• 페인트, 페인트 숏 • 기습기술의 활용 간단한 웨이브 패턴 사용 〈에이트 피규어 웨이브〉 • A는 B에게 패스한다. 주로 코너에서 커트한다. D는 A의 위치로 이동하여 B에서 패스를 받는다. B는 코너로 커트하고 E는 B위치로 이동한다. 이를 계속한다. 	• 반드시 세이프티맨을 둔다. • 간단한 웨이브패턴(약속플레이)을 사용함으로써 경기자는 언제 어느 곳으로 움직이는가를 이해하게 된다. 그러나 적어도 1인의 경기자는 디펜스시의 밸런스를 잡기 위해 세이프티 위치를 잡게 해 줄 것을 강조한다.

단계	차시		활동내용	지도상의 유의점
전 개	제 7 ~ 8 차 시		• A는 B에게 패스한다. 주로 코너로 커트 한다. D는 A의 위치로 이동하에 B의 패 스를 받는다. D는 E로 패스하고 코너로 커트한다. B는 D의 위치로 이동한다. 이를 계속한다. 	
정 리	제 9 ~ 10 차 시	• 팀 연습 • 5대5의 공수 • 게임 ☞ 반성	• 올코트 5대5 센터점프 포지셔닝 • 정식게임을 한다. • 10분 게임을 2시합 한다. • 기능이 몸에 익혔는지, 태도는 어떠했 는지를 이야기한다.	• 독자적으로 움직이는 센터플 레이어를 추가한다. • 제한구역에서 3초 룰을 적용 한다. • 스코어를 더한다.

(2) 중급단계의 지도계획

단계	시간	지도사항	활동내용	지도상의 유의점
도 입	제 1 차 시	• 연습의 목적과 진행법 • 그룹나누기 • 역할분담 • 전단계의복습 ☞ 패스 ☞ 캐치 ☞ 페인팅 ☞ 레이업숏 • 1대1	• 패스, 캐치, 페인팅, 개인의 디펜스숏 연습 • 1대1	• 기본기술을 전체적으로 복습 시킨다. • 숏기술을 향상시키기 위해 시 간을 준다. • 연습을 시작할 때 1대1의 움 직임을 동반한 준비운동을 시 킨다.
전 개	제 2 ~ 3 차 시	• 스톱 피봇 드리블 • 아웃 오브 바운드	• 스톱, 스타트, 방향전환 • 사이드에서 하는 드로인	• 코트 위에서 참가자들의 포지 션과 커트 타이밍을 강조한다. • 기본적 경기를 이용하며, 모든 참가자들은 동시에 같은 장소 로 커트하지 않는다.

단계	시간	지도사항	활동내용	지도상의 유의점
전개	제2~3차시	• 2대2 • 5대5	• 패스 앤드 런의 연습 • 가딩 · 드리블러 • 가딩 · 리시버 • 가딩 · 패서 • 가딩 · 슈터	• 리턴패스를 보면서 바스켓을 향해 커트한다. • 수비선수는 빠르게 움직이게 한다. • 공격과 수비 양쪽을 강조한다. • 모두 정확한 움직임을 하고 있는지 본다.
	제4차시	• 스크린플레이 (인사이드스크린) • 2대2	• 2대 0, 인사이드 스크린 플레이 〈가드와 가드〉 〈가드와 포워드〉 • 스크린에 대한 수비 • 화이트 오버 더 스크린 • 슬라이드 • 스위치 • 스위치 수비에 대한 공격	• 수비수는 맨투맨으로 경기하듯이 스위치해서는 안 된다. • 수비수는 맨투맨으로 하거나 스위치할 것인가를 선택하고, 공격수는 이에 대응한다. • 공격수는 수비수가 바뀔 때 패스한다.
	제5차시		〈스크린 앤드 룰〉 • 3대 3 • 3인의 스크린 • 5대 5(스위치, 수비)	• 시간여유가 있을 때 • 스위치의 정확한 타이밍과 정확한 움직임을 습득한다. • 수비는 맨투맨인지 스위치할 것인지를 선택할 수 있으며, 공격수는 이에 대응한다.
	제6차시	• 스크린플레이 (아웃사이드 스크린) • 2대2의 공수 • 5대5의 공수	• 2대 0, 아웃 사이드 스크린 플레이 • 5대5(하프코트)	• 이제까지 배워 온 스크린과 공격을 위한 전술을 강조한다.

전개	제6차시	• 5대5의 공수	• 5대5(올코트)	• 공격수는 모든 스크린을 이용하고, 수비수는 전술로 이에 대응한다. • 필요하면 올코트로 한다. • 가드가 프론트코트로 볼을 옮긴다. 스크린을 사용해도 좋다.
	제7~8차시	• 숏연습 ☞ 시저스 플레이 ☞ 백도어 플레이 • 리바운드 ☞ 아웃 ☞ 아웃 레프패스 • 3대3	• 점프 숏 • 시저스플레이 · 3대 0 • 시저스플레이 · 3대 0 • 백도어플레이 • 디펜시브 리바운드 • 오펜시브 리바운드 • 시저스플레이에 대한 디펜스 • 센터가드 · 포워드의 3대3 • 2가드와 센터의 3대3 • 센터, 가드, 포워드의 공수 교대 연습 3대3 • 시저스 플레이 • 백도어 플레이 • 시저스 플레이 • 백도어 플레이	• 이미 되어 있는 사람을 지도한다. • 공격수는 시저스 플레이에서 포워드 세팅에 대해 맨투맨으로 시킨다. • 스위치 수비수와 공격수는 같은 방향으로, 2인 커트를 하지 않도록 주의시킨다. • 공격과 수비를 10회 이상 반복시킨다. • 공격과 수비 양쪽을 강조한다. • 참가자가 알고 있는 모든 전술과 기술을 이용시킨다. • 능력을 개선하기 위해 노력한다.
정리	제9~10차시	• 자유연습(작전) • 게임 • 반성	• 작전을 생각하면서 연습한다. • 정식게임 • 15분간의 게임을 2시합 한다.	• 스코어를 기록한다.

(3) 고급단계의 지도계획

단계	시간	지도사항	활동내용	지도상의 유의점
도입	제1차시	• 연습의 목적과 진행방법 • 그룹나누기 • 역할분담 • 5대5	• 그룹의 능력이 같도록 구분한다. • 5대5	• 현재까지 연습한 기능과 기술을 발전시킨다.
전개	제2~3차시	• 5대5 • 퍼스트플레이	• 스크린, 패스앤드런, 시저스의 올코트 • 퍼스트 브레이크 • 퍼스트 브레이크에 대한 디펜스	• 필요에 따라 디펜스는 맨투맨 또는 스위치로 한다.
전개	제4차시	• 2-1-2존 • 1-3-1의 공격 • 5대5 • 5대5 ☞ 1-3-1의공격 ☞ 2-1-2의 존	• 2-1-2 존의 연습 × : 수비 O : 공격 • 1-3-1의 공격대형에서의 각종 전술의 응용 • 5대5 기습기술의 활용	
전개	제5~6차시	• 1-3-1존 • 2-3(2-1-2)의 공격	× : 디펜스 O : 오펜스 • 5대5(하프코트, 올코트)	• 기습기술, 전술의 반전을 시킨다. • 다른 존이라도 좋다. (1-2-2 존디펜스)

전개	제 5 ~ 6 차 시	• 5대5 ☞ 1-3-1의 존공격 ☞ 2-3(2-1-2)의존공격		
	제 7 ~ 8 차 시	• 5대5 ☞ 1-3-1의 공격 ☞ 2-3 (2-1-2)의 공격 ☞ 2-1-2 존 수비 ☞ 1-3-1 존 수비 • 팀으로 오펜스 디펜스 대형 5대5	• 각 공격대형 연습 • 5대 5(하프코트, 올코트)	• 팀에서 공격과 수비의 대형을 선택시킬 것을 인정한다.
정리	제 9 ~ 10 차 시	• 팀에서의 자체 연습 • 게임 • 반성	• 정식게임을 한다. • 15분	• 스코어를 기록한다. • 5, 6, 7, 8시간째에 만든 포메이션을 활용한다.

05
축구

1) 축구의 특성과 적성

(1) 축구의 특성
① 기술적 특성

축구의 기술적 특성은 골키퍼 이외는 경기 중에 손을 사용해서는 안 된다는 점이다. 이 때문에 발로만 볼을 다뤄야 하므로 축구가 하기 어려운 스포츠이다. 그러나 손 이외에는 신체의 어느 부위를 사용하더라도 아무 제재도 받지 않는 이점도 있다.

축구의 기술습득과 연령은 밀접한 관계가 있어서 초등학교 후반부터 중학교 때가 기술습득의 최적기라고 할 수 있다. 축구는 모든 사람이 고도의 기능을 몸에 익혀야만 할 수 있는 스포츠가 아니고, 각자의 기능수준에 따라 누구나 즐길 수 있는 특성이 있다.

② 전략적 · 체력적 특성

축구의 전략적 특성은 경기 중에 항상 볼 · 상대편 · 자기편 등의 관계에 의해 상황이 변화된다는 것이다. 그중에서 정확한 판단으로 자기행동을 결정해야 하며, 자기편과의 협동작업을 해나가야 한다는 것이 중요하다. 이 때문에 주변상황의 파악과 자기편끼리의 공통된 이해, 그리고 판단의 정확성이 요구된다.

축구의 체력적 특성은 그라운드의 넓이, 볼스피드, 거리, 상대와의 접촉, 게임시간 등으로 결정된다. 세로 105m, 가로 68m의 그라운드 안을 제약을 거의 받지 않고 활동하면서 때로는 볼을 던지기도 한다. 활동영역(볼의 위치) 안에서의 이동거리는 스포츠종목 중에서도 특히 많다.

③ **교육적 특성**

축구의 교육적 특성은 다음과 같다.

⑴ 일생에 걸쳐 운동실천의 능력과 태도를 양성한다. 즉 축구의 기능습득, 경기
   구성요소(공격과 수비의 콤비네이션 플레이 시스템)의 이해와 실천, 규칙의
   이해 등을 통해 일생동안 운동을 실천하는 능력·태도가 양성될 수 있다.

⑵ 바람직한 인간형성을 유도한다. 축구는 동료들과 경기를 통하여 그 즐거움을
   맛볼 수 있으며, 목적달성을 위해 집단적으로 협력하는 과정에서 바람직한 인
   간형성을 위한 분위기를 조성한다.

⑶ 규칙을 준수하고, 서로의 건강이나 안전에 대한 배려도 교육적 특성으로 볼
   수 있다.

(2) 축구에 맞는 적성

축구경기는 경기시간이 길고 진행되는 경기내용은 격렬하므로 강인한 정신력을
필요로 할 뿐만 아니라, 모든 악조건에서도 이겨낼 수 있는 체력이 필요하다. 다른
스포츠와 마찬가지로 축구경기도 경기자로 하여금 축구에 알맞은 적성을 중요시하
고 있다. 넓은 의미의 적성은 정신력과 체력을 포함한다.

따라서 축구에 필요한 적성은 정신적인 면과 체력적인 면으로 구분할 수 있는데,
그 내용은 다음과 같다.

① **정신력**

축구경기는 정신력을 대단히 중요시한다. 연습과정에서나 경기에서 꾸준한 노력
없이는 성공하기가 어렵다. 자기의 목표 혹은 팀 전체의 목표를 달성하기 위해서는
모든 어려움을 극복하고 그 목표를 향한 전진과 노력만 필요할 뿐이다. 이러한 목표
를 향한 전진과 노력은 목표를 달성하기 위해 연습과 경기에 임하는 집중력이 결여
되어서는 절대로 할 수 없는 일이다.

또한 축구는 꾸준하고 성실한 노력과정을 요구할 뿐만 아니라 단체경기이므로 자
제력도 필요로 한다. 어느 개인이 자기만을 위한 행위는 존재할 수 없다. 개인은 전

체의 목표달성을 위해 희생할 줄 알아야 하며, 독단적인 행위·태도나 자기만의 이기주의적인 행위 따위를 버려야 팀워크가 조성된다. 따라서 축구에는 개인적 행위·태도·생활습관을 자제하고, 스스로를 컨트롤할 줄 아는 정신력이 필요하다.

② 체력

축구도 다른 모든 스포츠와 같이 체력적인 면을 중요시한다. 왜냐하면 기술수준이 같다면 어디까지나 체력이 우수한 편이 유리하기 때문이다. 특히 축구는 스태미너를 요하는 경기이므로 체력육성에 관심을 가져야 한다.

축구선수에게는 일반적인 체력과 전문체력이 모두 필요하다. 90분간을 뛰어다닐 수 있는 것은 일반적인 체력에 속하는 문제이고, 키킹·드리블·헤딩·골키핑 등과 같은 것은 전문적인 체력에 속하는 기술이다.

2) 축구의 지도계획

(1) 지도계획의 입안
① 지도효과를 높이기 위한 지도계획

참가자의 기능을 A~F의 6단계로 나누어 각 단계에 맞는 지도계획을 세운다. 각 단계는 ⓐ 중심이 되는 게임, ⓑ 골을 공격하고 지키기, ⓒ 볼을 진행시키고 정지시키기, ⓓ 볼을 유지하거나 뺏기 등의 내용으로 나눈다.

이것은 분습법을 채용한 연습방법인데, 이때 위의 ⓐ는 게임으로, ⓑ는 게임장면에서의 연습으로, ⓒ는 게임과 직결되는 연습으로, ⓓ는 기본자세 등으로 바꾸어 생각할 수도 있다. 이들 '인식→연습→실천'은 각 활동내용에 맞게 전개하는 것이 중요하다.

A~F단계는 이들 사고방식에 따라 연습내용, 참여자수, 장소, 체력 등 참가자의 특징을 고려하여 가능한 계통성을 지니고 전개할 수 있도록 한다.

⑴ 축구의 연습효과를 높이려면 다음과 같은 과정이 따라야 한다.

⑴ 게임을 경험시키고, 축구경기의 전체모습을 파악케 한다.

ⅲ) 게임장면에서 기능습득의 요점을 소개하고, 연습내용이 게임 중 어느 장면에 필요한가를 인식시킨다.

ⅲ) 기본적인 단계에서 연습시킨다.

ⅲ) 기본적인 단계에서 게임이 직결되는 연습으로 진행한다.

ⅲ) 게임장면을 통해 실전을 경험하게 한다.

② **지도목표**

ⅲ) 중급단계인 경우에는 지도목표를 다음과 같이 한다.

ⅲ) 개인의 볼 다루는 능력을 양성한다.

ⅲ) 개인의 능력을 양성하며, 게임 중 필요한 기능을 연습한다.

ⅲ) 게임형식으로 하며, 연습내용을 게임에 활용하도록 시도한다.

ⅲ) 팀이나 그룹으로서 행동할 수 있으며, 서로 협력하고 역할분담을 해서 기능을 습득하고 게임에서 이기기 위해 노력한다.

ⅲ) 안전에 주의한다.

③ **축구지도 시의 유의점**

축구를 지도할 때에는 참가자들의 발육발달 정도에 따라 비교적 조기부터 민첩성 · 밸런스 · 유연성 등을 높이고, 청년기가 되면 파워와 지구성도 높여나가야 한다. 이와 함께 코트의 넓이, 규칙, 인원수 등을 적절히 연구해야 한다.

특히 초급단계에는 노는 과정에서의 기능습득이 주목적이 되며, 중급단계에서는 점차 이론적으로 조직해서 지도하는 것이 필요하다. 고급단계에 접어들면 규칙의 이해를 깊이 하고, 정규게임과 같이 구성하여 콤비네이션 플레이를 이해시키고, 동시에 실천할 수 있도록 지도한다. 끝으로 팀 대 팀의 시합을 목표로 팀 내에서의 역할분담을 이해하고 실천할 수 있도록 한다. 초 · 중 · 고급단계를 일관해서 정확히 지도하여야 비로서 고도의 기술을 몸에 익힐 수 있게 된다.

◆ **준비물**

ⅲ) 축구코트 : 1면

ⅲ) 축구볼 : 2인에 1개

⑴ 장애물(콘) : 20개

⑴ 백넘버 : 11매 2색

⑴ 휘슬 : 1개

⑴ 라인스맨, 포랙 : 2매

⑴ 그룹별 기록표 : 그룹 수

⑴ 성적표 : 1매

(2) 지도계획

시	분	지도사항	활동내용	지도상의 유의점
제1차시	10	오리엔테이션	• 주된 연습내용을 설명한다.	
	10	그룹편성	• 7~8인 1조로 팀을 구성한다. • 1그룹은 1팀으로 기록표에 이름을 기록한다.	• 각 그룹의 능력이 균등하도록 그룹을 나누다.
	5	준비운동	• 그룹마다 실시한다.	• 신체 각 부위를 신전시키고, 엉덩관절·무릎관절·발목관절의 가동범위를 넓혀준다.
	20	시합경기	• 그룹대항으로 한다. 코트의 1/2 넓이로 한다.	• 심판은 쉬는 그룹이 한다. • 게임을 안 하는 그룹에는 다른 연습 과제를 준다.
	5	정리운동	• 그룹마다 한다. • 반성 등도 포함시킨다.	• 부상자 확인은 그룹마다 반드시 하게 한다.
제2차시	5	준비운동	• 그룹마다 한다.	• 리더를 정해 통솔하게 한다.
	10	볼리프팅	• 볼을 떨어뜨리지 않고 발등으로 계속 튀긴다. • 1분간의 연속 최고횟수를 측정한다. • 기록표에 기입한다.	• 볼의 중심을 잡는다. • 당황하지 말고, 집중하여 전회보다 1회라도 많이 하도록 주의시킨다. • 연속횟수는 반드시 측정하도록 한다.
	5	바운드 볼의 숫	• 패널티에어리어 라인 부근에서 손으로 볼을 떨어뜨리고 원바운드해서 떨어지는 볼을 차서 숫한다.	• 숫할 볼 줍는 것을 그룹마다 교대로 시킨다.
	5	드리블숫	• 하프라인에서 드리블로 진행하여 숫한다.	• 숫한 볼은 스스로 줍게 한다. • 숫할 위치는 패널티에어리어 부근으로 한다.

	20	게임	• 그룹대항으로 한다. • 코트의 1/2넓이로 한다.	• 규칙은 꼭 필요한 것만 알려준다.
	5	정리운동	• 그룹마다 한다.	
제3차시	5	준비운동	• 그룹별로 한다.	
		볼리프팅	• 제2차시와 같은 요령으로 한다.	• 양발을 번갈아 사용하게 한다. • 잘하는 사람이 있으면 시범을 보이게 한다.
	15	메스드리블	• 일정한 지역 내(페널티에어리어의 반 정도)에 전원이 들어가며, 볼을 받은 사람은 다른 사람에게 닿지 않도록 드리블한다. • 인사이드로만 한다. • 아웃사이드로만 한다. • 발바닥을 많이 사용한다.	• 각자 볼 1개씩 갖는 것이 좋지만, 없을 때에는 구역 안에 들어가 움직이게 한다. • 드리블러는 볼뿐만 아니라 주위를 보면서 드리블해야 한다. • 러닝 중에 볼을 터치할 수 있도록 시킨다.
	10	드리블 숫	• 하프라인에서 드리블로 진출하여 숫한다. • 터치라인 방향에서 드리블로 진출하여 숫한다.	• 숫 시에는 볼을 잘 보게 한다. • 드리블 스피드는 적당히 제한한다.
	15	한쪽 골에서 하는 게임	A B → C ——→ D • A는 B와 드리블로 볼을 주고받아서 숫한다. C는 골키퍼가 되어 볼을 잡으면 D에게 패스하고, C는 수비자가 되어 D와 1대1로 대결한다. A는 이번에는 골키퍼가 된다. 이를 반복한다.	• 방법을 충분히 이해시킨다. • 1대1의 횟수를 많이 한다. • 골키퍼는 어떤 숫이 날라와도 수비할 수 있도록 한다. • 교대는 신속히 한다. • 상대를 적당히 교대시킨다.
	5	정리운동	• 그룹별로 한다.	
제4차시	5	준비운동	• 그룹별로 한다.	
	15	볼리프팅 메스드리블	• 제3차시의 복습 • 일정한 방향으로 이동한다. • 제3차시의 복습 • 신호로 드리블 방향을 180도 바꾼다. • 신호로 드리블 스피드에 변화를 준다.	• 반드시 기록하게 한다. • 볼터치 횟수를 많게 하여 볼에 익숙해지게 한다. • 갖가지 제한을 가해 변화를 준다.
	5	모방드리블	• 2인1조를 앞뒤로 해서 앞의 사람의 드리블을 뒤의 사람이 모방한다.	• 모방하는 사람은 볼에서 되도록 눈을 떼고, 앞의 사람을 보게 한다.

시	분	지도사항	활동내용	지도상의 유의점
	5	드리블 슛	• 페널티에어리어라인을 따라 드리블하여 슛한다. 	• 슛할 때에는 서 있는 발을 골쪽으로 향하게 한다. • 슛할 때 골을 보지 않도록 미리 보아두게 한다.
	15	3인 2조의 1대1 게임	 • A와 D는 1대1로 서로 슛을 겨냥한다. B와 E는 골키퍼, C와 F는 볼을 줍는 역할을 한다. 슛을 당한 팀의 골키퍼가 드리블러가 된다. 각 그룹 중에서 로테이션시킨다.	• 방법을 잘 이해시킨다. • 신속히 교대시키고, 1대 1의 횟수를 많게 한다. • 볼은 2~3개 준비한다.
	5	정리운동	• 그룹별로 한다.	
제5차시	5	준비운동	• 그룹별로 한다.	
	15	볼리프팅 모방드리블	• 인스텝　• 인사이드 • 넙다리　• 머리 • 제4차시의 복습 • 그라운드의 여러 장소로 이동한다.	• 인스텝뿐만 아니라 다른 부위로도 시험한다. • 되도록 섬세한 동작도 코치할 수 있게 한다. • 앞의 사람은 빨리 움직이지 않도록 한다.
	10	장애물 드리블	• 그룹마다 골라인에 수직으로 3~5m 간격에 장애물을 놓고, 그사이를 드리블로 누비며 왕복하게 한다. • 각 그룹이 동시에 출발하여 릴레이를 한다.	• 처음에는 빠르기보다 정확성에 주의한다. • 인사이드와 아웃사이드를 훌륭히 조합해서 사용케 한다. • 릴레이 시에는 터치방법을 연구하도록 한다.
제6차시	5	다리 사이를 통한 드리블 슛	• 하프라인 부근에 볼을 가진 사람 앞에 발을 좌우로 벌리고 서 있을 수비자를 둔다. • 드리블러는 다리 사이로 드리블해서 슛한다. 수비자는 그것을 추격한다.	• 슈터는 추월을 당해도 당황하지 않게 한다. • 뒤따라 오는 사람의 주행코스에 몸을 넣어 드리블시킨다. • 슛 시에는 볼을 잘 보게 한다.
	10	3인 2조의 1대 1게임	• 제4차시의 복습 • 조별 총득점과 총실점을 비교한다.	

	5	정리운동	• 그룹별로 한다.	
제7차시	5	준비운동	• 그룹별로 한다.	
	15	볼 리프팅 2인 패스로 진행	• 제6차시의 복습 • 지그재그 패스로 골라인을 왕복한다. • 패스하면서 가로 세로를 왕복한다.	• 코트 오른쪽으로 가서 왼쪽으로 오면 충돌을 피할 수 있다. • 패스하는 발이 다음 러닝 시에 1보가 되게 한다. • 소리를 질러서 패스 타이밍을 잡도록 한다.
	10	2인의 패스에서 슛	• 하프라인에서 2인 패스로 진출하여 골에 슛한다. • 터치라인에서 2인 패스로 진출하여 골에 슛한다.	• 슛을 결정하는 것을 제1로 시킨다. • 위치와 자세가 좋은 사람(골 방향으로 향해 있는 사람 등)이 슛하도록 연구한다.
	15	3인 2조의 2대2 게임	• 제6차시의 복습	• 상대를 적당히 교대하고, 득점으로 경쟁시킨다.
	5	정리운동	• 그룹별로 한다.	
제8차시	5	준비운동	• 그룹별로 한다.	
	15	볼리프팅	• 신체의 모든 부위를 사용한다.	
	15	드리블 슛	• 하프라인 부근에서 출발하여 도중에 장애물을 피해서 슛한다.	• 스피드보다도 정확성을 중시한다.
	10	2인의 패스에서 슛	• 1/2코트 내의 여러 지점에서 출발하여 골로 향한다. • 스로잉 패스를 받아 슈팅한다.	• 볼컨트롤 등을 섞어 연습한다.
	25	게임	• 그룹대항으로 게임을 한다. • 코트는 1/2코트로 하고, 인원수는 8대 8로 한다.	• 다른 그룹이 게임을 하고 있을 때에는 그룹별로 게임의 진행방법을 등을 협의하게 한다. • 교대로 골키퍼를 시킨다.
	5	정리운동	• 그룹별로 한다.	
제9차시	5	참석자 확인	• 그룹별로 한다.	
	15	평가	• 그룹별로 나누어 볼리프팅 횟수를 그래프용지에 기입하여 진도를 서로 비교한다.	• 개인과 그룹 간을 비교시킨다.
	15	규칙의 이행	• 축구규칙에 대해 질문형식으로 서로 검토하게 한다.	• 의장 등을 선출하여 자유롭게 토론하게 한다.

시	분	지도사항	활동내용	지도상의 유의점
	15	연습에 대한 이해	• 축구기술의 연습포인트를 서로 검토시킨다. • 드리블의 주의점 • 인사이드킥의 주의점 • 슛할 때의 주의점	• 그룹으로 나누어 검토내용을 열거시킨다.
제 10 차 시	5	준비운동	• 그룹별로 한다.	
	20	테스트	• 1분간의 최고 볼리프팅 횟수를 측정한다. • 슬라롬드리블의 속도를 측정한다.	• 시간을 유효하게 사용한다. • 교대등을 신속히 하게한다. • 용구등을 훌륭히 배열한다.
	20	게임	• 그룹대항으로 게임을 한다.	• 리그전 형식으로 게임을 시킨다. • 우승자, 득점왕 등을 결정해서 서로 격려한다.
	5	정리운동	• 그룹별로 한다. • 그룹 해산	• 마무리를 제대로 하고, 다음의 희망사항 등을 전달한다.

06

골프

1) 골프의 특성과 지도목표

(1) 골프의 효과

⑴⑴ 골프를 하면 대자연에서 호흡하며 산책하는 즐거움과 자신의 플레이 수준에 따라 나름대로 묘미를 맛볼 수 있다.

⑴⑴ 골프는 소음과 공해에 시달리며 복잡한 사회생활을 하고 있는 현대인에게 가장 적합한 스포츠이다.

(2) 참여자의 특성

⑴⑴ 운동부족으로 인한 각종 질환의 위험성이 있다.

⑴⑴ 사회생활로 인해 각종 스트레스를 받고 있다.

⑴⑴ 운동을 통해 삶의 활력소를 모색하고 있다.

(3) 프로그램의 특성

⑴⑴ 여러 사람들을 사귐으로써 인간관계를 폭넓게 할 수 있다.

⑴⑴ 골프를 통하여 예의와 질서를 배울 수 있다.

⑴⑴ 언제든지 즐길 수 있는 운동이므로 건강에 도움이 된다.

⑴⑴ 여가선용의 기회를 제공해준다.

(4) 골프의 지도목표

⑴⑴ 그립을 정확하게 잡을 수 있도록 한다.

⑩ 어드레스를 정확하게 이룰 수 있도록 한다.

⑩ 아이언 치는 법을 배운다.

⑩ 드라이버 치는 법을 익힌다.

⑩ 피칭 및 퍼팅이론을 배운다.

⑩ 골프규칙을 정확하게 주지시킨다.

⑩ 골프장에서의 에티켓을 주지시킨다.

2) 골프의 기본기술

(1) 그립의 종류

⑩ 내추럴그립……야구의 배트를 쥐듯이 10개의 손가락으로 꽉 쥐는 방식을 말한다. 이것은 힘이 약한 사람이나 손가락이 짧은 사람에게 알맞다. 그러나 좌우의 손에 연대감이 적기 때문에 오른손이 너무 잘 듣는다든가 하여 난점이 생

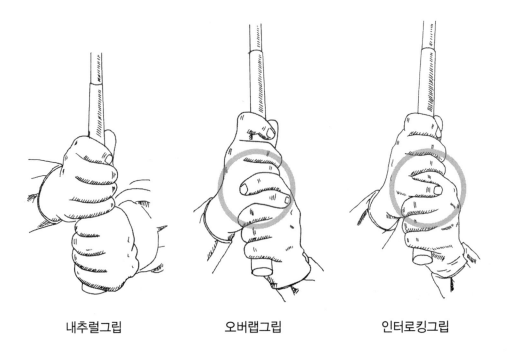

내추럴그립   오버랩그립   인터로킹그립

기기 쉽다.

- ◢◢◢ 오버랩그립……오늘날 거의 모든 골퍼가 취하고 있는 방식이다. 오른손 새끼 손가락을 왼쪽으로 꼬아 오른팔의 힘이 왼팔보다 센 것을 누르는 맛이 있다. 특히 하드 히트는 이 방법이 좋다. 오른손으로 마음껏 때려도 왼손이 벽이 되어 좌우의 밸런스가 맞는다는 것이 이점이다.

- ◢◢◢ 인터로킹그립……오른손 새끼손가락을 왼손 집게손가락에 꼬는 방식이다. 힘이 약하거나 손가락이 짧은 사람은 이것을 변형시켜 왼손의 엄지손가락을 샤프트 밖(우측)으로 풀어나가는 방법이 있다.

(2) 스탠스의 종류

- ◢◢◢ 스퀘어 스탠스……볼이 날아가는 선과 양발이 평행으로 서는 스탠스이며, 골프를 시작하는 사람은 이 스탠스부터 익힌다.

- ◢◢◢ 클로즈드 스탠스……왼쪽을 그대로 두고 오른발을 뒤로 당기기 때문에 목표보다 오른쪽을 향하는 스탠스가 된다. 이 스탠스로 스윙하면 클럽헤드가 인사이드에서 볼을 포착하기 때문에 볼의 왼쪽 회전이 잘 붙고 거리도 길어지며 잘 날아가는 타구가 된다.

- ◢◢◢ 오픈 스탠스……왼발을 약간 뒤로 뺀 자세이다. 클럽페이스가 열려 슬라이스계통의 볼을 치기 쉽다. 이 스탠스는 스윙의 전반보다 후반에서 팔로스루를 취하기 쉬운 자세이다. 비거리보다 방향성을 중요시하는 스탠스이며, 중거리나 단거리에서 자주 사용한다.

스퀘어 스탠스   클로즈드 스탠스   오픈 스탠스

(3) 어드레스

어드레스는 볼을 치기 위한 방향을 정하고 자세를 취하는 것이며, 그립이나 스탠스가 올바른 자세에서 스윙이 가장 이상적이다. 골프를 처음 시작하는 사람이나 어느 정도 수준에 있는 사람에게 어드레스는 중요하다. 왜냐하면 그립을 포함한 어드레스가 스윙의 90%를 결정한다고 해도 과언이 아니기 때문이다.

어떤 스포츠에서든 모두 같지만, 특히 골프에서는 자세(어드레스)가 큰 의미를 지니고 있다. 바르게 그립을 했으면 이제 양발을 붙이고 서자. 그대로 클럽을 휘둘러올려 상대방의 정면을 치는 것처럼 휘둘러내린다. 그런 다음 가볍게 인사를 하는 것처럼 상체를 약간 기울인다. 몸은 곧게 편 상태이다.

이상이 어드레스의 첫걸음이다. 이때 볼과 몸의 간격, 상체의 모습을 잘 기억해두자. 다음에 발을 벌린다. 여기에서 중요한 것은 왼쪽 발꿈치에서부터 볼이 날아가는 선과 직각인 선 위에 볼이 오게 된다는 사실이다.

2) 골프의 지도계획

(1) 1주차 지도계획

목표 : 그립의 완성과 어드레스기본 완성

시간(분) 일	화	수	목	금
10분	오리엔테이션 (VTR 상영)	그립 잡는 법 연습	그립과 어드레스 복습	하프스윙 복습
20분 / 30분	그립 잡는 법 설명 및 연습	어드레스 설명 및 연습	스탠스 설명	하프스윙 교정 (개인별 레슨)
40분	(오버랩, 내추럴, 인터로킹 그립)	어드레스 설명 및 연습	하프스윙 설명 및 연습	하프스윙 교정 (개인별 레슨)
50분	휴 식	휴 식		

시간(분) \ 일	화	수	목	금
60분	휴 식	휴 식		
70분			휴 식	휴 식
80분	상견례 및 회식	그립과 어드레스 교정 및 연습		
90분			스탠스 및 하프스윙 연습	하프스윙 연습
100분				
110분				

1주차 지도계획

일(시간)	진행	세 부 진 행
화요일	20분	VTR상영(골프 스쿨)
	30분	오버랩그립 잡는 법을 가르킨다.
	70분	상견례 및 회식(간단한 다과와 함께 개인 소개)
수요일	20분	오버랩그립 연습(클럽이 제대로 맞는지 확인하고 교정한다)
	30분	어드레스(스탠스와 어깨, 머리, 허리, 다리동작 설명)
	60분	그립과 어드레스 연습(각자의 자세 확인 후 교정)
목요일	20분	그립과 어드레스 복습(자세 확인, 교정)
	10분	스탠스 연습(각자의 체형에 맞게 자세를 잡아준다)
	30분	하프스윙 연습(스탠스, 교정 후 팔로만 스윙연습, 헤드업 절대금지)
	50분	헤드업 교정. 스윙 시 왼쪽팔·왼쪽어깨 등 기본자세 확인 교정
금요일	40분	하프스윙 복습(자세 교정이 제대로 되었는지 확인)
	20분	개인 레슨(그립의 모양, 악력, 스탠스,팔의 동작과 헤드업에 주의)
	50분	하프스윙 연습(레슨이 제대로 되었는지 확인)

(2) 2주차 지도계획

목표 : 스윙과 다운스윙 완성

시간(분) \ 일	화	수	목	금
10분 ~ 20분	1주차 그립과 어드레스의 반복연습	하프스윙 반복연습	백스윙 반복연습	다운스윙 반복연습
30분 ~ 50분	하프스윙으로 볼을 친다	백스윙 연습	백스윙으로 볼을 친다	다운스윙으로 볼을 친다
50분 ~ 60분				휴 식
60분 ~ 70분	휴 식	휴 식	휴 식	백스윙과 다운 스윙
80분 ~ 100분	하프스윙으로 볼을 친다	백스윙으로 볼을 친다	백스윙으로 볼을 친다	
100분 ~ 110분	백스윙 연습		다운스윙 연습	팔로스루 완전 숙지

2주차 지도계획

일(시간)	진행	세 부 진 행
화요일	20분	1주차에서 배운대로 잘 되는지를 확인한 후 교정한다.
	40분	하프스윙으로 볼을 치며, 헤드업에 주의를 기울인다.
	30분	잘못된 점을 교정해주고, 시선처리(볼을 끝까지 본다)에 중점을 둔다.

일(시간) / 진행		세 부 진 행
화요일	20분	하프스윙에서 백스윙으로 전환할 때 자세의 흐트러짐에 주의하고, 다리의 중심이동과 허리의 중요성을 인식시킨다.
수요일	20분	하프스윙으로 가볍게 친다.
	40분	백스윙때 클럽헤드가 오버되지 않았나에 주의(이상적인 각도는 45도)한다.
	50분	다리와 허리를 움직여서 가벼운 스윙으로 자기스윙을 만들어 친다. 중심 이동에 주의한다.
목요일	20분	백스윙을 연습하며, 자세를 교정해준다.
	40분	백스윙으로 볼을 치며, 자세에 특히 신경을 쓰며 힘을 빼고 스윙한다.
	30분	백스윙으로 볼을 치며 가벼운 스윙이 되도록 한다.
	20분	다운스윙(백스윙과 자연스럽게 연결되도록 한다)
	20분	가벼운 다운스윙이 되도록 일정한 리듬으로 연습한다.
금요일	30분	다운스윙을 할 때 오른쪽 팔꿈치가 겨드랑이와 붙어 나오는지를 확인하며, 그립과 몸 사이가 너무 넓지 않은지 확인하고 교정한다.
	30분	볼을 칠 때 백스윙의 각도가 45도로 유지되도록 하고, 다운스윙 때 중심 이동과 상체의 상태를 교정해준다.
	30분	팔로스루(마지막 스윙까지 확실히 하도록 주의)

(3) 3주차 지도계획

목표 : 드라이버의 완성

시간(분) / 일	화	수	목	금
10분	아이언의 스윙 연습	드라이버의 자세 반복	드라이버의 스윙 복습	드라이버 자세, 스윙 복습
20분				
30분	드라이버샷 설명	드라이버의 스윙 연습	타석에서 드라이버로 볼을 친다.	드라이버로 볼을 친다.
40분				
50분	휴 식	휴 식	휴 식	휴 식

시간	휴 식	휴 식	휴 식	휴 식
60분				
70분	개인의 스탠스와 그립을 확인하고 교정한다.	드라이버 스윙으로 볼을 친다.	드라이버샷을 볼을 놓고 연습	드라이버샷을 볼을 놓고 친다.
80분				
90분				
100분	드라이버샷 연습	개인 레슨	개인 레슨	개인 레슨
110분				

3주차 지도계획

일(시간)	진행	세 부 진 행
화요일	20분	기금까지 배운대로 완벽한 스윙이 되도록 연습한다.
	20분	드라이버샷을 설명(스탠스를 넓게 하고 어드레스를 아이언샷과 달리 볼과 떨어져 자세를 취한 후 볼을 끝까지 밀어친다는 느낌으로 친다)
	30분	개인의 체형에 맞게 스탠스를 교정시켜주고 그립을 잡는 것을 교정한다.
	30분	타석에서 폼을 만든 후 핀을 스윙으로 쳐본다. 이때도 헤드업은 금물
수요일	20분	드라이버 자세 복습
	30분	드라이버샷 자세 연습(연습 스윙을 해 본다)
	40분	드라이버샷으로 볼을 친다(어드레스 때 긴장을 풀고 볼을 친다)
	20분	개인 레슨(잘못된 점을 지적하고, 교정해 준다)
목요일	20분	드라이버 스윙 연습(일정한 리듬으로 다운 스윙을 확실히 한다)
	30분	드라이버샷으로 볼을 친다(자세를 생각하며 몸에 힘을 빼고 친다).
	40분	드라이버샷으로 볼을 친다(볼을 끝까지 보고 헤드업은 금물).
	20분	개인 레슨(스탠스가 맞는지 확인하고 헤드업을 교정해 준다)
금요일	20분	드라이버 자세 연습(가볍게 일정한 리듬으로 연습 스윙한다)
	30분	드라이버샷으로 볼을 친다(헤드업, 스탠스, 자세 등에 신경을 쓴다).
	40분	드라이버샷으로 볼을 친다(지금까지 익힌 것을 토대로 자기 스윙을 만드는 데 중점을 두고 친다).
	20분	개인 레슨(그립, 어드레스, 백 스윙, 다운스윙 등을 점검하고 교정)

(4) 4주차 지도계획

목표 : 피칭과 퍼팅의 완성과 골프규칙의 숙지

시간(분) 일	화	수	목	금
10분	드라이버 스윙 연습	피칭 스윙 복습		
20분			피칭과 퍼팅의 자세 연습	
30분	피칭에 대한 설명	피칭 스윙으로 볼을 친다.		
40분				
50분				
60분	휴 식	휴 식	휴 식	필 드
70분	피칭 스윙 연습	퍼팅 자세 설명		
80분				
90분			골프규칙 설명	
100분		퍼팅 연습		
110분				

4주차 지도계획

일(시간) 진행		세 부 진 행
화요일	20분	드라이버 스윙 연습
	30분	피칭 설명(스탠스는 왼발을 오픈시키고, 중심은 왼쪽에 두고 헤드를 눕힌 그립으로 가볍게 친다)
	30분	피칭 스윙 연습(백 스윙과 팔로 스윙은 같게 하고, 손목만을 사용하는 것은 금물)

일(시간)	진행	세 부 진 행
화요일	30분	피칭 스윙으로 볼을 친다(헤드업은 하지 말고 10, 20, 30, 40m 간격으로 정확하게 칠 수 있도록 한다)
수요일	20분	피칭 스윙 연습
	30분	피칭 스윙으로 볼을 친다.(10, 20, 30m 등에 볼이 정확하게 떨어질 수 있도록 스윙의 폭을 생각하고 피칭의 최대거리도 측정해 본다)
	20분	퍼팅 자세 설명(그립과 스탠스, 클럽과 팔의 직각 상태, 잔디의 결, 바람의 상태를 읽을 수 있도록 한다.)
	40분	퍼팅 연습(모형 그린 위에서 볼을 친다.)
목요일	50분	피칭과 퍼팅의 연습(전날 배운 것을 생각하며 가볍게 친다)
	60분	골프규칙 설명(골프규칙 참고)
금요일		필드

4주차의 필드일정표

시간	진행	진 행	비 고
08:00		○○ CC하우스 도착	개 인 별
08:40		스윙 연습, 퍼팅 연습	연습장(인근)
09:00		준비물 확인, 에티켓, 룰 주지	
12:00		필드로 출발, 티샷	
13:00		샤워	
14:00		점심 식사	
		미팅(평가) 후 해산	개 인 별

제2장

수상 스포츠

01
수영

1) 수영의 지도목적과 목표

(1) 수영의 지도목적
- 단계적 신체단련을 통한 건강 증진
- 물에 대한 공포심 해소 및 적응력 배양, 자신감 부여
- 신체활동 및 회원들 간의 친교를 통한 건전한 여가생활
- 수영인구의 저변확대로 국민스포츠 발전에 기여

(2) 수영의 지도목표
- 물과 친숙할 수 있도록 한다.
- 자유형 킥을 올바르게 익힌다.
- 자유형 호흡법을 편하게 한다.
- 어떠한 상황에서도 정확한 폼으로 수영할 수 있도록 한다.

2) 수영의 지도계획

(1) 기본기술 지도계획

월	내용 주	중점 지도 내용
11월	1주	오리엔테이션 및 자유형 발차기, 일(一)자 뜨기, 킥보드를 이용한 킥
	2주	킥보드를 사용한 키킹, 호흡, 한팔 젓기
	3주	킥보드를 사용한 자유형 팔젓기 및 호흡, 컴비네이션 연결, 킥보드없이 자유형

(2) 1주차 지도계획

11월 ○○일 월요일

시간 \ 단계	지도 구분	지도 내용 설명		유의사항
		지도자	참여자	
도입 1 (14 : 00~ 14 : 20)	얼굴 익히기	• 수업내용 및 유의 사항 설명 • 분위기 조성	• 올바른 자세로 지 도자의 설명 듣기 • 주위의 사람과 인 사하기	• 자유롭게 원형으 로 앉는다.
도입 2 (14 : 20~ 14 : 30)	준비체조	• 체조할 수 있는 공 간을 확보	• 짝체조 등으로 간 단히 몸을 푼다.	• 자유롭게 원형으 로 앉는다.
전개 및 정리 (14 : 30~ 14 : 50)	물 익히기	• 물에 대한 두려움 과 공포심을 해소 할 수 있는 수중 에서의 게임 준비	• 지도자의 리드대로 게임에 동참한다.	• 수심이 얕은 곳에서 실시

11월 ○○일 수요일

시간 \ 단계	지도 구분	지도 내용 설명		유의사항
		지도자	참여자	
도입 1 (14:00~ 14:10)	준비체조	• 수업시작 5분 전에 대기하여 체조 공간 을 만들어 준다.	• 수업시작 5분 전 에 입장하여 음악 에 맞추어 준비체 조를 한다.	
전 개 (14:10~ 14:40)	앉아서 발차기 (2m × 2회) 반복	• 발목과 무릎을 곧 게 펴서 한다. • 엄지발가락끼리 거 의 스치도록 하고 발꿈치는 10cm 가 량 벌린다. 	• 풀사이드에 간격 을 맞춰 앉는다. • 양손을 가볍게 뒤 로 잡는다. 	• 시선을 집중시키 기 위해 박수치기 실시 • 킥하기 전에 배근 육운동 실시

시간 \ 단계	지도 구분	지도 내용 설명		유의사항
		지도자	참여자	
(14:20~14:30)	벽잡고 발차기 (2m×2회) 반복	(O) (X)		• 시범을 보이며 실시
(14:30~14:40)	엎드려 발차기 (25m×4회)	• 입수하여 엎드려 발차기 시범	• 무릎을 펴서 물을 눌러준다.	• 어깨와 배의 힘을 뺀다.
정 리 (14:40~14:50)	가볍게 정리운동	• 스트레칭 및 마사지를 실시 • 다음 시간 예고	• 가볍게 따라 한다.	• 칭찬을 아끼지 않는다.

11월 ○○일 금요일

시간 \ 단계	지도 구분	지도 내용 설명		유의사항
		지도자	참여자	
도 입 1 (14:00~14:10)	준비체조	• 수업시작 5분 전에 대기하고, 체조공간을 확보	• 수업시작 5분 전에 입장하여 음악에 맞추어 준비체조	
전 개 (14:10~14:40)	풀사이드에서 자유형 킥	• 풀사이드에 일정한 간격으로 앉아서 정확한 킥을 하게 한다.	• 손은 뒤로 하고 시선은 발끝을 본다. • 다리에 힘을 빼고 엄지발가락끼리는 거의 닿게 하고, 발꿈치는 5~10cm 간격 유지	• 킥하기 전에는 배 근육운동을 실시한다.
	손으로 벽잡고 발차기			• 시범을 통해서 실시
		• '음, 파'하기 회원 전체가 다 할 수 있도록 유도(수중에서 코, 입으로 공기가 나오도록 유도) • 숨 참기	• 물속에서 숨을 참는 연습을 함	

시간	지도 구분	지도자	참여자	유의사항
		• 一자 뜨기	• 편하게 팔다리를 펴고 엎드린다.	• 물속에서 눈을 뜸
(14:25~ 14:35)	프리킥 (25m×3회)	• 킥보드없이 자유형 킥	• 간격을 충분히 유지한다.	• 다리의 힘을 뺀다. • 다리를 쭉 펴고 찬다.
(14:35~ 14:40)	프리킥 (25m×2회)	• 킥보드를 올바르게 잡고 차게 한다.	• 가볍게 따라 한다.	
정 리 (14:40~ 14:50)	가볍게 정리운동	• 스트레칭 및 마사지 실시 • 다음 시간 예고		• 우수회원을 칭찬한다.

(3) 2주차 지도계획

11월 ○○일 월요일

단계 시간	지도 구분	지도 내용 설명		유의사항
		지도자	참여자	
도 입 1 (14:00~ 14:10)	준비체조	• 수업시작 5분 전에 대기하고, 체조공간을 확보한다.	• 수업시작 5분 전에 입장하여 준비체조에 맞추어 몸풀기	• 킥보드를 준비
전 개 (14:10~ 14:40)	엎드려 발차기	• 몸의 힘을 빼도록 한다. • 칭찬을 아끼지 않는다.	• 호흡이 차면 제자리에 서서 호흡을 한 후 다시 실시한다. • 어깨는 전방으로 펴고 무릎은 뻗은 채로 실시	• 시범을 보인 후에 진행한다.
(14:20~ 14:30)	판잡고 자유형 발차기 (25m×4회)	• 킥보드 앞부분을 잡고 보조 • '음' 할 때 코에서 기포가 나오는지 확인 • '파' 할 때 공기를 들이마시는지를 확인 • 킥을 할 때 무릎부위를 지도자가 잡고 부드러운 동작이 되도록 유도한다.	• 킥보드 상단을 잡고 발차기를 실시하며 호흡도 병행한다. • 허리에 힘을 주어 몸이 S형태로 되지 않도록 한다. • 수심 2m에는 가지 않는다.	• 안전에 각별히 주의
정 리 (14:40~ 14:50)	정리운동 및 평가	• 스트레칭, 체조 등으로 몸풀기 • 다음 시간 예고	• 가볍게 따라 한다.	• 우수회원을 칭찬한다.

11월 ○○일 수요일

시간＼단계	지도 구분	지도 내용 설명		유의사항
		지도자	참여자	
도입 1 (14:00~ 14:10)	준비체조	• 수업시작 5분 전에 대기하고, 체조를 할 수 있도록 한다.	• 수업시작 5분 전에 입장하여 준비체조에 맞추어 몸을 풀어준다.	
전 개 (14:10~ 14:40)	자유형 측방 호흡	• 시범을 보이고 실시한다. • 잘못된 부분을 교정한다.	• 2인 1조로 1명은 보조하고, 1명은 실시한다. • 하나, 왼손을 한바퀴 돌려 원위치하고, 이때에는 코로 '음'한다.	• '파' 전후에 코로 물이 들어가지 않도록 주의
전 개 (14:10~ 14:40)	자유형 측방 호흡	• '음' 할 때 코로 기포가 나오는지를 확인하고, '파' 할 때 공기를 정확히 들이마시는지를 확인한다.	• 둘, 오른손을 당기면서 측방으로 돌려 '파' 하며 공기를 마신다. • 셋, 오른손을 원위치하며 머리를 숙인다. • 항상 지도자의 구령에 맞추어 실시한다.	
(14:30~ 14:40)	자유형 측방 호흡을 병행하여 (25m×2회)	• 물속에 실제 엎드린 상태로 실시할 수 있도록 돕는다.	• 지도자의 구령에 맞추어 발차기를 하며, 측방호흡을 실시하면서 앞으로 가도록 함.	• 시범을 보여준다.
정 리 (14:40~ 14:50)	정리운동	• 스트레칭체조 및 마사지를 실시한다. • 다음 시간 예고	• 가볍게 따라 한다.	• 우수회원을 칭찬한다.

11월 ○○일 금요일

시간＼단계	지도 구분	지도 내용 설명		유의사항
		지도자	참여자	
도입 1 (14:00~ 14:10)	준비체조	• 수업시작 5분 전에 대기하고, 체조공간을 확보한다.	• 수업시작 5분 전에 입장하여 준비체조를 하여 몸을 푼다.	• 킥보드를 준비해 둔다.
전 개 (14:10~ 14:40)	킥보드 잡고 킥 (25m×19회)	• 킥을 할 때는 무릎 부위를 지도자가 잡고 부드러운 동작이 되도록 유도	• 허리에 힘을 주어 지나치게 휘지 않도록 주의한다.	• 자유형 킥을 중점 지도한다.

시간	지도 구분	지도자	참여자	유의사항
(14:20~14:30)	호흡법 (팔동작 1m×10회)	• 잘못된 부위를 교정하여 준다. • 팔을 넓게 돌릴 수 있도록 도와준다.	• 벽잡고 팔동작을 하여 측방호흡을 실시한다. • 걸어가면서 팔동작을 넣어 실시한다.	
(14:30~14:40)	팔동작 (발차기와연결) (팔 4회×20회)	• 수강자의 팔이 안으로 들어오면 어깨가 처지기 쉽고, 밖으로 빠지면 자세가 흐트러지기 쉬우므로 이 점에 유의하여 수강자를 지도한다.	• 몸 전체의 진행방향과 평행하게 팔을 뻗는다.	• 자유형 • 팔에 중점을 두고 지도한다.
정 리 (14:40~14:50)	정리체조	• 스트레칭체조 및 마사지 • 미숙한 회원에 대한 도움말	• 체조를 가볍게 따라 한다.	• 칭찬, 격려 및 충고를 한다.

(4) 3주차 지도계획

11월 ○○일 월요일

단계 시간	지도 구분	지도 내용 설명		유의사항
		지도자	참여자	
도 입 1 (14:00~14:10)	준비체조	• 수업시작 5분 전에 대기하고, 체조공간을 확보한다.	• 수업시작 5분 전에 입장하여 몸을 풀어준다.	• 킥보드를 준비
전 개 (14:10~14:40)	킥 (25m×10회)	• 워밍업을 편히 할 수 있는 분위기를 만들어준다.	• 킥보드를 사용하여 팔은 편하게 뻗고 다리는 자연스럽게 찬다. • 허리에 힘을 주지 않는다. • 25m를 한 번에 가는 연습을 반복한다.	• 자유형 • 컴비네이션을 중점 지도한다.
(14:25~14:40)	자유형 연결 (컴비네이션) 벽, 킥보드 잡고 실시 (25m×20회) (25m×10회)	• 말로 코치한다. • 칭찬과 격려를 한다. • 호흡 시(오른손잡이의 경우) 왼쪽어깨에 왼쪽귀 뒷부분이 닿을 수 있도록 고개를 돌려주도록 보조한다.	• 측방호흡시 시선은 천정을 본다. • 물속에서는 모든 호흡을 내뱉고, 물 밖에서는 공기를 최대한 들이마신다. • 물속에 머리를 담그고 있는 시간이 호흡을 위해 고개를 돌리는 시간보다 길도록 조절한다.	

시간 \ 단계	지도 구분	지도 내용 설명		유의사항
		지도자	참여자	
정 리 (14:40~ 14:50)	정리체조	• 스트레칭 및 마사지 실시 • 다음 시간 예고	• 정리체조를 따라 하고 자신의 부족한 점을 상의한다.	• 격려와 도움말

11월 ○○일 수요일

시간 \ 단계	지도 구분	지도 내용 설명		유의사항
		지도자	참여자	
도 입 1 (14:00~ 14:10)	준비체조	• 수업시작 5분 전에 대기하고, 체조공간을 확보한다.	• 수업시작 5분 전에 입장하여 준비체조에 임한다.	• 킥보드를 준비
전 개 (14:10~ 14:40)	킥보드 25m×20회 (컴비네이션)	• 워밍업을 편하게 할 수 있도록 해준다.	• 온몸에 힘을 빼고 25m를 단위로 자유형 컴비네이션을 킥보드를 사용하여 실시 • 지금까지의 주의사항에 신경을 쓴다.	
(14:20~ 14:40)	수 영 (25m×10회) (1회 반복)	• 수강자가 킥보드가 없는 데 대한 두려움을 없애도록 도움을 준다. • 시범을 보이며 설명한다.	• 킥보드 없이 물에 편히 엎드린 후 킥판을 사용할 때와 같은 기분으로 호흡하며 수영해 나간다. • 25m를 한 번에 갈 수 있도록 한다. • 고개를 너무 쳐들지 않도록 주의한다. • 발차기를 계속적으로 찬다(한팔 회전시 발차기 6번 정도).	• 시범을 보인다.
정 리 (14:40~ 14:50)	정리체조	• 스트레칭 및 마사지 실시 • 다음 시간 예고	• 가볍게 따라 하게 한다.	

11월 ○○일 금요일

단계 시간	지도 구분	지도 내용 설명		유의사항
		지도자	참여자	
도 입 1 (14:00~ 14:10)	준비체조	• 수업시작 5분 전에 대기하고, 체조공간을 확보한다.	• 수업시작 5분 전에 입장하여 몸을 풀어 준다.	
전 개 (14:10~ 14:40)	킥 (50m×6회) (컴비네이션)	• 워밍업을 편히 할 수 있는 분위기를 조성한다.	• 킥보드를 이용한 자유형 컴비네이션으로 50m를 갈 수 있도록 한다.	• 자유형 컴비네이션의 강화
(14:15~ 14:20)	수 영 (25m×10회)		• 킥보드를 놓고 자유형으로 수영한다.	
(14:20~ 14:40)	자유형 팔꺾기 (판사용 → 판제거)	• 자연스럽게 팔을 꺾을 수 있도록 보조한다. • 손가락에 힘이 들어가지 않도록 도와준다. • 팔의 각도 등을 코치한다.	• 수중에서는 팔을 편 채로 물을 긁고 수면에 팔꿈치가 닿기 시작하는 지점에서 수평으로 해서 팔을 머리 위로 이동, 입수시킨다. • 양팔을 똑같은 원리로 한다. • 시선은 5~10m 전방을 향함.	• 시범을 보인다. 다리 킥에 소홀히 하지 않도록 주의한다.
정 리 (14:40~ 14:50)	정리체조	• 스트레칭 및 마사지 실시 • 다음 시간 예고	• 가볍게 따라 한 후, 자신의 취약점을 질문한다.	• 능력별 상담 및 토의

02
래프팅

　래프팅(rafting, 급류타기)은 물살이 센 계곡을 고무보트에 의지해 맨 몸으로 헤쳐나가는 모험 레포츠이다. 8~10명이 한 팀을 이루어 고무보트에 승선하여 계곡이나 강 등 강한 급류가 있는 곳에서 기본적인 조정기술과 행동요령을 숙지한 다음 조타수(키잡이)의 구령에 따라 강한 물살에 맞서 장애를 극복해나가는 도전적인 수상 레포츠이다.

　래프팅은 원시시대에 옛사람들이 뗏목을 물위에 띄우고 타고 다니며 수렵과 이동을 하던데서 시작되었다. 현대로 오면서 미지의 땅을 찾아 나서는 개척의 도구로 이용되기도 했던 뗏목은, 타면서 스릴과 재미를 즐기려는 사람들에 의해 더욱 안전하고 다루기 쉬운 장비가 고안되어 나오기 시작했다.

　오늘날과 같은 형태의 보트는 2차 대전 이후에 전쟁의 부산물로 남은 군용 고무보트를 사용하면서부터이다. 1966~1971년을 시점으로 북미주지역에, 특히 그랜드캐년의 상업적 여행회사들이 여행자들을 많이 실어나르기 위해 대형 고무보트를 사용하면서부터 본격적으로 붐이 일기 시작하여 세계 각국에 빠른 속도로 보급되고 있다.

　오늘날 미국에서 래프팅은 범국민적 대중 레저스포츠로 자리잡아 남녀노소가 즐기는 가운데 성인 동호인만도 3백여만 명이 넘는다. 이웃 일본만 해도 산이 많고 급류계곡이 많아 1980년대부터 폭발적인 인기를 끌며 동호인이 늘어나 국내 코스가 비좁게 되자 해외 래프팅 명소로 몰려다니며 즐기고 있는 상황이다.

우리나라에서는 1970년대 초 미군용 고무보트가 보급되면서 래프팅이 일반에 처음 소개되었다. 1981년 7월에는 한국탐험협회의 양회석 씨 일행이 고무보트로 낙동강을 종단하면서 관심을 끌기 시작했다. 그러나 장비 부족과 적절한 코스가 개발되지 않아 1980년대에는 개인적으로 즐기는 동호인들만이 얼마간 있을 뿐 걸음마 단계에 머물러 있었다.

1990년대에 들어오면서 활성화되기 시작한 래프팅은 최근 들어 전문 동호인클럽과 대학의 동아리들을 중심으로 보급에 힘쓰는데다 레저 전문업체들이 레저 스포츠 종목으로 개발하여 각종 행사를 개최함으로써 래프팅을 즐기려는 사람들이 폭발적으로 늘어나고 있다.

1) 래프팅의 장비

- ⑴ 리버보트……고무, 하이팔론(hypalon), PVC 등의 재질로 제작된 보트로 3~4인용, 10인용, 12인용 등이 보편적으로 이용되고 있다.
- ⑴ 구명조끼……안전을 위해 수영을 못하는 사람도 구명조끼를 착용하면 물위에서 뜰 수 있으며, 종류에 따라 차이는 있으나 120kg까지 물위에서 안전하게 뜰 수 있다.
- ⑴ 안전모(헬멧)……래프팅은 협곡을 타고 내려가므로 바위나 돌에 부딪혔을 때 머리를 보호하기 위해 안전모의 착용이 필요하다.
- ⑴ 노(패들)……거친 물살을 헤치며 배를 저어 나가게 하는 도구로 계곡의 담수지역이나 리버보트의 방향을 바꾸기 위해 필요다. ABS나 폴리프로필렌재질이 강하고 가벼우며, 알루미늄 샤프트는 가볍고 강해서 많이 이용되고 있다.

2) 래프팅장소

우리나라는 강이 많고 산골짜기를 따라 흐르는 급류 지대가 널려 있어 코스개발에 따라 래프팅을 즐길 수 있는 장소는 충분하다.

래프팅하면 먼저 급류타기를 생각하게 되는데, 현재 개발된 장소로는 한탄강 상류 약 13km, 조양강~동강 약 65km, 내린천 약 70km, 영월 서강 10km, 홍천강 12km, 진부령계곡, 백담사 계곡 10여 곳이 넘으며 새로운 코스가 속속 개발되고 있다.

급류타기에서 가장 중요한 것은 안전이다. 무리한 급류타기는 사고로 이어지기 마련이다. 그러므로 래프팅을 하기 전에 급류구간의 지형과 수력에 대해 자세히 알아 두어야 한다. 급류타기는 주로 수량이 풍부한 여름에 즐기는 수상 레포츠이지만 봄과 가을에도 스쿠버 슈트를 입으면 얼마든지 즐길 수 있다. 해빙기에 눈과 얼음이 녹은 물이, 그리고 가을 장마가 수위를 높여주기 때문에 래프팅이 가능하다.

03
수상스키

수상스키는 스키를 신고 모터보트에 맨 줄을 잡고 보트에 이끌려 물위를 미끄러지듯 달리며 쾌감과 짜릿한 스릴을 만끽하는 스포츠를 말한다. 시속 80km 이상의 스피드를 지닌 모터보트가 필요해 고가의 장비를 갖출 수 있는 일부 계층만이 즐겼으나, 최근에는 기본장비인 모터보트

와 스키를 대여하는 단체와 업체들이 늘어나면서 널리 보급된 레포츠이기도 하다.

1) 수상스키의 특징

수상스키는 비교적 많이 알려진 대중스포츠이다. 모터보트가 끄는 힘을 이용하여 물위에서 즐기는 레포츠이기 때문에 별로 힘들 것이 없어 보이지만 의외로 체력 소모가 많다. 팔·다리·허리 등의 관절을 많이 사용하므로 전신운동이 될 뿐만 아니라 보트에 속도에 비례한 물살로 인해 신체 각 부위가 마사지되므로 신경통에도 효과가 있어 여성들에게 인기가 높다. 어렵고 위험해 보이는 일반적인 인식과는 달리 수영을 할 줄 몰라도 30분 정도의 기초 교육을 받으면 누구나 안전하게 배우고 쉽게 즐길 수 있다.

수상스키를 처음 탈 때에는 양쪽 발에 모두 스키를 신는 투 스키(two ski)로 시작해서 점차로 자세가 숙달되며 원 스키(one ski)로 더욱 스릴을 즐길 수 있다.

라이프 재킷을 착용하기 때문에 수영을 하지 못해도 물위로 떠올라 안전하고 운동신경이 있는 사람은 한두 시간 훈련으로도 쉽게 탈 수 있다.

2) 수상스키의 유래

수상스키는 1924년 미국의 F. Waller가 창안하였으며, 1936년에는 미국 수상스키연합회가 창립되었다. 수상스키는 대형엔진을 배 내부에 장착한 고속 모터보트가 필요한데, 초창기에는 비용이 많이 들고 엔진성능이 우수하지 않아 발전이 더디었다. 그러나 이러한 제약조건에도 불구하고 2차 세계대전까지 꾸준히 성장해왔으며, 1945년 이후에는 선외(outmotor, 船外) 장착용 대형엔진의 개발로 수상스키가 발전하기 시작하였다.

그당시에는 프랑스를 비롯한 유럽과 호주 등에서 수상스키가 활발히 이루어지기 시작하였다. 1949년 프랑스의 샹레방에서 개최된 제1회 세계선수권대회 이후 2년마다 격년제로 수상스키 대회가 열리고 있다. 현재는 많은 나라에서 수상스키를 즐기고 있다.

우리나라에는 2차 세계대전 후에 미군들이 한강에서 시범경기를 가짐으로써 도입되기 시작했다. 1963년에는 문교부(현재의 교육부)가 수상스키를 대학생 체육종목으로 장려함으로써 급격한 붐을 이루었다. 1970년대 후반부터는 모터의 수입규제 완화정책에 따라 많은 모터가 수입됨으로써 이용자의 수가 지속적으로 증가하고 있다.

3) 수상스키의 장비

필요한 장비는 스키, 장갑, 슈트, 구명조끼 등으로 수상스키업체들이 갖추어 놓고 있어 따로 준비할 필요가 없다.

(1) 스키

◗◗) 스키가 너무 크면 조정하기 힘들고, 너무 작으면 균형을 유지하기 어렵다. 그러므로 자신의 체중에 알맞은 스키를 선정하여야 한다. 체중별 스키크기는 다음과 같다.

스키크기	체 중	스키크기	체 중
152cm	45kg	167cm	79kg
157cm	56kg	172cm	90kg
162cm	68kg	177cm	102kg

◗◗) 스키는 목재, 파이버글라스, 알루미늄 등으로 제작된다. 파이버글라스나 알루미늄 제품은 사용하기도 어렵고, 목재보다 가격이 비싸므로 초보자에게는 적당하지 않다.

◗◗) 초보자용 스키의 형태는 각형과 끝이 가늘어지는 형의 2가지가 있는데, 각형 스키는 부력이 좋아 흥미를 위주로 하는 스키어에게 알맞다. 그러나 기술향상을 원하는 사람은 끝이 가늘어지는 형을 선택하는 것이 바람직하다.

◗◗) 바인딩은 유연성이 있어야 한다. 값싼 고무를 사용한 바인딩은 딱딱하며 쉽게 찢어지고 발이 신속하게 빠지지 않는다.

◗◗) 밝은 색을 선택하면 물속에서 쉽게 알아볼 수 있다.

(2) 더블스키

◗◗) 일반인들이 가장 많이 사용하는 스키이다.

◗◗) 이 스키는 목재로 만들어져 있고 바닥이 평평하며 모서리에 각이 있다. 옆면이 일직선이며 꼬리모양이 둥글거나 직사각형 형태를 지닌다. 끝부분이 안전을 위해 둥글게 만들어져 있고 물위를 달릴 수 있도록 위로 구부러져 있다.

◗◗) 이 스키의 크기는 성인용은 170~180cm, 청소년용은 120cm 정도이다. 그리고 바인딩도 갖추고 있다.

◗◗) 스키사이즈는 스키어의 체중과 속도에 의해 결정된다. 넓은 스키는 부력을 많

이 받기 때문에 저속에서도 균형을 유지하기 쉬우나 출발 시 자세를 갖추기 어렵다.

(3) 슬라롬스키

⑴ 싱글스키로서 두 개의 바인딩이 장착되어 있다.

⑴ 일반적으로 유선형으로 고리가 경사져서 물을 쉽게 가르고 나갈 수 있다.

⑴ 보통 길이는 160~170cm 정도이다.

⑴ 일부 스키에는 원형 모서리에 깊은 홈을 파놓는 것도 있는데, 물을 잘 수용하고 미끄럼이 없는 반면에 방향전환이 어렵다.

⑴ 평평한 경사모서리에다 깊은 홈을 판 스키는 방향전환이 용이하고 물을 잘 수용해준다.

(4) 트릭스키

⑴ 길이는 100~110cm사이이며 종류가 다양하다. 폭은 길이의 30%까지 허용된다.

⑴ 모양은 받침 접시 형태이며 가로 및 세로로 약간 굽어져 있다. 모서리는 둥글게 되어 있으며 재질은 나무나 파이버글라스로서 가볍다.

⑴ 바인딩은 방향전환 시 중심을 잡을 수 있도록 중앙에 장착한다.

(5) 바인딩

⑴ 바인딩은 고무나 인조합성물로 만들어지며 비닐류는 피해야 한다.

⑴ 너무 꽉 조여서 혈액순환을 저해하지 않도록 하되 꼭맞는 것이 좋다.

⑴ 바인딩은 조정이 가능하며, 종류는 표준성인용과 연소자용이 있다.

(6) 개인 부유장비(구명조끼)

⑴ 구명조끼는 착용이 가능하도록 앞으로 개방된 것이어야 한다.

- 구명조끼는 확실한 착용을 위해서 최소한 2.4cm의 고리 3개 정도는 부착되어 있어야 한다.
- 조임기구는 고리와 동일한 강도를 지녀야 하며 플라스틱 시트벨트 형태의 스냅이나 클립으로 만들 수 있다.

(7) 로프 및 핸들

- 가장 좋은 견인로프는 폴리프로폴렌으로 만든다. 슬라롬용 로프는 길이가 보통 18.25cm이고, 트릭용 로프는 대략 13.5m이다.
- 수상스키의 핸들은 목재나 금속으로 만들어진다. 금속핸들은 악력을 향상시키고 다공성의 고무로 표면을 덮어씌운다. 고급 트릭스키에는 특수 핸들이 부착되어 있으며, 발가락걸이용 특수고리가 붙어 있다.

(8) 수상스키복

- 수상스키복은 겨울이나 수온이 차가운 곳에서 착용할 수 있도록 보온효과가 있어야 하며, 넘어지거나 로프로 인한 화상을 방지해주고 피부에 상처가 나거나 타박상이 발생하지 않도록 하는 역할을 한다.
- 스키복의 고무 두께는 다양하며 날씨에 따라 선택해야 한다. 일반적으로 0.6cm 두께의 스키복을 이용하는데, 아주 차가운 물에서도 스키를 즐길 수 있다. 경기용 스키복의 두께는 0.5cm 정도이다.

(9) 장갑

- 핸들을 확실하게 잡고 빠지지 않게 하기 위해서 장갑을 사용한다.
- 수상스키용 장갑은 고무섬유나 가볍고 부드러운 섬유로 만들어진 골프장갑과 비슷하다.

4) 안전신호법

보트의 운전자와 스키어의 의사소통을 위하여 각 나라가 공용하는 것으로, 스키어는 항상 수신호를 먼저 알아야 한다.

- ꊛ 증속……스키어가 엄지손가락을 위로 올리면 속도를 높이라는 것이다.
- ꊛ 감속……엄지손가락을 아래로 내리면 속도를 줄이라는 것이다.
- ꊛ 회전……스키어나 운전자가 회전 시는 집게손가락을 머리 위에서 돌린다.
- ꊛ 선착장으로 복귀……머리에 손바락을 올리면 처음 위치로 되돌아가라는 뜻이다.
- ꊛ 배의 정지……목에다 손을 가로지르면 멈추라는 것이다.
- ꊛ OK……속도, 항로가 적절할 때에는 O자를 만들어준다.
- ꊛ 낙수 후 이상이 없다……양팔을 위로 올려 O자 형태로 손끝을 마주 붙인다.

5) 수상스키 배우기

(1) 기초과정

① 지상교육

- ꊛ 지상교육용 핸들을 잡고 발은 어깨너비로 벌린 자세에서 그대로 편하게 바닥에 앉는다.
- ꊛ 양무릎은 주먹하나 들어갈 정도(약 10cm)로 벌리고 발끝을 들고 핸들을 잡고 버틴다.
- ꊛ 팔은 반드시 펴야 하며, 시선은 정면을 주시한다.
- ꊛ 지상교육 보조자가 줄을 잡아당기면 자연스럽게 힘을 앞으로 당겨 발꿈치에 붙이면 무플은 가슴에 밀착시키며, 핸들을 잡고 버티게 되면 자연스럽게 무릎을 굽힌 상태로 일어서게 된다.
- ꊛ 팔은 곧게 편 상태여야 하며 무플이 굽혀져 있는 상태로 T자 상태가 되도록 힘을 들어야 한다.

위 과정을 반복하여 자연스럽게 자세를 갖추고 일어설 수 있으면 물속에서 균형을 잡는 과정으로 넘어간다. 지상교육이 올바르게 되어야 쉽게 물속에서 적응할 수 있으며, 완벽한 지상교육만이 물속에서의 완벽한 자세를 만들 수 있다. 지도 수신호법을 숙지하여야 한다.

② 물속에서 균형잡기

- ⑴ 지상교육이 끝나면 안전장비를 갖추고 스키를 신고 물속으로 들어간다.
- ⑴ 물속에서 균형을 잡기 위해서는 두 스키를 11자 형태로 평행이 되게 하여 무릎을 굽혀 가슴에 밀착시킨다.
- ⑴ 물속에서 휴식을 취할 때는 물위에 눕는다는 생각으로 양발을 벌리고 스키를 좌우로 눕혀 가장 편안한 자세를 취한다.
- ⑴ 방향을 전환하고자 할 때는 양팔을 이용하여 좌우로 젓게 되면 원하는 방향으로 움직이게 된다.

(2) 초급과정

지상훈련과 물속에서 균형잡는 것이 익숙해졌으면, 그다음은 실제 보트에 끌려 부상하는 과정과 부상 후 물위에서 균형을 잡고 그것을 익숙하게 하는 과정이다. 물에서 부상하기가 어렵지만, 다음 사항만 기억하면 누구나 쉽게 일어설 수 있다.

- ⑴ 무플은 약 10cm 정도 벌리고 양발은 11자 형태를 유지한다.
- ⑴ 핸들을 잡은 양팔은 앞으로 쭉 뻗고 로프는 좌우 스키 사이로 들어가게 한 후 시선은 정면 배의 마스트를 향하게 한다.
- ⑴ 균형이 잡히고 자세가 안정되면 "Go"라고 외친다.
- ⑴ 배가 출발함과 동시에 몸도 전진하게 된다. 이때 자연스럽게 가슴이 무릎에 닿고 엉덩이는 종아리에 붙게 된다.
- ⑴ 이때 스키는 이미 물위로 부상이 되면서 발목으로 스키를 밀고 나가야 한다.

초기에는 기마자세를 유지한 채 균형감각을 익히는 것이 가장 중요하다. 따라서 기마자세로 여러 번 반복연습을 하여야 한다.

물위에 부상한 후 기마자세로 한 바퀴 정도 돌면 나면 운전자의 지시에 따라 일어서서 자세를 잡게 된다. 이때 자세는 허리를 곧게 펴고 스키는 약 10cm 간격으로 하며 팔은 허리 높이에서 앞으로 곧게 뻗고 절대 엉덩이가 뒤로 빠지지 않도록 자세를 잡는 것이 중요하다.

(3) 중급과정

Two ski를 익히고 나면 양발을 모으고 타는 One ski로 전환한다. 출발 역시 한 발만 사용하여야 하는데, 중급코스 중에서 가장 어려운 부분이다. 따라서 출발의 요령을 중심적으로 익혀 두어야 한다.

- ⑩ Two ski 자세에서 모든 하중을 왼쪽으로 옮긴다.
- ⑩ 반대편 스키를 들어올린 상태에서 균형을 잡는다(하중을 옮기면 한쪽 스키가 자연스럽게 들린다).

상기 과정을 반복하면서 균형감각을 익힌 후 익숙해지면 들고 있던 발을 약간 뒤로 보내면 물살에 의해 스키가 벗겨진다. 이때 스키가 벗겨진 발은 균형이 잡힐 때까지 자연스럽게 물살에 의지하다가 균형이 잡히고 나면 스키 플레이트의 후드부분에 가볍게 끼어 넣으면 된다.

Two ski자세에서 One ski자세로 전환되면 자세에 좀 더 신경을 써야 한다. 앞 무릎은 굽히고 무릎이 벌어지지 않게 하며, 가슴을 열고 허리를 곧게 펴 엉덩이가 뒤로 빠지는 것에 주의하면서 체중은 앞쪽과 뒤쪽이 50 : 50을 유지하도록 한다.

① One ski에서 출발할 때의 주의사항

One ski용 스키플레이트에는 앞부츠, 뒷부츠(후드)가 있다. 남자는 왼쪽 발만을 부츠에 끼고 하지만, 여자는 힘의 차이가 있기 때문에 왼발은 부츠에 넣고 오른발은 후드에 끼운 채 출발하게 된다.

남자와 여자의 경우 약간의 차이가 있으나 기본방법은 거의 같다. 다만 두 발을 다 끼고 있기 때문에 물위로 부상할 때 왼발보다는 오른발에 힘이 더 들어간다는 차이점이 있을 뿐이다.

제일 중요한 시선은 배의 마스트에 고정시킨 다음 가슴을 편다. 스키를 신고 있는 다리는 무릎이 가슴에 닿도록 완전히 굽힌다. 이때 주의할 점은 최소한 스키의 1/4 정도가 올라와 있어야 하며, 최대한 많이 올려야 한다는 것이다.

로프는 스키의 안쪽에 의치시키며, 쭉 편 양팔의 팔꿈치로 왼무릎을 감싸안아 중심이 흔들리는 것을 방지하는 것도 하나의 요령이다.

자세가 안정되면 "GO"라고 출발의사를 표시하고 배가 끌면 자세를 유지하며 따라간다. 어느 정도 따라가다 보면 어느 순간 몸이 물위에 뜨는 것을 느낄 때 과감히 스키에 체중을 옮겨 물을 밟아야 한다. 몸이 뜨고 나면 균형을 잡을 때까지 스키가 없는 발은 계속 물에 끌리게 하며, 완전히 균형이 잡히고 나면 오른발을 후드에 집어넣고 앞에서 배운 대로 자세를 가다듬으면 된다.

② One ski를 탈 때의 주의사항
- 시선은 항상 배의 마스트에 고정시킨다.
- 가슴은 펴고 절대 팔을 굽히지 않도록 한다.
- 체중은 앞발과 뒷발 50 : 50으로 유지한다.
- 앞 무릎은 절대 펴지 않는다.
- 시선은 진행방향의 스키 프론트와 일치하여야 한다.
- 머리는 언제나 수면과 직각을 유지한다.

(4) 고급과정
이제까지의 과정은 슬라롬스키를 익히기 위한 하나의 기초과정이다. 본격적인 슬라롬스키는 고급과정에서 이루어지게 된다. 슬라롬스키를 타면 크고 넓은 회전

(turn)으로 인하여 물보라도 많이 나고 화려하며 멋이 있다. 그러나 고도의 테크닉을 요하는 기술이기 때문에 슬라롬을 위한 탄력을 기르기 위해 우선은 웨이크(wake) 앞에서 에지(edge)를 사용하여 과감한 커팅(cutting)을 익히는 것이 중요하다.

오른쪽 회전(turn)을 한 다음 핸들을 배꼽 위에 위치시킨 후 왼쪽 어깨에 체중을 다 보낸다.

- 가능한 한 수면 위로 최대한 누워야 한다.
- 웨이크(wake)를 넘자마자 오른쪽 어깨를 보트(boat)쪽으로 최대한 과감히 눕힌다.
- 왼쪽 회전의 시작이다.
- 핸들에서 왼손을 놓으면 팔길이 만큼 길어진 로프의 여유를 이용하여 앞발을 밖으로 민다.
- 회전과 동시에 천천히 허리를 보트쪽으로 돌리면서 쭉 뻗은 오른손을 가져온다.
- 이번에는 핸들을 왼쪽 옆구리에 위치시킨 후 오른쪽 어깨를 이용하여 힘찬 커팅(cutting)에 들어간다.

주의사항

- 두 무릎이 벌어져서는 안 된다.
- 헤드업(head up)만 되고 가슴만 열려 있으면 넘어지지 않으나, 넘어질 때는 수면에 몸을 던져야 한다.
- 넘어질 때 웨이크에서는 물속으로 깊이 들어가고, 회전(turn)할 때는 머리를 양손으로 보호한다.
- 수상스키를 타기 전에 땀이 나도록 준비운동을 철저히 하여야 한다.
- 식사 직후나 음주 후 수상스키는 절대 삼가야 한다.
- 슈트나 라이프쟈켓은 자신에게 잘 맞는 것을 선택하고, 버클을 조여 몸에 꼭 맞게 조정을 한다.

ⅶ) 출발할 때 로프가 몸에 감기지 않게 관리를 잘하여야 한다.

ⅶ) 힘이 들면 운전자에게 신호를 보내고 물에서 잠깐이라도 쉬어야 한다.

ⅶ) 보트에 친구들이 탔다고 과욕을 부려서는 안 된다.

ⅶ) 물에 빠졌을 때 보트가 가까이 오면 스크류를 조심하고 배를 잡아서는 안 된다.

ⅶ) 스키가 끝난 후 선착장으로 들어올 때 너무 가까이 들어오지 않도록 한다.

ⅶ) 일몰 후에는 하지 않도록 한다.

ⅶ) 모르는 사람이라도 스키를 끝내고 들어올 때에는 스키를 받아주어야 한다.

04
스쿠버다이빙

스쿠버다이빙은 호흡할 수 있는 압축 공기통과 기타 장비들을 갖추고 해저 15~30m까지 잠수하여 신비로운 해저 속의 장관을 직접 볼 수 있는 레저스포츠이다. 스쿠버(SCUBA)는 영어의 'self contained under breathing apparatus'의 머리글자를 딴 것으로, "몸에 지니고 다닐 수 있는 수중호흡장비"란 뜻이다.

1) 스쿠버다이빙의 특성

⑴ 흥미롭고 신기한 바다 속 여행을 통해 자연의 신비와 대화하는 즐거움을 맛보며 생활을 살찌울 수 있다.
⑵ 물을 무서워하지 않는 건강한 사람이면 누구나 배우기 쉬우며 안전하게 할 수 있는 과학적인 스포츠이다.
⑶ 잠수를 통해 심폐기능이 강화되고 무중력상태에서 활동하므로 평형감각이 발달한다. 온몸운동이므로 균형 잡힌 몸매를 이루게 된다.

2) 스쿠버다이빙의 역사

다이빙의 역사는 대개 5,000년 이상 되었다. 초기에는 군사적 목적으로 많이 사용되었다. 기원전 300년경 알렉산더(Alexander)대왕이 티에(Tyre)시(현재의 레바논)의 수중구조물을 보기 위해 직접 잠수했다는 기록이 있다.

사람이 잠수를 시작한 역사는 기록상으로 수 천년 전으로 거슬러 올라간다. 짐승의 부레를 입에 물고 얕은 물가에서 물속으로 길게 내려 숨을 쉬며 했던 활동을 잠수의 시작으로 볼 수 있을 것이다. 이러한 원시적인 방법에서 벗어난 획기적인 잠수 방법은 1680년경 종 모양의 통을 거꾸로 하여 물속에 가라앉혀 그 속에서 잠수자가 종 속의 공기를 호흡하면서 물속에 머물 수 있도록 고안한 것이라 할 수 있다. 그 뒤 프랑스의 해군 중령 출신이며 해양학자인 쟈크 이브쿠스토가 동료 과학자의 도움을 받아 아쿠아렁(Aqualung)이라는 잠수용 수중호흡기(공기탱크와 호흡조절기)를 개발하면서 오늘과 같은 스쿠버다이빙이 가능하게 되었다.

초창기에는 안전사고도 많았으나, 70년대부터 세계수중연맹이 자격증 제도를 실시하여 스쿠버다이빙의 안전도를 높이면서 급속히 대중화되었다. 세계적으로 스쿠버다이빙 교육을 받은 사람만 2천여만 명에 이르고 있다.

우리나라에서는 6.25전쟁 때 미군에 의해 소개되었는데, 1960년대에는 주로 군에서 이 기술을 익힌 사람들에 의해 일반에 보급되기 시작했다. 현재 국내 잠수인구는 약 10여만 명에 이르고 있으며, 해마다 그 숫자가 늘어나 수중레포츠로 각광받고 있다.

3) 스쿠버다이빙의 장비

(1) 마스크

마스크는 일반 고무 제품, 실리콘 제품, 여러 가지 신소재로 만든 제품 등이 있다. 형태는 1안식, 2안식, 3안식 등이 있고, 마스크 내부로 스며드는 물을 배출시키기 위한 배수판이 부착된 것도 있다.

마스크의 유리는 깨질 경우 작은 조각으로 깨져서 인체에 손상을 주지 않도록 하기 위해 열처리된 유리로 만든다. 또 귀, 사이너스(sinus, 상악동) 등에 압착이 일어날 때 압력평형을 유지할 수 있도록 코를 잡을 수 있게 되어 있다. 그밖에 머리끈 조절장치가 있어야 하며, 부피와 시야가 적당하고 얼굴에 닿는 스커트 부분이 부드러운 것이 좋다.

(2) 스노클

스노클(snorkel)은 형태에 따라 J형, 자바라형, 완곡형 등이 있으며, 배수밸브가 부착된 것도 있다. 단순한 형태의 연결고리보다는 마스크 머리끈과 쉽게 연결/분리되도록 제작된 탈착식이 편리하다. 남아 있는 물이 잘 빠지도록 배수밸브가 부착된 것도 있다.

스쿠버 다이빙에서 수면에서 먼 거리를 이동할 때 탱크의 공기를 사용하지 않고 스노클로 호흡하면서 이동할 수 있으므로 탱크의 공기를 절약할 수 있다. 가능한 호흡저항이 적고 마스크에 부착한 뒤 입으로 물었을 때 편안한 느낌을 주는 것이 좋다. 가늘고 긴 것은 초보자들이 사용하기 쉬운 반면 호흡하기가 힘들다. 이와는 반대로 굵고 짧은 것은 호흡하기는 편하지만, 물빼기가 힘들어서 초보자나 여성 다이버가 사용하기 어렵다.

(3) 오리발

오리발은 추진력을 증가시켜서 수영에 미숙한 사람이라도 쉽게 수영할 수 있도록 해준다.

- ⑴ 신발형……작고 유연하며 주로 여성용 또는 스킨다이빙용으로 사용된다.
- ⑴ 벨트형……조절벨트가 부착되어 발의 크기에 따라 조절이 가능하다. 잠수신발을(boots) 착용해야 한다. 단단하고 추진력이 좋아서 주로 남성용 또는 스쿠버 다이빙용으로 사용된다.

(4) 잠수복

물속에서는 체온이 빠르게 손실되므로 잠수복을 착용하여 체온손실을 최대한 방지해야 한다. 또한 바위 지역의 패류, 수중생물의 가시나 촉수 등에 상처를 입을 수 있으므로 이를 방지하기 위해서는 반드시 착용해야 한다.

습식 잠수복은 몸에 꼭맞는 것이 좋다. 큰 것은 보온력이 약하고 반대로 작은 것은 잠수복 압착이나 목동맥을 압박할 수도 있다. 건식 잠수복은 주로 다이빙하는 물의 수온에 따라 재질·형태 등을 잘 선택해야 한다. 그밖에도 잠수장갑, 잠수신발, 잠수모자 등도 잠수복과 함께 구입하는 것이 좋다.

- 습식 잠수복(wet suit)……잠수복을 착용하여도 물이 스며들지만, 그 양이 적고 유동이 거의 없으므로 체온을 유지할 수 있다.
- 건식 잠수복(dry suit)……물이 전혀 스며들지 않고 보온력이 뛰어나지만, 값이 비싸고 부력조절이 어렵다.

(5) 다이빙 칼

수중에서 간단한 작업을 하거나 수초·밧줄·그물 등에 엉켰을 때 절단하기 위해 사용한다.

(6) 웨이트벨트

인체는 거의 중성부력을 띠고 있지만 잠수복·부력조절기 등은 양성부력을 띠고 있다. 따라서 이런 장비들을 사용하면 다이버는 양성부력을 갖게 되는데, 이런 양성부력을 상쇄시켜서 중성부력을 만들기 위해 웨이트벨트를 착용한다.

스쿠버다이빙을 할 때에는 다이빙을 끝마칠 무렵 탱크 내부의 공기가 소모되어 약간 양성부력을 갖게 되므로, 처음 다이빙을 시작할 때는 약간 음성부력을 띠도록 웨이트벨트를 조절하는 것이 좋다. 착용하였을 때 풀어지지 않고, 비상 시에는 신속하게 간단히 풀어버릴 수 있도록 고안된 것이 좋다.

(7) 장비가방

장비를 운반하거나 단기간 보관하기 위해 사용된다.

(8) 공기탱크

고압의 공기를 저장하여 수중에서도 안전하게 장시간 호흡하기 위해 사용된다. 공기탱크는 강철이나 알루미늄 합금으로 만들어진다. 용량은 50feet^3, 71.2feet^3,

80feet^3 등으로 다양하고, 허용압력도 2,250psi, 3000psi(219kg/cm^2) 등 여러 가지 종류가 있다.

공기탱크는 견고하게 만들어져 있으나 자체 무게가 무거워서 떨어뜨리거나 넘어지면 손상될 수 있으므로 주의해야 한다. 또 뜨거운 햇빛 등에 장시간 노출되면 내부 압력이 높아져서 재질이 상할 수도 있으므로 시원한 곳에 두어야 한다.

(9) 탱크밸브

탱크밸브는 형태에 따라 K형과 J형으로 구분할 수 있다. J형 밸브는 리저브밸브(reserve valve)가 달려 있다. 이 리저브밸브를 올린 상태로 다이빙하면 탱크 내의 공기가 약 500psi 정도 남았을 때 공기가 차단되는데, 이때 리저브밸브를 내리면 나머지 공기가 공급되도록 고안되어 있다.

그러나 근래에는 잔압계(pressure gauge)의 사용이 필수적이다. 리저브밸브는 고장이 잦기 때문에 K형 밸브를 선호하는 경향이 있다. 탱크와 호흡기(regulator)를 연결시켜주며, 필요할 때만 개방하여 사용할 수 있도록 고안되어 있다.

(10) 부력조절기

부력조절기(BC : buoyancy compensator)는 공기를 채워서 수면에서 휴식을 취하거나 수중에서 정확한 중성부력을 유지하기 위해 사용된다.

- 프런트식(front)……부피가 작아서 이동 중에 저항이 적고 가격이 저렴한 반면, 몸의 중심을 유지하기 어려운 것이 단점이다.
- 백마운트식(back mount)……등판에 부착하여 다이버의 전면이 개방되기 때에 지도자나 구조 다이버용으로 적합하다.
- 조끼식(jacket)……착용감이 좋고 부력이 골고루 분배되어 중심을 유지하기 쉬운 반면 부피가 커서 이동 중에 저항을 많이 받는다. 착용감이 좋고 조절장치와 조절끈 등이 다루기 쉬운 것을 선택한다.

(11) 호흡기

탱크 내의 고압공기가 필요한 때 주위의 압력과 같은 압력으로 낮추어서 공급하기 위해 사용된다. 일반적으로 호흡기는 1단계와 2단계로 나누어진다. 밸브와 연결된 뭉치 부분이 1단계이고, 마우스피스에 연결된 부분이 2단계이다.

탱크 내의 고압공기는 1단계에서 약 100psi정도의 압력으로 낮추어지고, 2단계에서 주위 압력과 같은 압력으로 낮추어져 입으로 전달된다. 호흡기는 매우 예민한 장비이므로 충격을 주거나 모래나 뻘에 끌려서 이물질이 끼지 않도록 해야 한다.

(12) 잔압계

계기판이 야광으로 되어서 어두운 곳에서도 쉽게 볼 수 있는 것이 좋다. psi 나 kg/cm^2 등 자신에게 익숙한 단위로 표시된 것이 좋다. 수심계나 나침반 등과 연결된 콘솔형태도 있다.

- ⑴ 목 적……탱크에 남은 공기의 압력을 나타내준다.
- ⑴ 주의점……잔압계 역시 예민한 장비이므로 충격에 주의하고 탱크 밸브를 너무 빨리 개방하지 않는 것이 좋다. 전압계의 호스는 고압 호스이므로 호흡기 1단계의 HP(high pressure)라고 쓰여진 구멍에 연결해야 한다.

(13) 수심계

수심계는 다이버가 위치한 수심을 나타내 주는 것으로 모세관식, 보오든관식, 다이어그램식 등이 있다. 잔압계와 연결된 콘솔형태가 많다.

(14) 다이브컴퓨터

대부분이 디지털식으로 되어 있다. 종류와 형태가 매우 다양하므로 구입하거나 사용하기 전에 기능을 충분히 이해해야 한다. 탱크의 잔압, 현재수심 및 최대수심, 잠수시간, 수면휴식시간, 재다이빙 시 수심에 따른 무감압 한계시간 등의 정보를 한 눈에 볼 수 있도록 해준다.

(15) 비상용호흡기

호흡기 1단계에 여분의 2단계를 1개 추가로 부착한 옥토퍼스(octopus)방식과 탱크에 마우스피스가 달려 있는 비상호흡기구(EBS : emergency breathing system) 등이 있다.

다이빙 도중에 짝(buddy)의 공기가 떨어졌거나 다른 비상사태가 발생하였을 경우 1개의 호흡기로 상대방과 나누어 쓰는 짝호흡을 할 수 있다. 그러나 긴박한 상황에서 짝호흡을 하기보다는 비상용 호흡기를 준비함으로써 더욱 안전하게 공기를 나누어쓸 수 있다.

(16) 다이빙시계

다이빙시계는 잠수복을 착용한 뒤 찰 수 있도록 충분히 긴 밴드로 되어 있어야 하며, 어두운 곳에서도 쉽게 볼 수 있도록 야광숫자판이 달려 있어야 한다. 다이빙 시작 시간을 표시할 수 있도록 회전숫자판(bezel)이 부착된 것이 좋다. 최근에는 전자식으로 잠수시간, 최대수심 등을 기억해주는 시계도 있다. 다이버가 수중에 머무른 시간·상승속도 등을 확인할 때에 필요하다.

(17) 나침반

나침반은 팔목에 찰 수 있는 독립형도 있고, 잔압계 등과 연결된 콘솔형태의 것도 있다. 수중에서는 시야가 제한적이라 목표물을 찾기 어려우므로 방향을 인식하기 위해 나침반이 필요하다. 그 외 수중전등, 잠수깃발, 잠수칼 등이 필요하다.

4) 스쿠버다이빙을 즐길만한 곳

3면이 바다인 우리나라는 스쿠버다이빙의 장소로 세계 어느 곳에 견주어도 빠지지 않는다. 잠수할 곳을 정하면 그 지역에 대한 기상변화나 기온, 수온, 지형, 조류 등에 관해서 충분한 사전지식을 갖추고 있어야 한다. 또한 개인의 실력에 맞춰 깊이를 정하고 지형을 선택하는 것이 바람직하다.

동해안은 수중경관이 단조롭지만 담백한 멋을 즐길 수 있는데, 해안도로를 따라 동해안 전체가 장소라 할만큼 널려 있다. 장소로는 속초·강릉·주문진일대, 포항 일대, 울릉도해역 등이 있다.

서해안은 다른 곳에 비해 시계가 약간 떨어지나 여름과 겨울철에 때(음력 8, 9월 의 23, 24일)맞춰 가면 수중 10m 이상 깨끗한 시야가 보장된다. 장소로는 대천앞바 다 외연도, 군산 앞 바다 12개의 작은 섬으로 구성된 십이동파 등이 있다.

남해안은 세계 어디에 내놓아도 손색없는 아름다운 수중경관을 즐길 수 있는 곳 이다. 장소로는 부산앞바다, 거문도, 백도, 홍도, 소흑산도, 추자도, 거제 등이 있다.

제주도는 다이빙의 메카로 불리고 있다.

5) 스쿠버다이빙을 즐기는 방법

스쿠버다이빙을 즐기려면 반드시 철저한 교육을 통해서 장비사용법과 잠수방법 등을 익혀야 하며, 자격증(국가가 주는 자격증은 아니다)을 소지해야 한다. 자격증 은 다이빙 교육을 이수했다는 증명이다. 다이빙전문점은 자격증 소지자에 한해 장 비를 대여하고 있다.

공기통, 부력조절기, 레규레이터 등 각종 장비 사용법과 수중 의사소통요령 등을 익힌 뒤 실제 잠수에 들어간다.

- ⑴ 잠수복을 입고 장비를 갖춘다.
- ⑵ 장소와 상황에 따라 서서 입수, 뒤로 구르기 등의 입수방법을 사용하여 물에 들어간다.
- ⑶ 부력조절기에 공기를 채운 채로 짝과 함께 수영하며 잠수지점으로 간다.
- ⑷ 부력조절기의 공기를 빼고 숨을 내쉬며 곧추 선 채로 발부터 서서히 물에 잠 긴다.
- ⑸ 물속에서 부력조절 실습과 물안경의 물빼기 등을 해본다.

◗◗ 물속에서 2인 1조로 짝과 함께 행동한다.

◗◗ 수면에서 휴식할 때는 파워 인플레이터(공기 주입구)를 조작하여 부력조절기
를 팽창시킨다.

05
요트

1) 요트의 특성

요트는 엔진을 주동력으로 하는 모터요트와 바람의 힘을 주로 이용하여 달리는 세일링요트로 크게 나눌 수 있다. 일반적으로 요트라 할 때는 바람의 힘으로 달릴 수 있는 배를 말한다.

요트는 자연에 순응하면서 모험심을 기르고 극기력을 키우며 원대한 꿈을 가지게 하는 스포츠이다. 17세기 초 네덜란드는 유럽 최대의 해양국이었다. 이 무렵의 네덜란드에는 야트(jacht)라고 불리는 작은 범선이 있었는데, 상류 사회의 뱃놀이로 사용되었다는 기록이 있다. 이것이 오늘날의 요트(yacht)로 발전·보급되었다.

1661년 9월 1일 찰스 2세가 그의 동생 요크공과 템즈강의 그리니치에서 그레이브센트까지 37km의 코스를 사용해 '100파운드의 상금레이스'를 벌임으로써 시작되었던 것이 요트경기의 시조라 할 수 있다.

네덜란드에서 시작되어 유럽왕실에서 레저스포츠 저변을 확대해가던 요트는 1907년 국제요트경기연맹(IYRU)을 정식으로 결성하게 된다. 올림픽 종목으로는 제1회 아테네올림픽에 채택되었으나 기상악화로 실제 경기는 열리지 못하고, 1912년 제2회 파리올림픽부터 요트경기가 시작되었다.

우리나라에서는 1930년경 연희전문학교의 언더우드가 황해요트클럽이라는 이름으로 한강하류에서 활동한 것이 요트의 효시라 할 수 있다. 요트보급이 활기를 띄기 시작한 것은 1970년경 몇몇 동호인들이 대한요트클럽을 설립하면서 부터이다.

1979년에 대한요트협회가 창립되었다. 짧은 역사에도 불구하고 '86아시안게임과 '88올림픽에서 성공적인 경기운영을 이끌어냈으나, 국제대회에서는 아직 이렇다 할 두각을 나타내지 못하고 있다.

2) 요트의 종류

세일링요트는 여러 가지 분류법에 의해 종류를 나눌 수 있으나 간단하게 세일링의 목적에 따라 크게 두 가지 종류로 구분할 수 있다.

주로 근해에서 탈 수 있고 레이스 위주의 소형정(일반적으로 딩기요트라고 부름)과 소형정에 비해 배가 크고 침실·부엌·화장실 등을 갖추어 침식이 가능하며 원양 항해를 할 수 있는 순항정(일반적으로 크루저요트라 부름)으로 나눌 수 있다. 이 둘의 큰 차이점은 딩기요트는 넘어가기도 쉽고 세우기도 쉽게 설계되어 있고, 크루저요트는 강한 파도와 태풍에도 전복되지 않는 안전성 위주로 설계되어 있다는 것이다.

바람의 방향에 따라 돛을 당기고 풀고 돌려서 물살을 헤쳐 나가는 무동력 보트인 요트는 넓은 의미로 스포츠나 레저용 배를 말한다. 요트는 용도에 따라 레이서와 크루져로 구분되는데, 돛을 달아 바람의 힘을 이용하는 달리는 경기용 요트를 레이서라 하며, 일반적으로 세일링 보트라 부른다.

크루져는 주로 큰 바다에서 타는 요트로 오랜 시간 바다에서 항해하기 때문에 먹고 잠 잘 수 있는 주거 시설이 갖추어져 있고, 당연히 레이서에 비해 규모가 크다.

현재 올림픽 종목에서의 요트는 세일링보드(윈드서핑)와 딩기급의 요트레이스가 열리며, 세계 각지의 바다와 강·호수에서 수많은 딩기급 요트의 선수권대회와 각종 시합이 열리고 있다. 우리나라에는 전국체전 종목과 선수권 대회 및 몇 개의 딩기급 요트레이스가 열리고 있다. 크루져 요트레이스는 유명한 아메리카컵 요트레이스를 비롯하여 각종 세계일주레이스 및 지역 레이스가 벌어지고 있다.

우리나라에서는 2년마다 한 번씩 열리는 부산↔후쿠오카 구간의 한·일 친선 요트대회와 네이브요트클럽에서 주최하는 한국의 남동해를 일주하는 한국해 국제요트대회가 있다.

제3장

항공 스포츠

01

스카이다이빙

1) 스카이다이빙이란

(1) 스카이다이빙의 개요

스카이다이빙(skydiving ; 고공강하)이란 낙하산을 착용하고 항공기나 기구 등을 이용하여 하늘 높이 올라간 다음 그곳에서 허공으로 이탈하여(뛰어내려) 자유강하(free fall ; 낙하산을 펴지 않고 하강하는 것)하면서 계획한 동작을 수행한 뒤 정해진 고도에서 낙하산을 펴고 안전하게 착지하는 항공스포츠를 말한다.

보통 3,000~4,000m 상공에서 뛰어내리면 낙하산을 펴는 안전고도인 800m까지 45초~1분 동안 하늘을 날게 된다. 이 짧은 시간에 그냥 수직으로 하강할 때도 있는데, 이것은 초보자들이 하는 몸의 균형을 잡는 연습이다. 보통 동료들과 사전 약속된 여러 가지 모양을 만들면서 하강한다.

공중에서 서로 만나려면 수직이동만이 아닌 수평이동도 필요한데, 이 모든 것이 스카이다이버가 만드는 팔·다리·몸의 자세와 동작에 의하여 결정된다. 자세의 변화에 따라 하강속도를 조절하고, 앞·뒤·좌우로 수평이동을 하기 때문에 추락이 아닌 나는 것이라고 얘기한다.

스카이다이빙 속도는 자유강하(프리폴) 시 기본자세(arch)일 때는 시속 180km의 평균속도가 유지된다. 최대속도는 자세에 따라 시속 300km까지 낼 수 있다. 그리고 낙하산이 개방된 후에는 무풍일 때에는 시속 약 30km의 속도로 강하한다. 물론 낙하산 종류, 조정방법, 풍향, 풍속 등에 따라 차이는 있다.

(2) 우리나라의 스카이다이빙

우리나라의 스카이다이빙은 처음에는 군사활동을 목적으로 미군으로부터 도입되었다. 제3공화국 시절인 1962년에는 전쟁발발 시에 이용할 목적으로 대학생 특수체육이라는 이름으로 공수교육을 실시한 것이 시발이 되었다.

1964년에 언론인 김진섭 씨와 군사목적으로 스카이다이빙을 하던 이준수 · 이동준 씨 등이 '대한낙하산회(PCK)'를 설립하였다. 그리고, 주로 대학생들이 회원으로 가입한 동호인회가 '대한민국항공회'의 전신인 '대한항공협회'에 등록하여 활동하기 시작하였다. '대한낙하산회'는 당시 경향신문사의 항공기와 군용 항공기를 이용하여 활동하였으며, 1973년 유류파동과 1978년 사망사고발생 등으로 활동이 중단되기까지 총 145명의 회원이 활동하였다.

1984년에 특전사의 친목단체이던 '고공회'는 '대한항공협회'에 '대한낙하산협회(KPA)'의 명칭으로 계승 · 등록하고, 류준형 예비역 육군소장이 협회장을 맡으면서 활동을 재개하였다.

1986년에는 특전사에 대학생들을 위한 스카이다이빙 위탁 교육과정을 신설하였으며, 이 과정은 1992년까지 총 5차 걸쳐서 150여명을 교육시켰다. 그리고 1987년에는 잠실 주경기장에서 제4회 월드컵 국제낙하산선수권대회를 유치하기도 하였다. 1988년에는 전 세계인들이 지켜보는 가운데 서울올림픽의 개막식행사에서 스카이다이빙 시범을 주관하기도 하였다.

'대학낙하산협회'는 내부사정으로 1989년에는 '한국스카이다이빙연맹'으로, 1994년에는 다시 현재의 '한국스카이다이빙협회'로 개칭을 하였다. 1993년 말에 이종훈 씨를 주축으로 협회는 선진외국에서 실시하는 새로운 기술의 스카이다이빙 교육방식을 국내에 보급시키기 위하여 군에 위탁교육하던 것을 중지하고, 자체의 '한국스카이다이빙학교'를 설립하여 신입생들을 교육시키고 있다.

2) 낙하산의 종류

낙하산은 크게 스카이다이빙용과 패러글라이딩용이 있다. 패러글라이딩용은 낙하산을 이용하여 하늘을 조금이라도 오래 또 높게 날 수 있도록 양력을 받을 수 있는 구조로 되어 있다. 우리나라의 '(주)대교'라는 낙하산 제조업체는 전 세계의 패러글라이딩용 낙하산의 시장점유율을 절반 이상 차지할 정도로 유명하다. 그러나 스카이다이빙용 낙하산은 국산화가 안 되어 미국와 프랑스 등에서 수입하고 있다.

1980년대 이전에 스카이다이빙용 낙하산은 군용 원형낙하산(round canopy)을 개조하여 사용하기도 하였다. 그러나 현재 원형 낙하산은 군의 공수병(공수병들은 자신이 낙하산을 펴는 기능이 없고, 약간의 조종이 가능함)만을 사용하고 있다. 지금의 스카이다이버들은 모두 공기충진형 낙하산(ram air canopy ; 사각형 낙하산)을 사용하고 있다.

원형 낙하산은 공기의 저항을 이용하여 착지 시 다치지 않을 정도로 천천히 하강하도록 설계되어 있다. 그러나 공기충진형 낙하산은 낙하산이 펴지면 공기격실(cell)에 공기가 채워지면서 낙하산은 일종의 비행기 날개와 같은 역할을 한다. 따라서 전진하는 속도는 기종에 따라 시속 30km부터 50km까지 전진속도를 낼 수 있다. 그리고 스카이다이버들은 낙하산을 펴지 않은 자유강하가 이 스포츠의 주목적이므로 낙하산은 상승하지 않고, 기본적으로 안전한 착지를 위하여 하강하도록 설계되어 있다.

패러글라이딩용 낙하산은 낙하산이 펴지면서 충격을 받지 않으므로 인장강도가 강한 재료를 사용할 필요가 없지만, 스카이다이빙용은 시속 200km 이상의 자유강하를 하다가 낙하산을 펴므로 낙하산 재료는 상당히 질기지 않으면 안 된다. 따라서 패러글라이딩용 낙하산을 가지고 스카이다이빙을 시도한다면 낙하산은 공중 분해되고 말 것이다.

패러글라이딩을 하는 사람들은 대부분 낙하산을 한 개만 가지고 활동을 한다. 그러나 스카이다이버는 꼭 두 개의 낙하산을 휴대한다. 이유는 주낙하산이 제대로 펴지지 않으면 예비낙하산을 사용하여 위험에서 벗어나기 위해서이다.

스카이다이빙용 낙하산도 종류가 여러 가지가 있으나 용도별로 교육용, 정밀강하용, 대형짓기용, 대형짓기강하와 스타일강화용으로 구분된다.

- 교육용 낙하산은 초보자를 위한 것으로 안전하게 착지가 가능하며, 어떤 교육 방법에도 사용할 수 있도록 설계되어 있다. 그러나 여러 가지 부착물이 있어 숙달 강하자에게는 무겁고 불편하다.
- 정밀강하용 낙하산은 천천히 · 정확히 하강하도록 설계되어 있으나 상당히 부피가 크다.
- 대형짓기용 낙하산은 공중에 오래 떠 있도록 설계되어 속도는 빠르지만 크기가 커서 부피가 큰 편이다.
- 스타일강하용 낙하산과 대형짓기강하용 낙하산은 자유강하 상태에서의 활동이 목적이므로 자유강하 시에 불필요한 공기저항을 적게 하기 위하여 작은 낙하산을 사용한다.

낙하산이 크다고 안전한 것은 아니다. 대형짓기강하용은 낙하산이 작지만 전진속도가 빨라 낙하산을 타는 쾌감을 더해 주면서 착지 시에 정확히 양력을 받으면 오히려 사뿐히 착지가 가능하기 때문에 최근에는 대형짓기강하용 낙하산을 선호하는 경향이 있다.

3) 스카이다이빙의 개인장비

스카이다이빙을 하기 위해서는 낙하산세트(주낙하산＋예비낙하산＋멜빵)와 운동화, 헬멧(머리보호구 ; helmet), 스카이다이빙복(suit), 방풍안경(goggle), 고도계(altimeter) 등이 필수적인 장비이다. 기타 안전을 위하여 착용을 권유하는 장비로는 고도경보계(alarm)와 자동산개기(automatic activate device)가 있다.

(1) 헬멧

헬멧은 딱딱한 플라스틱으로 만든 것과 가죽으로 만든 것이 있다. 초보자는 착지 시에 장애물에 부딪칠 가능성이 높으므로 플라스틱 헬멧을 권유한다. 그리고 어느 정도 숙련자는 최소한의 충격만을 막아줄 수 있는 가죽으로 만든 헬멧을 사용한다.

가죽 헬멧은 쉽게 접어 보관할 수 있어서 이동 시 짐의 부피가 작아 좋은 점이 있지만, 동양인의 얼굴에는 잘 맞지 않기 때문에 사용을 기피하는 사람도 있다.

(2) 스카이다이빙복

스카이다이빙복은 상·하의가 붙어 있는 일체형이다. 활동 중에 옷 속으로 바람이 들어가서 상의가 허리띠에서 빠져나와 펄럭거리는 불편함을 없애기 위해서이다. 그러나 여름에는 스카이다이빙복을 입지 않고 작업복이나 반바지를 입고, 상의는 T-shirt를 입는 경우도 있다. 스카이다이빙복을 입는 또 다른 이유는 이 옷에는 대형짓기강하를 할 때 서로 잡기에 편리한 손잡이(grip)가 달려 있기 때문이다.

스카이다이빙복은 일반 스카이다이버가 사용하는 일반적인 것과 촬영사가 사용하는 특수한 옷이 있다. 촬영사는 먼저 항공기에서 뛰어내리기도 하지만, 보통 일반 스카이다이버들의 위쪽에서 촬영하는 경우가 많으므로 천천히 하강할 수 있도록 양쪽 겨드랑이에 날개같은 천이 달려 있다.

(3) 운동화

운동화는 보통 운동화면 된다. 원형낙하산은 하강속도가 빠르기 때문에 착지 시의 충격으로 다리를 다치는 것을 예방하기 위하여 목이 긴 군화를 사용하고, 어떤 사람은 충격을 줄이려고 신발창에 스폰지 등을 붙이기도 한다. 그러나 요즈음의 공기충진형 낙하산은 착지 시 양력을 잘 받아 사뿐히 내릴 수 있다. 그래서 보통 운동화를 사용하면 충분하다.

최근 낙하산 조종솔이 뛰어난 스카이다이버 중에는 샌들을 신거나 맨발로 스카이다이빙을 하는 사람도 있다.

(4) 고도계

고도계는 스카이다이버가 현재 떠 있는 자기의 고도를 가리켜주는 계기이다. 고도에 따른 기압차이의 원리를 이용하여 만들었는데, 손등에 착용하는 것과 가슴에 착용하는 것이 있다. 보통 바늘이 움직이는 아날로그(analog)방식이지만, 최근 액정과 반도체를 이용하여 만든 디지털(digital)방식의 것도 있다.

대부분의 스카이다이버들은 1개의 고도계를 착용한다. 그런데 스카이다이버의 자세에 따라 순간적으로 작동이 안 되는 경우(뒤로 넘기를 할 때 와류로 인한 기압의 변화로 발생하는 오차)를 대비하여 가슴과 손등 두 곳에 같이 착용하는 사람도 있다.

(5) 방풍안경

방풍안경은 스키용과는 다르다. 스카이다이빙용은 착용하지 않았을 때의 시야와 동일하도록 설계·제작되었다. 그리고 바람의 저항을 적게 하기 위하여 스키용보다는 부피가 작다. 스키용보다 장식이 없어 값도 저렴하다. 이 방풍안경은 승마선수도 사용하는데, 수십년 전부터 이스라엘 전차부대에서 사용하였다.

(6) 고도경보계

고도경보계는 고도계와 같은 원리를 이용하여 만든 것으로, 낙하산을 펴야 할 고도에 이르면 경보음에 내어 스카이다이버가 자신의 동작을 수행하는 데만 몰두한 나머지 고도계를 보는 것을 잊었을 때에 유용한 장치이다.

그러나 자유강하 시에는 빠른 속도 때문에 바람소리가 커서 안 들릴 수도 있으니 고도계를 수시로 확인하는 습관이 필요하다.

(7) 자동산개기

자동산개기는 스카이다이버가 낙하산을 펴지 못하였을 때 일정 고도에 이르면 작동하여 낙하산을 펴주는 안전장비이다. 고도계와 마찬가지로 기압차이를 이용하여 일정고도 이하에서 기압의 변화가 커지면 감지하고 작동하는 원리이다. 보통 예비

낙하산에 장착하고 작동 시 화약이 터져서 낙하산 개방고리를 당겨주는(열어주는) 방식과 낙하산 배낭의 묶음줄을 칼로 잘라서 낙하산이 배낭에서 튀어나오도록 하는 방식이 있다.

자동산개기는 한 번 장착하고 2년 동안 사용한 후에는 건전지를 바꾸어주고 제대로 작동하는지를 검사하여야 한다. 처음 장착할 때는 낙하산정비사에 설치를 의뢰하여야 하며, 건전지의 교환 등도 정비사에게 의뢰하여야 한다.

4) 스카이다이빙의 경기종류

- 정밀강하(accuracy)……900m 고도의 항공기에서 이탈하여 800m 이상의 상공에서 낙하산을 편 뒤 지름 3m의 원반에 가장 가깝게 착지하는 선수가 우승자가 되는 경기

- 스타일강하(style)……고도 2,000m의 항공기에서 이탈하여 낙하산을 펴기 전에 좌회전, 우회전, 뒤로 넘기 동작을 2회 연속으로 가장 빠른 시간과 가장 정확한 자세로 수행하는 선수가 우승자가 되는 경기

- 대형짓기강하(formation)……4인조 또는 8인조의 선수들이 낙하산을 펴기 전에 그 경기에서 정한 여러 가지 모양의 대형을 가장 많이, 정확히 만드는 팀이 우승팀이 되는 경기. 4인조 경기는 고도 2,900m에서, 8인조는 고도 3,600m의 항공기에서 이탈한다.

- 낙하산대형짓기강하(canopy formation)……4인조 또는 8인조의 선수들이 항공기에서 이탈하자마자 낙하산을 펴서 같은 팀의 낙하산들끼리 낙하산을 연결하여 그 경기에서 정한 모양을 가장 많이 만드는 팀이 우승하는 경기. 4인조와 8인조의 경기와 만드는 모양에 따라 속도경기, 순환경기, 연속경기 등이 있는데, 이때 항공기에서 이탈하는 고도는 각각 다른다.

- 프리스타일(freestyle)……최근 시작된 경기종목으로 자유강하를 하면서 춤을 추는 경기. 연기를 하는 선수와 카메라맨이 한 조가 되어 참가하며, 촬영된

필름을 검색하고, 고난도의 연기와 예술성을 판정하여 채점하는 경기이다.

⑾ 스카이서핑(sky surfing)……최근 시작된 종목으로 자유강하를 하면서 파도타기와 같은 서핑보드를 타는 경기. 프리스타일과 마찬가지로 연기를 하는 선수와 카메라맨이 한 조가 되어 참가하며, 촬영된 필름을 검색하고, 고난도의 연기와 예술성을 판정하여 채점하는 경기이다.

⑿ 파라스키(para-ski)……일부 유럽국가에서만 하는 경기. 정밀강하와 스키활강의 종합점수로 우승자를 가린다.

주의사항

스카이다이빙은 상당히 높은 수준의 과학적인 이론과 원리를 바탕으로 행하여지고 있다. 스카이다이빙을 하기 전의 준비를 철저히 하고, 교육받은 대로 충실히 동작하면서 안전수칙을 잘 지킨다면 안전한 스포츠이다.

사람들마다 능력이 조금씩은 다르므로 위험요소가 전혀 없는 것은 아니다. 순간적인 방심은 치명적인 사고를 가져올 수도 있으므로 협회에서는 '사고 시 책임을 남에게 전가할 수 없다'는 내용의 서약서 작성을 의무화하고 있다. 또 생명보험의 가입도 의무사항으로 하고 있다. 즉 정규교육을 이수하고 교육규정을 준수하면 지극히 안전하지만, 잠재적인 위험성은 항상 내포되어 있는 위험한 활동이다.

스카이다이빙용 장비는 안전과 즐거움을 위하여 끊임없이 연구되고 개발되고 있다. 1970년대에 사용하던 원형 낙하산은 주낙하산과 예비낙하산이 모두 안 펴지는 경우는 600분의 1 확률이었다. 요즈음 사용하는 공기충진형 낙하산은 15만 분의 1의 확률로 줄어들었다. 그러나 이것은 정상적인 동작수행 시의 확률이다. 쉽게 얘기하면 사고확률은 오토바이를 타는 것이나 암벽등반, 그리고 수영보다도 적은 통계를 가지고 있다.

5) 스카이다이빙의 주요대회

스카이다이빙대회는 정밀강하, 스타일강하, 대형짓기강하, 낙하산 대형짓기강하, 프리스타일, 스카이서핑, 파라스키 등의 경기종목이 있다. 경기규칙은 FAI 산하 IPC에서 제정한 운동규약의 스포츠 낙하산 활동규정(Sporting Cord Section 5, Regulations for Sport Parachuting, Class -G)을 기초로 하여, 대회 주최측의 현지 사정과 형편에 따라 일부 조항을 변경(안전을 위한 개방고도나 특수 심판장비 사용으로 유효점수 등의 기초적인 내용의 변경)하기도 한다.

스카이다이빙대회는 세계낙하산선수권대회, 월드컵국제낙하산선수권대회와 같은 세계적인 스카이다이빙대회, 북미·남미·유럽·아시아 등의 지역별 국제낙하산대회가 있다. 세계낙하산선수권대회는 짝수년에 정밀강하와 낙하산대형짓기경기가 개최되고, 홀수년에는 대형짓기와 파라스키경기가 개최된다. 월드컵국제낙하산 선수권대회는 홀수년에 정밀강하와 스타일강하 경기가 실시된다.

정밀강하와 스타일강하는 고전적인 종목으로 개인이나 팀을 남·여로 구분하여 시상하고, 두 종목의 점수를 합산하여 종합우승자와 팀을 결정한다. 그리고 20세 미만의 주니어경기도 있어서 가장 메달이 많이 부여되는 종목이다.

한편 스카이다이빙을 포함한 항공스포츠경기를 올림픽종목으로 승화시키기 위하여 월드게임과 월드에어게임 등과 같은 대규모대회가 개최되기 시작하였다. 대규모대회는 항공스포츠의 모든 종목을 개최하는데, 스카이다이빙 종목은 세계선수권대회와 월드컵국제낙하산선수권대회의 경기개최를 겸한 대회로 변천되고 있다.

02

패러글라이딩

1) 패러글라이딩의 개요

패러글라이딩은 낙하산의 낙하기능과 글라이더의 활공기능을 함께 갖춘 레포츠로서 현재 국내의 항공레포츠 중에서 가장 인기있는 종목이다.

(1) 유래

1960년대 중반에 미국 NASA에서 발명된 패러글라이더의 원형인 패러포일은 초기에는 스카이다이빙용으로 사용되었으나, 1978년 프랑스의 한 산악인이 산 정상에서 편리하게 하강하기 위해 사용한 것이 패러글라이딩의 시초이다.

그 후 1984년 프랑스의 등산가이자 행글라이더인 장 마크 보아만 씨가 패러글라이딩을 유럽 다수 국가에 보급하면서 알려지게 되었다.

패러글라이딩이 우리나라에 소개된 것은 1986년 가을 관악산에서 최초로 시험비행을 하면서 보급되기 시작하였다. 그 뒤 해마다 빠른 속도로 보급되어 현재는 대중레포츠로 자리를 잡아가고 있다.

(2) 특성

패러글라이딩의 특성은 장비의 무게가 약 5~8kg이고, 또 뼈대가 없어 작게 접을 수 있기 때문에 휴대와 운반이 용이하며, 1시간 정도의 이론교육과 2시간 정도의 기초훈련을 마치면 쉽게 비행할 수 있다는 것이다. 비행속도가 저속이라 위험성이 적고 여성이나 어린이도 안전하게 즐길 수 있는 레포츠이다. 또한 나약한 사람들에게 호연지기를 길러주고 자신감을 키워주는 레포츠이기도 한다.

2) 패러글라이딩의 장비와 장소

(1) 장비

패러글라이더의 구조는 다음과 같다.

⑩ 캐노피는 천으로 만들고, 날개의 크기는 10m 정도이다.

⑩ 줄(line)은 사람이 매달려 방향을 조정하기 위해 이용한다.

⑩ 글라이더는 자신의 몸무게에 따라 선택하는데, 무거운 사람을 큰 날개를 선택하고 가벼운 사람은 작은 날개를 선택해야 한다.

⑩ 하네스는 패러글라이더에 비행사를 연결하기 위하여 몸에 입는 멜빵이다.

⑩ 헬멧은 머리를 보호하기 위해서 꼭 써야 한다.

⑩ 보조낙하산은 위급한 상황에 처했을 때 사고를 최소화시켜줄 수 있는 장비이다.

⑩ 몸을 보호하기 위해 기본적으로 긴팔 · 긴바지를 입는 것이 좋다.

⑩ 손을 보호하기 위해 장갑이 필요하다.

⑩ 착륙이나 달릴 때의 충격에 대비하여 바닥에 충격흡수소재가 들어 있는 신발을 신어야 한다.

⑩ 어느 정도 숙련된 사람에게는 안전한 비행을 위해 바람방향계 · 고도계 · 속도계 등이 필요하다.

(2) 장소

패러글라이딩의 장소는 난기류나 이상기류가 약한 야산이 좋다. 활공에 좋은 지형조건은 약 25도에서 30도 정도의 경사가 있고 맞바람이 부는 곳이다. 이륙장소에 장애물이 없어야 하며, 경사면은 충분이 뛸 수 있으면서 평탄해야 한다. 사면장 주위에는 장애물이 가까이 있으면 안 된다. 이상적인 풍속은 시속 10~15km로 맞바람이 불어야 한다.

3) 패러글라이딩의 방법

비행방법은 가방에서 패러글라이더를 꺼내 땅 위에 펼치고 점검한 다음 글라이더를 하네스에 연결시킨다. 그다음 하네스를 몸에 착용하고 글라이더에 바람을 넣어 비행준비를 한다.

- ⑴ 이륙의 첫 번째 단계는 날개를 부풀게 하기 위해 이륙코드를 약간 앞으로 잡아당기면서 맞바람을 받아 서서히 앞으로 달려 나간다. 이때는 스피드보다 날개가 정상적인 형태를 갖게 하고, 비행사의 머리 위로 날개를 일으키게 하는 것이 중요하다.
- ⑵ 두 번째 단계로 날개가 머리 위로 오르면 이륙코드와 조종줄을 잡고 이륙코드를 앞으로 잡아 당기면서 달려나간다.
- ⑶ 달려나가다 완전히 이륙하면 이륙코드를 놓고 조종줄만 이용하여 활공에 들어간다.
- ⑷ 비행 중 방향전환이나 감속을 할 때는 4개의 줄을 이용한다. 가속 시는 앞줄을, 감속 시는 뒷줄을 당긴다. 오른쪽으로 방향을 바꾸려면 오른쪽 줄을, 왼쪽 방향은 왼쪽 줄을 당긴다.
- ⑸ 지면이 가까워지면 뒷줄 2개를 동시에 잡아당기면서 착륙한다.
- ⑹ 착륙 시 주의할 점은 이륙과 마찬가지로 맞바람을 받으면서 착륙을 해야 한다.

4) 패러글라이딩할 때의 유의사항

패러글라이딩을 할 때 지켜야할 유의사항은 기체에 작은 부분이라도 이상이 있으면 비행 전에 해결해야 하며, 해결이 안 될 때는 비행을 해서는 안 된다.

- ⑴ 이륙 중 기체에 이상이 있으면 즉시 이륙을 중단한다.
- ⑵ 음주비행, 단독비행은 절대로 삼간다.
- ⑶ 항상 자신의 능력보다 한 단계 낮춰서 비행한다.

ⅲ) 공중에서 판단은 신속하고 정확하게 한다.

ⅲ) 사전 계획된 착륙지역으로 최대한 비행이 가능하도록 활공을 해야 한다.

ⅲ) 착륙 시에는 양발을 붙여야 하며, 최대한 충격이 없도록 조정줄을 적절히 이용해야 한다.

ⅲ) 높은 나무 등 착륙위험 지역에 불시착한 경우에는 무리한 탈출을 시도하지 말고, 구조 요청을 하고 도움을 기다려야 한다.

03
행글라이딩

1) 행글라이딩의 개요

(1) 행글라이딩의 특징

행글라이딩은 대자연을 벗삼아 즐기는 자연의 스포츠로 '새처럼 자유롭게 하늘을 날고 싶다'는 사람들의 꿈을 실현시켜주었다. 행글라이더는 첨단소재로 만들어지고, 밀폐된 일반 비행기와는 근본적으로 다른 기체로서 그야말로 자연을 감상하며 자연을 즐길 수 있는 것이다.

창공은 인간에게는 미지의 세계인데, 그것을 현실의 것으로 만들어준 행글라이더는 하늘을 나는 기계라기 보다는 날개 그 자체를 뜻한다. 그러므로 사람과 날개와 바람이 일체가 되어야 비로소 자연과 조화를 이룬 공감을 창조하는 매력적인 모양이 된다.

그러나 지상을 벗어나 하늘을 비행하다 보면 예기치 못한 위험을 만나는 일도 분명히 있다. 지상에서 올려다 본 행글라이더는 아주 아름답고 낭만적이지만, 그 간단한 구조에는 항공공학·유체역학 등의 현대과학이 융합되어 있으며, 멋진 비행모습에는 인간의 체력과 강인한 정신력이 담겨 있다. 자연은 인간에게 다정하게, 때로는 엄격하게 맞선다. 행글라이딩의 매력은 몸으로 공기를 느끼고 귀로는 자연의 바람소리를 듣는 데 있다.

(2) 행글라이딩의 유래

행글라이딩의 역사는 1948년 시작된다. 당시 미국 항공우주국(NACA ; NASA의 전신)의 연구원인 로갈로(F. M. Rogallo)는 아폴로우주계획에 참여하면서 우주

선캡슐 회수방법을 연구하던 중 공기팽창식 삼각날개(flexible delta wing)에 관한 이론을 발표하였다. 그러나 그의 연구는 실제로 채택되지 못하고 논문으로 보관되는 것에 그치게 된다.

그후 1968년경에 미국의 극작가인 밀러(R. Miller)가 로갈로 이론에 따라 삼각 날개를 대나무와 나일론 천으로 제작하여 비행에 성공한 것이 행글라이딩의 효시라 할 수 있다. 1969년에는 호주의 베네트(B. Bennett)와 모이스(B. Moyes)가 수상 스키에 도입하여 공중에 떠오름으로써 대중들의 시선을 집중시켰으며, 그들은 각각 행글라이딩제조업체를 설립하여 오늘날 행글라이딩 발전의 밑거름이 되었다.

1975년에는 국제항공연맹(FAI) 산하에 국제행글라이딩위원회(CIVL)가 창설되어 비행안전과 경기규정에 관한 지도를 했고, 세계선수권대회도 개최해 오늘날까지 2년마다 개최되고 있다.

우리나라의 행글라이딩은 1975년에 시작되었다. 당시 '한국의 라이트형제'라 불리던 이연재 · 이승재 형제와 백준흠 · 홍경기 · 오태석 등이 활동을 시작했는데, 초창기에는 기체제작술이나 조종술에 대한 사전지식이나 교육이 일체 없었기 때문에 다소 무모하고 위험 천만한 시도와 그에 따른 참담한 실패가 반복되었다. 이렇게 반복되는 시행착오를 통해 조금씩 그 방법과 기술을 터득해 나갔고, 곧이어 사단법인 대한항공협회(KAA) 산하에 한국활공협회를 창설했다.

사단법인 대한항공협회는 국제항공연맹(FAI)의 회원단체이므로 한국활공협회는 대한항공협회를 통해 국제항공연맹 및 그 산하 기구인 국제행글라이딩위원회(CIVL)에 연결된 정통기구이다.

행글라이딩에 필요한 자격증 제도는 초기 미국식 5등식제를 채택했으나 최근에는 유럽식인 3등급제로 A급(초급 연습 조종사), B급(중급 연습 조종사), P급(파일럿 자격증)으로 되어 있다. 이 자격증은 행글라이딩의 건전한 발전과 안전유지, 그리고 기술향상을 위한 것으로 이 자격증에 따라 전국 각지에 있는 활공장에서 기능 단계에 맞춰 비행할 수 있도록 되어 있다.

(3) 행글라이딩의 장비

행글라이딩의 장비는 글라이더, 하네스, 패러슈트, 헬멧, 장갑, 또 어느 정도 숙달된 후에는 속도계, 고도계, 승강계, 컴퍼스와 같은 계기도 필요하다.

2) 행글라이더의 종류

현재 행글라이더는 크게 두 가지 유형으로 나뉘어 진다.

가장 일반적인 것은 로갈로 타입에서 발전한 행글라이더이다. 이것은 각 메이커의 기술개발로 여러 가지 모양으로 만들어졌다. 그러나 기본적으로는 체중이동에 의해 조종하는 것이 중심으로 되어 있다. 외견상으로는 삼각형이며, 꼬리 날개가 없는 무미익형(無尾翼形)이다.

한편 최근에는 수효가 줄어든 고정익 타입에서 발전한 행글라이더도 있다. 이것 역시 각 메이커에서 여러 가지 기체가 등장했는데, 기본적으로 일부의 조종(특히 좌우 조종)을 체중이동이 아닌 조종간의 공기저항으로 행해지는 타입으로, 날개 모양은 비행기의 날개 모양에 가까운 사각형이 많고 꼬리 날개도 있다. 최근 들어 간편한 스카이 스포츠로서 인기있는 패러글라이더도 조종의 기본은 공기저항에 의한 것이다.

3) 행글라이더의 기종

일반적인 행글라이더도 플라이어의 기량이나 기호에 맞춰 각 메이커에서 수많은 기종을 판매하고 있다. 초급~중급자용 기체는 안전성과 조종의 용이함을 중시하고, 고급자용 기체는 활공성능을 중시한다.

구체적으로 기체의 가로세로비〔기체의 3개의 메인튜브에 의한 개각도(開脚度), 부리각(nose angle)에 의한 날개의 가로세로비, $AR = b^2/S(= 날개폭^2/날개면적)$〕나 이중날개(double sruface)에 의해 성능이 크게 변화한다. 즉 같은 날개면적에서

부리각이 커지면 가로세로비가 커지고, 날개 윗면과 아랫면의 풍압의 차이에 따라 발생하는 날개 끝부분의 흔들림, 날개 중앙부의 영향이 적어지므로 유도항력은 감소하고 활공비가 향상된다.

초급~중급자들은 기체를 선정할 때 스쿨이나 클럽지도자에게 조언을 구하는 것이 좋다.

4) 행글라이딩의 경기

(1) 기본적인 경기종목

행글라이딩의 기본적인 경기방법으로는 몇 가지 종목을 경기 시의 기상조건과 지리적 조건을 고려하여 종목을 편성하여 실시한다.

기본적인 경기종목은 다음과 같다.

- 체공(duration)……체공시간을 겨루는 경기로서, 이륙지점에서부터 착륙지점에 이를 때까지 공중에 있는 시간이 긴 쪽이 점수가 높다.
- 세트타임(set time)……이륙에서 착륙까지의 체공시간을 미리 설정하여 그 시간 동안 하늘에 머무는 종목이다. 어떤 구간을 설정하여 이 종목을 사용하기도 한다.
- 아웃 앤 리턴(out & return)……이륙한 뒤 미리 설정한 장소나 몇 개의 파일런(pylon) 또는 목표물을 둔 후 이륙지점 근처의 착륙지점으로 돌아오는 종목이다. 소요시간이 짧을수록 점수가 높다.
- 정밀착륙(lianding accuracy)……착륙장 내의 목표지점에 얼마나 정확하게 착륙할 수 있는가를 겨루는 종목이다.
- 파일런(pylon, 기점)경기……이륙지점으로부터 일정한 방향으로 몇몇 장소에 설치된 파일런을 가능한 멀리 돌아 착륙지점으로 돌아오는 종목이다. 같은 파일런을 통과한 경우에는 소요시간이 짧은 쪽이 높은 점수를 얻는다.
- 결승점(goal flight)……이륙한 뒤 정해진 지점에 얼마나 빨리 도달할 수 있는

가를 겨루는 종목이다. 코스 사이사이에 파일런을 설정하기도 한다.

⑴ 코스레이스(course race)……몇몇 장소에 파일런이 설치된 코스를 설정하여 속도나 도는 횟수를 겨루는 경기이다.

⑴ 자유거리(free distance)……미리 방향을 지정하여 하는 경우와 방향은 전혀 지정하지 않고 선수 임의대로 하는 경우가 있는데, 모든 시간에 관계없이 가능한 멀리 비행하는 거리를 겨루는 종목이다.

한편 5~6명에서부터 50명 가량의 그룹을 만들어 그 그룹 내에서 순위를 정하는 예선제나 일정한 시간을 정하고 그 시간 내에 선수의 임의대로 자유로이 이륙할 수 있는 자유 이륙, 두 사람의 선수가 동시에 이륙하여 같은 코스를 겨루는 1대1 승부인 맨투맨(man to man) 등의 경기방법도 있다.

(2) 크로스컨트리 경주

가장 가혹하면서도 단순한 경주이다. 크로스컨트리 경주는 대개 사막처럼 강렬한 서멀이 발생하기 쉬운 곳에서 치뤄지기 때문에 파일럿은 오랜 시간 동안 가혹한 조건에서 비행을 할 수밖에 없다.

사막과 같은 곳은 일교차가 심하여 이륙할 때는 섭씨 40도를 웃도는 더위로 강렬한 서멀에 의해 5,000m 이상의 고도까지 단번에 올라가지만, 곧 무서운 추위로 온몸이 꽁꽁 얼어붙기도 한다. 이곳은 강렬한 서멀이 때로 행글라이딩를 파괴해 버릴 정도로 심하다.

파일럿의 장비도 만전을 기해야 한다. 지상의 지원대와 연락하기 위한 무전기는 물론이고 3ℓ의 물, 휴대용산소통, 보호장비 등을 반드시 갖춰야 한다. 장소에 따라서는 보호장비 속에 독사용 혈청과 주사기가 갖춰진 것도 있다.

대회운영에는 수많은 자동차 외에 조난구조용 경비행기와 헬리콥터까지 준비하여 만전의 태세를 갖추고 있다. 파일럿은 기록을 세우기 위해 6~8시간 동안 400km에 이르는 먼 거리를 날기도 한다.

이런 크로스컨트리 경주는 그다지 일반적이지는 않아 지극히 일부의 파일럿들만이 도전하고 있다. 더욱이 최근에는 경주로서가 아닌 세계기록 갱신을 목표로 하는 경향이 짙어지고 있다.

(3) 곡예비행

행글라이더를 극한의 상태까지 몰고 가는 곡예비행은 비행 그 자체가 매우 위험하여 이 경기를 하는 것은 대단한 모험이다. 하지만 몇 년 전에는 미국에서 대회가 여러 차례 열렸다. 이 경기는 상공에서 펼쳐지는 곡예비행을 몇 사람의 심판이 채점하여 점수를 내기 때문에 프리스타일스키나 서핑대회와 비슷한 형태였다. 그러나 지금은 거의 열리고 있지 않다.

곡예비행은 보통의 비행에는 필요 없지만, 테크닉이나 행글라이딩의 한계를 알 수 있는 정도는 훈련하여도 좋을 것이다.

04

열기구

1) 열기구의 개요

(1) 특성

사람이 하늘을 날고 싶어하는 욕망은 인류 역사와 동시에 태동되었음은 여러 신화나 기록을 통해 알 수 있다. 비행기가 나오기 훨씬 이전부터 그 노력은 끊임없이 이어져왔다. 그 결과 더운 공기는 차가운 공기보다 높은 곳으로 올라간다는 원리에 착안해 개발된 것이 바로 열기구이다.

열기구는 특별한 조종기술이 없어도 즐길 수 있으며, 배우기 쉽고 안전한 항공스포츠이다.

(2) 유래

열기구가 처음 태어난 곳은 프랑스이다. 1783년 몽골피에 형제가 종이나 나무를 태워서 얻은 뜨거운 공기를 종이주머니에 넣어 하늘로 떠 오르게 한 것이 세계 최초의 열기구였다. 그 뒤 비행기가 발명되기까지 1백년 동안 유일한 비행수단으로 활용되었으나, 비행기에 밀려 한동안 빛을 잃게 되었다.

그 후 나일론과 프로판가스가 보급되면서 1960년대부터는 열기구가 항공스포츠 종목으로 유럽과 미국을 중심으로 각광받기 시작했다.

국내에는 1985년 7월 영국 브리스톨 필립클라크의 비행학교를 수료한 열기구협회장 이선종 씨가 탄천고수부지에서 1시간 30분 동안 계류비행을 한 것이 효시가 되어 열기구 레저스포츠가 시작되었다.

(3) 장비

기구는 보통 풍선으로 통하는 구피(球皮)와 사람이 탈 수 있는 바구니 모양의 곤돌라, 버너 등 크게 세 부분으로 나뉜다.

또 연소기(버너)의 불꽃으로 공기를 가열하면 가벼워진 공기의 부력을 이용해 비행하는 열기구(hot air 또는 fire fly ballon)와 공기보다 가벼운 수소 또는 헬륨가스를 큰 주머니 속에 넣어 대기중에 떠 있을 수 있도록 하는 가스기구(gas ballon) 등 2가지가 있다.

그러나 가스기구는 단순히 대기 중에 떠 올라 광고나 전시효과의 유발에 국한되어 항공스포츠용 기구라고 할 때는 통상 열기구를 지칭한다.

열기구 중에서 가장 중요한 구피(세일)는 섭씨 150도 이상의 고온에서도 변형되지 않고 인장강도가 떨어지지 않으며 오랜 시간 공중에서 견딜 수 있도록 방염 · 방수처리된 특수 폴리에스터 원단을 조각조각 이어 필요한 모형대로 만든다.

세일 꼭대기 부분에는 고도를 조절하거나 착륙한 뒤 열공기를 방출시킬 때 사용하는 '립 패널'이란 밸브가 곤돌라에서 조종자가 조작할 수 있도록 장착되어 있다.

세일 밑에 연결된 사람이 타는 바구니형의 곤돌라는 가볍고 튼튼한 등나무로 만든다. 특히 수면에 착륙할 때를 고려해 방수처리를 해야 하며, 착륙할 때의 충격을 감소시키기 위해 완충재까지 넣는다.

버너는 세일의 공기를 데울 때 이용하며, 연료는 일반적으로 LP가스를 사용한다. 기타 필요한 장비로는 망원경, 무전기, 나침반, 지도, 고도계 등이다.

열기구는 행글라이딩이나 패러글라이딩에 비해 속도감은 떨어지지만, 고공으로 날 수 있고 바람 따라 이리저리 떠돌아다니는 낭만까지 갖고 있다.

2) 열기구의 비행방법과 장소

(1) 비행방법

열기구의 비행은 곤돌라가 달린 커다란 구피(세일)에 에어팬으로 바람을 불어넣는 것부터 시작된다.

팽창되기 시작한 기구에 조종사가 들어가 안정성을 점검한 뒤 가스버너로 기구 안의 공기를 데우면 천천히 이륙이 시작된다. 또한 착륙하고 싶을 때는 버너를 끄고 서서히 하강하기를 기다리면 된다.

(2) 비행장소

열기구는 하루 중 초속 4미터 이하의 바람이 고르게 불고 기층이 안정되어 있는 이른 아침이나 해질 무렵에 비행하는 것이 가장 효과적이다.

국내에서는 경기도의 안산, 반월, 양평 지역과 경주나 김제평야 등 19개 비행구역 에서나 기구를 띄울 수 있을 정도로 고도 제한구역이나 비행금지구역이 많기 때문에 사전허가를 받아야 한다. 활공인들은 이러한 제약요건이 항공스포츠와 항공산업의 발전에 큰 걸림돌이 된다고 주장하고 있다.

3) 열기구의 비행기록

열기구 비행에 관한 국제기록은 1991년에 48시간의 비행기록이 있고, 시속 291km로 9,600km를 날아간 기록이 있으며, 9,000m의 높이까지 올라간 기록들도 있다.

또 약 650기의 열기구가 각축을 벌이는 알바카키의 세계선수권대회가 유명하며, 국내에서는 제주 중문리조트컵 국제대회와 경주 힐튼컵열기구 선수권대회 등이 있다.

4) 열기구의 경기

비행 경연대회로는 한 개의 열기구가 먼저 이륙한 후 10분쯤 시간 간격을 두고 다른 열기구가 추격하여 얼마 정도 비행 후 먼저 출발한 기구(hare)가 표시한 타겟에 마커(모래주머니)를 투하해 가장 근접한 팀이 우승하게 되는 게임을 토끼잡이 경기 (HNH)라 한다.

또 지정된 목표에 마커를 던져 가장 가깝게 적중한 순으로 우승을 가리는 JDF, 2~3개의 목표 중 1개의 목표를 선정할 수 있는 HW, 경기자 스스로 목표를 정하는 PDG등과 이외에 ELB, 근거리 비행, 원거리 비행, FIT 등의 방식이 있다. 이중 한 번의 경연대회에서는 1~2개의 방식만이 진행된다.

제4장

모험 스포츠

01
번지점프

1) 번지점프의 개요

(1) 특성

꽉 짜여진 일상이 무덤덤하다고 느껴질 때 현대인들은 뭔가 간이 떨어질 정도로 짜릿한 특급스릴을 원하곤 한다. 이러한 일탈적 충동을 별다른 장식없이 직설적으로 만족시켜주는 것이 번지점프이다. '추락하는 특급스릴', '원시의 공포', '간 큰 사람들의 마지막 레저' 등 번지점프를 표현하는 카피들도 다채롭다.

짧게는 20m에서, 길게는 100여 m에 달하는 밧줄을 몸에 매고 높은 절벽 위에서 떨어져 내리면 그만이다. '무작정 뛰어내리자' 여기엔 어떤 기획이나 회의절차, 보고형식도 없고 내일도 없다.

(2) 유래

번지점프는 남태평양 팬타코스프섬의 원주민들로부터 시작되었다. 성인이 되는 것을 경축하는 성년식 날 젊은이들의 발목에 포도넝쿨이나 칡뿌리 등을 묶고 30여 m의 대나무 탑에서 뛰어내리게 하여 체력과 담력을 시험하였다. 용감한 청년일수록 더 높은 상공에서 몸을 날려 지면에 이마가 맞닿을수록 용맹성과 대담성이 인정돼 진짜 용사로 인정받게 된다. 오늘날의 젊은이들이 번지점프를 원하는 것도 진짜 용사 심리와 무관치 않은 것으로 보인다.

그 후 번지점프가 미국이나 유럽 등지로 건너가면서 죽음의 과정을 느껴볼 수 있는 대용감으로 이용되는 사회현상을 자아내기도 했지만, 최근 들어서는 남녀노소 할 것없이 광범위한 연령층이 즐기는 레포츠로 발전하였다.

2) 번지점프의 장소

번지점프는 기존의 높은 탑, 다리 위, 계곡에 탑이나 다리를 설치하여 아래에 장애물이 없는 장소에서 실시한다.

높이는 보통 37m부터 심한 곳은 200~300m까지 되며, 발목이나 몸에 탄력있는 고무밴드를 묶고 아래로 뛰어내린다.

엑스포과학공원에 설치된 인공번지점프대는 높이 21m로 점프대 양쪽에서 동시에 점프할 수 있는 미국식(번지타워모델 7-Ⅱ)으로, 낙하길이는 17m이고 지상에는 3m 두께의 매트리가 설치되어 있다. 호주나 뉴질랜드식의 자연지형지물을 이용한 계곡번지대는 청평, 한탄강 등의 지역에 설치되어 있다.

3) 번지점프의 강습

1,000회 이상의 번지점프 경력을 갖고 있는 조상근 씨가 개설한 청평의 번지점프대는 높이 40m의 대형 모빌클레인인데, 조 씨는 여기에서 일반인들을 대상으로 강습도 하고 있다. 한탄강의 점프대는 25m 높이의 절벽 위에 다시 23m의 철탑을 설치해 총 48m로 국내에서는 가장 높다. 자신감과 용기만 있으면 특별한 기술이 필요없어 누구나 점프할 수 있지만, 임산부 · 노약자 · 음주자 등은 절대로 해서는 안 된다. 물론 음주점프나 한강대교 점프 역시 해서는 안 된다.

지금까지의 세계기록은 600m 상공에서 31m의 번지로 뛰어내린 것이지만 현재의 세계신기록은 한국인이 갖고 있다. 1995년 10월 14일 열기구를 타고 3,000여 m 상공까지 올라가 뛰어내린 송재일 씨가 기록보유자이다. 세계 최고도 좋지만 무리한 도전은 신중히 검토되어야 한다.

02

암벽등반

1) 암벽등반의 개요

(1) 특성

모든 등반 기술을 사용하여 암벽을 안전하게 올라가는 암벽등반은 두 손과 두 발을 다 써야할 정도의 각도를 가진 바위면을 오르는 행위를 말한다. 대개 40도 이상이 되어야 암벽등반 대상이 될 수 있으며, 80도가 넘는 벽은 페이스 등반으로 별도로 구분한다.

문외한이라도 암벽을 오르는 모습을 본 이는 나도 함께 오르고 싶다는 충동을 느끼게 될 것이다. 이렇듯 암벽등반은 인간의 본능을 자극하는 요소로 지니고 있으며, 암벽에서 난관을 해결해야 하는 극기와 대동소이하다. 암벽에서 극기를 반복하는 정신적 · 육체적 체험 끝에는 다른 생명체에 대한 애정이 깊어지기도 한다. 이런 점에서 암벽등반은 인간의 본성에 순기능하는 일종의 수양이라고 정의할 수 있다.

암벽등반의 특성을 요약하면 다음과 같다.

- 맨손으로 바위라는 매체와 직 · 간접인 접촉을 통하여 이루어지므로 자연에 대한 친밀감과 이해를 깊게 할 수 있다.
- 자연 속에서 모험을 즐기는 극도의 스릴을 맛볼 수 있는 스포츠이다.
- 바위를 올라 정상에 설 때 쾌감과 뿌듯한 성취감을 맛볼 수 있다.

ⅲ) 바위를 타오르는 것이기 때문에 강인한 정신과 적극성을 길러준다.

ⅲ) 팀웍이 강조되는 스포츠이므로 공동체의식, 협동심, 질서의식 등을 기를 수 있다.

(2) 역사

암벽등반은 처음에는 산에 올라가는 총체적 운동인 등산의 일부로서 시작되었다. 산의 한 부분으로 암벽이 있고 정상에 이르는 루트에 암벽이 있기 때문에 등산과 더불어 발전하였던 것이다.

암벽타기 기술이 나타나기 시작한 것은 1786년 몽블랑 등정이 이루어진 무렵부터이다. 처음에는 쉬운 길을 택하여 산에 오르던 등반인들이 모험을 추구하려는 욕구에 의하여 점차 어려운 길을 선택하면서 암벽을 타고 빙설벽을 타며 정상에 오르게 되었던 것이다.

1840~1865년대에 알프스에서 기초적인 암벽등반이 성행하며 기술의 발전을 보기 시작했다. 20세기에 들어와 자일 사용은 물론 카라비너, 하켄, 아이젠 등의 장비를 독일, 오스트리아 중심의 산악인들이 사용하면서 암벽등반이란 별도의 등반장르가 형성되기 시작했다.

우리나라에서 등산을 인식하고 근대적인 의미의 암벽등반이 처음 이루어진 것은 기록상으로 볼 때 1926년 5월 임무 씨와 영국인 아처 두 사람이 북한산 인수봉을 오른 데서 비롯된다. 이후 전문산악인에 의해서만 이루어지다가 누구나 즐길 수 있는 스포츠라는 인식이 확산되면서 점차 대중화되기 시작하여 최근에는 동호인들이 늘어나 본격적인 레저스포츠로 뿌리내리고 있다.

2) 암벽등반의 장비

(1) 암벽화

암벽의 상태에 따라 기능이 서로 다른 암벽화를 몇 켤레 준비해야 한다. 선택 여하에 따라서 자신의 암벽등반 실력이 좀 더 향상될 수 있다는 것을 알게 된다. 예를 들어 슬랩등반처럼 마찰력이 주된 목적이라면 부드러운 암벽화가 좋다. 물론 부드러운 암벽화도 발에 너무 꼭맞게 신으면 슬랩등반에서는 어색해진다. 그렇다고 운동화처럼 크게 신어서도 안 된다. 맨발이나 얇은 양말 한 켤레를 신고 발가락이 펴진 상태에서 꼭맞는 것이 좋다.

수직벽이나 약간 오버행진 페이스에서는 홀드 모양에 따라 선택한다. 홀드의 돌기가 손끝 정도만 걸리는 각진 것이라면 뻣뻣한 암벽화가 좋은데, 이것도 발에 꼭맞게 신지 않으면 안 된다.

한편 부드러운 암벽화일지라도 발가락이 약간 굽어질 정도로 꼭 맞게 신으면 이런 작은 돌기의 홀드에서도 뻣뻣한 것보다 더욱 효과적일 수 있다. 그 이유는 뻣뻣한 것은 아무래도 발끝의 촉감이 부드러운 것보다 떨어지기 때문이다. 쉬운 루트보다는 어려운 루트에서 암벽화의 발끝촉감의 중요성을 느끼게 된다. 이처럼 어떤 암벽화이든 발에 꼭 맞게 신어야 한다.

(2) 의복

일반 등산 때 입는 옷과 다를 게 없다. 다만 몸의 동작을 자유롭게 할 수 있는 옷이어야 한다.

(3) 로프

로프는 등반자의 추락을 잡아주거나 하강할 때 주로 사용한다. 로프는 굵기와 길이에 따라 그 사용범위가 다른데, 대체로 굵기는 10mm에서 11mm 정도이고, 길이는 40~50m의 로프를 사용한다. 굵기는 안전도의 문제이고, 길이는 등반성의 문제이다.

　로프 중에는 방수가 되는 것과 방수가 되지 않는 것이 있는데, 암벽등반에서는 굳이 값비싼 방수용 로프를 사용할 필요는 없다. 로프의 수명도 사용기간과 방법에 따라 다르겠지만 경사가 완만한 곳에서 할 때보다는 경사가 급한 곳, 다시 말해 자유낙하가 일어나는 등반에서는 로프를 자주 교체해주는 것이 바람직하다. 그 이유는 로프가 자주 충격을 받으면 인장강도가 약해지기 때문이다.

　로프를 교체하려 해도 사용기간이나 사용횟수를 정확히 기억하는 것은 실로 어렵다. 새 로프는 대체로 부드럽지만, 많이 사용한 로프는 매듭을 질 때 뻣뻣해진다. 또 색깔이 많이 변색된 것, 외피가 파열되었거나 부푸러기가 많이 일어난 것 등은 사용하지 않는 것이 바람직하다.

(4) 안전벨트

　안전벨트는 등반자의 몸에 오는 충격을 분산시켜 부상을 막기 위한 장비인데, 허리와 허벅지만 죄는 식이 많이 사용되고 있다. 액세서리가 많이 붙어 있고 조작이 복잡한 것보다는 단순하면서 조작이 간단한 것이 좋다. 또한 자신의 체격에 맞는 것을 선택해야 한다.

　비싼 것이 좋겠지만 그렇지 않은 경우도 있다. 체중이 많이 나가는 사람이 시합용 같은 가냘픈 벨트를 사용하거나 체중이 적게 나가는 사람이 투박한 것을 사용하는 경우가 많다. 안전벨트라고 해서 다 안전한 것이 아니고, 자신의 체격과 체중이 맞게 웨빙(띠)의 너비나 바느질의 상태를 보고, 또 등반성에 맞는 것으로 선택해야 한다.

(5) 하강기

　하강기는 말 그대로 하강할 때 쓰이는 장비이다. 여러 종류가 있지만 보편적으로 많이 사용되는 8자형이 가장 안전하고 편리하다. 무거운 것이 흠이지만 초보자에게는 매우 좋은 장비이다.

　자신의 등반실력이 향상되어 어려운 루트를 오르게 된다면 무게를 줄이기 위해

가벼운 튜브형 하강기를 선택해도 좋다. 그러나 튜브형은 조작이 약간 불편하고 카라비너에 로프가 마찰되기 때문에 마찰열에 의해 카라비너 강도가 떨어져 자칫 파열되는 문제가 생길 수도 있다.

이 두 종류의 하강기는 하강할 때뿐만 아니라 선등자나 후등자를 확보할 때 확보기로도 중요하게 쓰이는 장비이다.

(6) 웨빙

흔히 슬링이라고 하는 웨빙은 일종의 끈인데, 사소한 것같지만 등반에 많은 도움을 준다. 이것을 확보줄이나 장비들을 서로 연결할 때 주로 사용된다. 또 어깨에 걸칠 수 있도록 길이를 조정하여 휴대하면 암각이나 나무에 사용할 때 좋은 확보지점이 될 수 있다. 이외에 유동 확보물들을 설치하여 확보지점으로 사용할 때에는 확보물에 힘을 균등하게 분산할 수 있도록 해야 하는데, 이때 웨빙이 필요하다.

(7) 확보물

확보물은 등반자가 추락했을 때 제동시키는 일종의 지지점이다. 고정 확보물인 볼트나 하켄보다는 유동 확보물이 너트나 프렌드류를 많이 쓰게 된다.

유동 확보물은 바위가 갈라진 크랙에 설치하는데, 크랙의 모양과 크기에 따라 다양하게 쓰이므로 그 크기도 여러 가지 준비를 해 두는 것이 좋다. 또한 너트와 프렌드류의 기능을 다양하게 변환시킨 장비들도 많이 있다. 확보물들은 그 사용기능을 정확하게 알고 있어야 한다. 그렇지 않으면 겉치레밖에 안 되며, 안전장비가 자칫 사고장비로 둔갑할 수도 있다.

(8) 퀵드로우

퀵드로우라는 장비는 비나와 비나 사이에 작은 웨빙을 만들어 로프의 설치와 유동을 용이하게 하기 위해 사용한다.

(9) 초크

초크는 요즘에 이르러 암벽등반의 주요 장비가 되어버렸다. 이것은 땀으로 인한 손의 미끄럼을 방지해주는 것인데, 쉬운 루트보다는 어려운 루트에서 그 효력을 발휘한다.

초크는 탄산마그네슘 가루로, 손에 묻혀 주면 바위 감촉에서 얻는 손의 마찰력이 좋아져 팔힘을 절약시켜 줄 수 있다. 이 가루를 작은 주머니 속에 담아 쓰는데, 이것을 초크백이라고 부른다.

3) 암벽등반의 장소

암벽타기를 즐길 수 있는 장소는 전국의 명산을 비롯하여 채석장이나 해안 절벽, 심지어 집 가까이의 야산에 있는 웬만큼 큰 바위에서도 즐길 수 있다.

동호인들이 가장 많이 찾는 암벽타기 코스는 인수봉, 성인봉, 주봉, 안장봉, 부채바위, 병풍바위 등이다. 인왕산, 북한산, 도봉산 등지의 크고 작은 암벽은 초보자를 비롯한 전문 산악인까지 즐겨 찾는 장소이다.

03

산악자전거

1) 산악자전거의 특성과 유래

(1) 특성

산악자전거(MTB : mountain bike)는 말 그대로 산에서 타는 자전거를 말한다. 산길·계곡·웅덩이 등은 물론이고, 자갈길·모래밭·덤불숲과 진흙탕에 이르기까지 이 전천후 산악자전거는 가벼운 몸체와 특수제작된 두꺼운 바퀴를 이용하여 거침없이 달릴 수 있는 특징이 있다.

산악자전거는 스릴과 역동성을 무기로 특히 젊은이들에게 널리 보급되어 있다. 포장된 도로를 달리며 속도감각을 즐길 수 있고, 우거진 수풀 사이·가파른 돌길을 탕탕 구르거나 거친 산길·웅덩이 등을 급회전하면 고감도 스릴을 만끽할 수 있을 뿐만 아니라 그동안 쌓였던 스트레스가 말끔하게 해소할 수 있다.

(2) 유래

물론 MTB가 생기기 이전에도 자전거를 타고 산길을 달리는 사람은 어느 나라에나 많았을 것이다.

1970년대 초 미국 샌프란시스코 북쪽 외곽에 위치한 마린 카운트 중심부에 위치한 타마 하이어스산에 자전거 크로스컨트리 및 다운힐 레이스가 활발하게 펼쳐지기 시작하면서 동호인들이 경기력을 향상시키기 위해 자전거를 갖가지 형태로 개조한 데에서 유래되었다.

이 연구 개발의 대표적인 인물이 게리 피셔이다. 게리는 1974년 이전까지 자전거경주에 사용되던 '엑셜셔 X'라고 하는 극대 타이어(fat tire)의 미국 실용 자전거를 개조하여 제동력을 가지는 드럼 브레이크, 그립으로부터 손을 떼지 않고 변속 가능한 시프트레버, 모터사이클의 브레이크레버 등을 장착하여 레저장비로 사용할 수 있는 새로운 자전거를 만들어냈다.

게리의 연구를 신호탄으로 사람들이 연구를 거듭해 죠 프리즈가 1977년 현재의 MTB원형이 되는 제1호 프리져를 만들어내기에 이르렀다. 제1호 프리져가 만들어진 뒤 전혀 새롭고 발전된 형태의 자전거가 나오기 시작하면서 MTB 인구가 폭발적으로 늘어나기 시작하여 전 세계로 확산되었다.

현재 각 나라들은 협회를 결성하여 국내 동호인들을 위한 각종 대회를 매주 개최하고 있으며 우리나라 1984년 서울올림픽 당시 일부 외국선수들이 선수촌과 서울 시내에서 MTB를 타고 다닌 것이 시발이 되어 서울의 강남 지역에서부터 서서히 MTB가 확산되기 시작했다.

2) 산악자전거의 장비

MTB를 즐기려면 자전거와 헬멧, 무릎과 팔꿈치 보호대, 장갑 등이 필요하다. MTB자전거와 일반자전거를 가장 쉽게 구별하는 방법은 핸들의 모양, 타이어의 크기 등을 확인하면 된다. 카본, 알루미늄, 티타늄 등 강하고 가벼운 소재를 이용해 가볍고 튼튼하게 설계됐으며 프레임이 굵다.

산악지대를 용이하게 주행할 수 있도록 보통 21단 이상의 기어로 되어 있다. 규격과 품질, 용도, 가격 등을 잘 점검하여 자신에게 필요한 상품을 구입하는 합리성을 가져야 한다.

3) 산악자전거의 장소

우리나라는 국토의 70%가 산악지형이기 때문에 MTB를 즐기기에는 천혜의 조건을 갖추고 있다.

관악산과 북한산 그리고 제주 한라산에 이르기까지 전국에 명산들이 모두 MTB를 즐기기에 최적의 코스이며, 또한 우리 주위에서 흔히 볼 수 있는 구릉과 들, 진흙탕 등 자연 그대로의 모든 거친 지형이 MTB를 즐길 수 있는 장소이다.

4) 산악자전거의 경기방법

MTB를 타고 하는 경기는 크게 5종목으로 나눌 수 있다.

- 크로스컨트리……오르막과 내리막이 있는 장거리 비포장도로를 달리며 속도를 재는 경기로 MTB의 대표적 경기이다.
- 힐 클라이밍……기어를 조절하여 비포장의 언덕을 빨리 올라가는 경기로, 자전거를 메고나 끌고가도 상관없다.
- 다운 힐……언덕 위에서 아래로 내려오면서 소요시간으로 순위를 정하는 경기로, 경기종목 중 가장 화려하고 인기가 높다. 일급선수들은 시속 70km 이상 속도를 내며 비포장도로를 달려 내려간다.
- 듀얼 슬라롬……스키의 회전경기처럼 폴을 통과하여 완만한 사면을 내려가는 소요시간을 재는 경기로, 두 명이 동시에 출발한다.
- MTB드라이벌……보통 드라이벌이라 하는데, 자연 또는 인공적으로 만들어 놓은 장애물을 발이 닿지 않고 통과해가는 기술종목이다. 각 감점항목에 해당하는 경우 감점해가며, 남은 점수가 높은 선수가 승리하는 경기이다.

04
트레킹

1) 트레킹의 특성과 유래

(1) 특성

트레킹(trekking)이란 가벼운 배낭 하나만을 짊어지고 산이나 들판을 여유있게 걸으며, 대자연 속에서 사색을 즐기는 레저스포츠로 등산과 산책의 중간 형태이다. 원뜻은 남아프리카 원주민들이 수림지를 찾아 달구지를 타고 집단이주를 하던 생활 습관에서 유래된 것으로, 지금은 '집단여행' 또는 '사색여행'이란 뜻으로 사용되고 있다.

등산화가 아니더라도 운동화만 신으면 되고, 지도·수통·비상식량 등 꼭 필요한 물건만을 챙긴 채로 정상 정복이란 목적을 두지 말고 하루 서너 시간씩 15~20km 자연 속을 느긋하게 음미하면서 걸으면 자신을 되돌아볼 수 있는 좋은 기회가 되기도 한다.

일상생활에서 힘든 심신을 말끔히 회복시키고 그 지역에 대한 이해뿐만 아니라 자신을 발견할 수 있는 레포츠가 바로 트레킹이다. 이 트레킹은 간편한 차림으로 걷게 되므로 특별한 전문가의 기술·장비·비용 등이 들지 않고, 한걸음 한걸음 내딛을 때마다 새로운 각도에서의 자연경관이 단순한 걷기 운동처럼 지루하지 않게 펼쳐지며 남녀노소 누구나 마음의 부담없이 참여할 수 있다.

(2) 유래

트레킹은 미국이나 유럽에서 험난한 고산을 탐험하는 모험 레포츠로 각광받고 있다. 10여명이 한 팀을 이루어 네팔의 히말라야산이나 티벳고원과 같은 해발 5천여

미터 이하의 능선을 자주 찾고 있다.

네팔의 기온은 한겨울이라 하더라도 우리의 봄날씨처럼 영상 15도 정도이며, 높은 지대라도 영하 5도가 고작이기 때문에 요즘엔 우리나라의 트레커들이 즐겨 찾고 있다.

국내에는 지난 1990년 초 처음 소개되었으나, 옛날부터 선비들과 화랑들이 호연지기를 기르기 위해 전국의 명상대천을 누비며 실현하던 것이 그 시초인 것으로 전해진다. 그래서 국내에서의 트레킹은 탐험이나 모험보다는 심신단련과 사색, 문화유적 탐방을 통해 선조들의 정신을 계승하고 교양 함양 등을 도모하는 집단도보 형태로 확산되어가고 있다.

여럿이 함께 떠나는 집단여행이란 점에서 외국의 그것과 비슷하지만, 휴식 및 식사 전후 시간을 이용해 그 지역의 역사와 자연에 대한 강의와 토의시간이 주어진다는 점에선 우리만의 독특한 트레킹 형태를 지녔다고 할 수 있다.

2) 트레킹의 장비

트레킹은 특별한 장비는 필요 없으나 걷기에 간단하고 편한 차림의 복장이면 좋다. 가능하면 기온변화에 따라 체온을 조절할 수 있는 윈드자켓을 착용하는 것이 좋다. 만약의 사태를 대비해 간단하게 비상약품을 준비하고, 식사로는 은박지에 싼 김밥·토스트 등과 물을 배낭에 넣으면 된다.

누구나 쉽게 할 수 있다고는 하나, 집단을 이뤄 도보여행을 하는 것이므로 트레킹은 나름대로의 규칙과 요령이 필요하다. 먼저 트레킹을 떠나기 전 여행코스를 선정하고 미리 여행길의 문화유적지를 조사하는 한편 코스까지의 교통편 마련 등 사전준비를 해야 하는 것은 기본이다. 지역을 잘 아는 길 안내자도 있는 것이 좋다.

막상 트레킹에 들어갔을 때는 평지에서 함께 가는 사람들의 구성형태나 취향에 따라 여행지역의 문화행사에 참여한다든지, 시낭송을 한다든지, 명사를 모셔 유익한 이야기를 듣는 것 등도 즐거움을 더할 수 있게 한다.

3) 트레킹의 장소

국내에서 쉽게 갈 수 있는 트레킹 명소로는 기암괴석이 많아 서로 손을 잡아 끌며 가족 간의 사랑을 돈독하게 해주는 충북 영동의 천태산(720m), 곳곳에 약수터와 휴식장소가 잘 마련되어 있는 경기도 이천의 설봉산(394m), 수원의 유일한 산림욕장이 있는 광교산(582m), 강화도의 마니산과 전등사로 이어지는 들판길, 춘천가는 길목의 청평과 설악일대 등이 대표적으로 꼽히는 트레킹코스이다.

4) 트레킹의 방법

요즘에는 단순히 걷기보다는 일정한 주제를 설정해 놓고 떠나는 테마 트레킹이 큰 호응을 얻고 있다. 봄철 산나물을 캐러가는 산나물 트레킹, 노란 개나리와 붉은 진달래가 만발한 군락지를 찾아가는 봄꽃 트레킹, 사랑하는 연인끼리 섬이나 바닷가에서 조개껍질을 줍는 사랑의 트레킹, 온천 트레킹 등과 같은 다양한 아이템과 함께 즐거움을 더하고 있다.

05

오리엔티어링

오리엔티어링은 미지의 자연 속에서 지도와 나침반만을 가지고 혼자의 힘으로 지정된 지점을 차례로 찾아가 돌아오는 시간을 겨루는 레저스포츠이다. 숲이 있고 언덕이 있고 시냇물이 흐르는 자연 속에서 깨끗한 마음, 건전한 정신, 강인한 체력 등 호연지기를 기르는 미래의 국민 레저스포츠이다.

1) 오리엔티어링의 특성과 역사

(1) 특성

아득한 옛날부터 인간은 하등동물과 다름없이 자연 속에서 먹이를 구하면서 가공되지 않은 자연과 더불어 살아왔다. 따라서 인간의 고향은 자연이요 자연을 떠나서는 존재할 수 없는 자연물 그 자체이다.

그러나 현대사회의 인간을 이러한 측면에서 볼 때 밀폐된 콘크리트 상자 속에서 살며, 흙 한 번 밟아보기 어려운 도시에서 그나마 자동차나 전철로 출·퇴근하고, 직장에서 하는 일 역시 틀에 박힌 업무의 반복뿐이다. 이러한 것들로 볼 때 자연물인 인간이 자연과 격리된 생활을 함으로써 생존력이 상실되어가고 있는 것은 의심할 여지가 없다.

근대의 성인병·문화병·신경성질환 등은 자연물인 인간이 인조물에 대한 적응의 한계를 드러내는 현상이다. 풍부한 물질과 부모의 과보호 속에서 나약해져가는 청소년들의 정신적인 면 또한 간과할 수 없는 심각한 문제이다.

이 모든 점들이 자연과의 격리에서 오는 현상이라고 볼 때 오리엔티어링은 향수를 달래주는 레포츠이다. 다시 말해서 자연을 그리워하는 인간에게 자연을 찾게 함으로써 현사회에서 인간적응의 한계를 극복할 수 있게 하는 생명의 활력소 내지 생의 활력소 구실을 한다. 또한 지도와 나침반만을 가지고 자기가 가야할 목적지를 스스로의 힘으로 개척해나가야 하는 오리엔티어링은 과보호로 나약해져가는 우리 청소년들에게 자립심을 길러주는 교육적 가치도 매우 큰 것이다.

오리엔티어링은 정해진 코스를 달리는 마라톤과는 달리 목표지점만이 표시되어 있는, 그것도 출발 직전에 주어지는 지도를 읽고 자기가 진행해야 할 길을 스스로 정하고 시간에 쫓기며 목표지점을 찾아가야 하는 머리를 많이 써야 하는 스포츠이다. 그래서 오리엔티어링은 두뇌의 스포츠, 21세기의 스포츠라 일컫는다.

(2) 역사

북유럽에선 초·중·고교의 필수과목으로 채택될 정도로 비중이 큰 오리엔티어링은 19세기 초부터 스칸디나비아 여러 나라, 특히 스웨덴에서 장교양성을 위한 전투훈련의 한 과목으로 실시한 것이 그 기원이다.

20세기에 들어와서 오리엔티어링을 오늘날의 모습으로 정착시킨 사람은 1918년 스웨덴 보이스카우트 지도자였던 에룬스트 칼란데르 씨다. 청소년들의 심신수련과 체력향상을 목적으로 삼림지역에서 지도와 나침반을 이용하여 목표지점을 찾아오게 한 것인데, 1차 세계대전 이후 전장에서 돌아온 군인들을 통하여 국민적인 스포츠로 확산되었다. 그리하여 1919년에는 스웨덴의 스톡홀름에서 세계 최초로 오리엔티어링대회가 열렸었고, 2차 대전 이후 급격한 발전을 거듭하여 1961년에는 국제오리엔티어링연맹(IOF)이 설립되었으며, 1962년에는 제1회 세계선수권대회가 개최되었다.

오늘날 오리엔티어링대회는 스칸디나비아 제국은 물론 유럽, 북미대륙, 아시아 여러 나라와 오스트레일리아 등에서 성행하고 있다.

우리나라에서는 1971년 산악회가 제1회 알파인 오리엔티어링대회를 열면서 소개되었다. 그러나 산악인들을 중심으로 한 국내산악운동의 일부로 한정되어 있다가 1977년 한국 오리엔티어링위원회가 결성되어 행사를 열면서 차츰 IOF규정에 의한 오리엔티어링이 일반인들에게 보급되기 시작하였다. 오리엔티어링은 새로운 21세기의 레포츠로 국민 속에 확고하게 자리를 잡아가고 있다.

2) 오리엔티어링의 형식과 장비

(1) 형식

오리엔티어링이라는 말은 라틴어의 oriens(동방, 동양, 태양신이라는 뜻과 이에서 파생된 '방각, 방향을 정함')에서 온 것으로 스웨덴어로는 orienering, 독일어로 Orientierungs Lauf(방향을 정하여 달림)의 머리글자 O와 Lauf의 L을 따서 OL이라 공식으로 약칭하고 있다.

OL에는 포인트 OL, 스코어 OL, 라인 OL의 세 가지 기본 형식이 있다.

⑴ 포인트 OL……땅 위에 정해진 지점(포스트)을 지도와 나침반을 사용하여 혼자서 순서대로 빨리 찾아서 돌아오는 형식이다. 보통 OL하면 99%가 이 포인트 OL을 말하며, 단체와 릴레이경기를 할 수 있다.

⑵ 스코어 OL……난이도와 거리에 따라 많고 적은 점수가 매겨진 수십 개의 포스트 가운데서 주어진 시간 안에 순서에 관계없이 찾아가 많은 점수(스코어)를 따는 형식으로 단체경기도 가능하다.

⑶ 라인 OL……나침반을 사용하여 지도상에 주어진 선을 따라 나아가 그 선상에 설치된 포스트를 찾아서 돌아오는 경기이다.

(2) 장비

OL에 필요한 장비는 지도 · 나침반 · 포스트마크 등으로 매우 간단하며, 간편한 옷차림이면 충분하다.

⑴ 지도……OL용 지도에는 모든 지형 특징물이 표시되어야 하므로 축적이 큰 1만 분의 1지도를 사용한다. 그런데 일반적으로 사용되는 지도는 2만 5천 분의 1지도이므로 OL용 지도는 오리엔테들이 손수 만들어야 한다. 이것은 스포츠

에서만 즐길 수 있는 또 하나의 재미이기도 하다.

⬦ 나침반……OL에서는 스웨덴 말로 '숲'이라는 뜻의 '실바'곰파스가 사용된다. 이 나침반에는 분도기와 자기가 달려 있어서 방위각과 거리의 측정에 편리하고 겨울에도 얼지 않는 특수액이 들어 있어 자침이 떨지 않고 고정되는 장점이 있다.

⬦ 포스트 마크……지정된 지점에는 한 변의 길이 30cm의 흰 정사각형 바탕에 보통 오른쪽 위에서 왼쪽 아래로 그은 대각선을 사이에 두고 절반을 오렌지색으로 칠한 표지가 지상 25cm~30cm에 설치된다. 거기에는 통과를 표시하기 위한 크레용, 스탬프, 펀치 등이 비치되어 있다.

3) 오리엔티어링의 경기

(1) 주요대회
국제대회에는 2년마다 열리는 월드챔피언십(WOC)과 월드컵경기(WC), 아시아태평양 OL선수권대회 등이 있다. 국내대회에는 OL동호인이면 누구나 참가할 수 있는 국민건강OL대회(봄), 베테랑과 전문산악인들이 참가하는 전국 OL선수권대회, 한·일 친선대회(가을), 산악회레저업체에서 개최하는 크고 작은 대회 등이 있다.

(2) 경기종목
⬦ 개인경기……경기자 각자가 각각 과제를 해결케 하고 개인득점으로 순위를 정한다.

⬦ 종합득점에 따른 개인경기……경기방식은 개인경기와 같으나 팀의 종합득점을 산출한다. 팀의 인원수는 주최측에서 정하며, 개인득점 및 종합득점으로 순위를 정한다.

⬦ 단체경기……2~5명씩 그룹을 짓고 그룹구성원이 공동으로 과제를 해결한다.

⬦ 릴레이경기……전 코스를 각 경기자가 부분적으로 분담하여 릴레이방식에 따라 차례로 과제를 해결한다.

참고문헌

국민생활체육협의회(1995). 뉴스포츠. 국민생활체육협의회.

김경숙(1998). 사회체육 지도자론. 대경북스.

김관진 외(2011). 야외교육론. 대경북스.

김귀봉 외(2014). 사회체육 지도론(전정판). 대경북스.

김동진 외9인(1985). 체육실기지도서. 동화문화사.

김상겸 외(2000). 수영의 지도와 관리. 대경북스.

김상겸 외(2000). 캠프 및 오리엔티어링. 대경북스.

김석환(2016). 뉴 테니스 바이블. 삼호미디어.

김선웅 외(2015). 원리를 알면 나도 골프황제. 대경북스.

김세곤(2008). 실전 배구 아카데미. 대경북스.

김은정 외(2017). 유아체육론. 대경북스.

김윤태(2004). 레저스포츠와 건강. 대경북스.

김재호 외(2012). 레저스포츠 개론. 대경북스.

김재화 외(2017). 특수체육론. 대경북스.

김창국 외(2015). 체력 및 퍼포먼스 향상을 위한 트레이닝 방법론. 대경북스.

남청웅 외(2013). 볼링 워크북 플러스. 대경북스.

박문환(2004). 테니스 워크북플러스. 대경북스.

박윤빈(2015). 올인원 레크리에이션. 대경북스.

방열(2011). 농구 바이블. 대경북스.

백운효 외(2017). 배드민턴 바이블. 대경북스.

서승태(2011). 마스터즈 명품골프. 대경북스.

서인규 외(2011). 유아체육 프로그램. 대경북스.

서재복 외(2017). 스포츠교육학. 대경북스.

원영신 외(2001). 노인체육 이론과 실제. 대경북스.

원영신 외(2013). 미디어스포츠 플러스. 대경북스.

위성식 외(1999). 최신 사회체육 프로그램론. 대경북스.

위성식 외(2016). 생활체육론 특강. 대경북스.

유정순(2013). Junior Swimming. 대경북스.

이강옥 외(2000). 실전 축구 테크닉. 대경북스.

이강옥 외(2008). 유소년 축구교실. 대경북스.

이강옥 외(2012). 건강을 위한 걷기 바이블. 대경북스.

이정우 외(2008). 최신 최육과 교육론. 대경북스.

이제홍(2016). 스포츠 프로그램론. 대경북스.

이제홍 외(2015). 스포츠심리학 플러스. 대경북스.

이한혁(2001). 현대 축구의 이론과 전술. 대경북스.

전혜자 외 역(2000). 특수체육–원리와 프로그램. 대경북스.

정일규(2016). 트레이너가 꼭 알아야 할 99가지 진실과 거짓. 대경북스.

정훈교 외(2002). 노년기 운동지도론. 대경북스.

조민구 외(2017). 다이내믹 레크리에이션(전정판). 대경북스.

지삼업(2002). 해양스포츠론. 대경북스.

진성태(2016). 체육학개론. 대경북스.

현정화(2012). 퍼펙트 탁구교실. 삼호미디어.